New Family Sociology of the Partnarship

新パートナーシップ
の家族社会学

岡元行雄・川﨑澄雄 編著
OKAMOTO Yukio & KAWASAKI Sumio

付録 PS スキルアップ・トレーニング

学文社

執 筆 者

*岡元　行雄　兵庫県立大学名誉教授（第1章, 第2章, 第3章, 第4章, 第5章第1節, 第2節2, 第10章第3節1, PSスキルアップ・トレーニング）

　島村　忠義　元日本赤十字看護大学准教授（第5章第1節, 第2節1, 3, 第10章第4節）

*川﨑　澄雄　金城学院大学生活環境学部教授（第6章, 第8章, 第11章）

　中谷奈津子　大阪府立大学人間社会学部准教授（第7章）

　板橋真木子　元立正大学非常勤講師（第10章第1節, 第2節）

　岡元　光子　名鉄看護専門学校非常勤講師（第10章第3節1）

　豊田加奈子　ヘルスケア・コミティ株式会社予防医学開発センター（第10章第3節2）

　柴田　益江　名古屋柳城短期大学教授（第9章）

（執筆順・＊は編者）

はじめに

　現代社会では，個人の自己実現を目指すことが大切であるとする考えが大勢を占めている。そのため，家族成員の個人化が進み，家族規模も縮小し，家族内のコミュニケーションも成立しにくくなっている。その結果，家族の共同性が薄れ，家族成員の孤立化が進み，離婚，DV，児童虐待などさまざまな家族問題が生じている。

　本書では，個人化の進んだ現代家族の望ましいあり方として，成員が互いに尊重し合い，支え合う合意制家族の形成を提言している。そのため，家族成員のパートナーシップのありように焦点を当てた構成となっている。ここでいうパートナーシップとは，「互いの自己実現および自立に寄与しあう関係」である。「パートナーシップ」を深く理解するために，糸賀一雄が設立した重症心身障害児施設びわこ学園でのエピソードを紹介したい。

　「いつだったか，15歳になる男のお子さんですが保母さんが毎日おしめをかえるわけです。で，ある日のこと，その保母さんが何時ものようにおしめをかえる時間になっておしめをあてますと，そのお子さんが一所懸命になって力んでいる姿に気づきました。ハッと思って見ますと，そのお子さんは寝たきりのお子さんですけれども，おしりを持ち上げようとしている。そして保母さんがおしめを入れやすいように一所懸命力んでいる，努

力しているのが手に伝わって来たわけでございます。保母さんはハッといたしました。そのお子さんは寝たきりでどうしようもないように見えるけれども，自分が保母さんに協力しようと，生きている精一杯の姿をそこに示しているわけです。保母さんもまたその姿に感動をうけました。お互いの人間と人間との関係というものがそこのところで非常に深いもので結ばれたと思うのでございます。」(糸賀一雄『愛と共感の教育』柏樹社，1972年，p.105)

「お互いの人間関係が非常に深いもので結ばれた」と糸賀が表現しているのは，互いに感動し，その存在を認め合い，影響し合う人間関係である。筆者がパートナーシップを「互いの自己実現および自立に寄与しあう関係」と定義した意味はここにある。相手を一方的に，知的に理解するだけでは「パートナーシップ」は成り立たないのである。自己の他者との関係の持ち方について深く理解し，互いに認め合い，援助し合いながら自己実現を目指すような関係性を構築していくように努力していくことが大切である。その一助となるように，本書の巻末には，パートナーシップをより体験的に学ぶための演習を用意している。ぜひ，学友と一緒に挑戦していただきたい。

　初版の企画には数年の歳月を要した。筆者の持ち出した企画の部分について，故島村忠義先生には辛抱強くこちらの企画を聞いていただき，学文社の田中千津子社長には的確なアドバイスをいただき，ようやく形のあるものにすることができた。島村先生は初版の完成を待たずに逝去された。それから早5年，新版は川﨑澄雄先生と共に編集作業を進めてきた。
　新版の特徴は，サブタイトルにもあるように教材の教員間の相互サポートシステムを組み込んだことである。学生の主体的な学びを援助するためには，これまでの教育方法にはない新たな手法が必要である。また，教員同士で教育方法について情報交換や研修を行い，教育力をレベルアップしていくことも必要

であると考えている。

　最後に，執筆者を代表して一言述べたい。執筆については，終始バックアップ体制を貫徹していただいた田中千津子社長，完成度の高いものを目指し細部にわたる目配りをいただいた編集部のスタッフの皆様に深く感謝を申し上げたい。

　2014年2月20日

岡元　行雄

目　次

はじめに

第1章　自分探しの家族 …………………………………………… 1

第1節　自分の家族を知る ……………………………………… 1

1．家族意識を自己覚知する　1／2．家族の定義　4／3．家族の類型　5／4．戦後の家族の日本的特徴　7／5．家族を取り巻く法律などの変化　10

第2節　家族像の変容 …………………………………………… 13

1．個人の生き方を優先する家族像　13／2．合意制家族の形成へ　14

第2章　人生設計からみた家族 …………………………………… 19

第1節　結婚はひとつの選択肢 ………………………………… 19

1．晩婚化，未婚化，非婚化の流れ　19／2．シングル志向　22／3．パラサイト・シングルの増加　24

第2節　新しい家族像の模索 …………………………………… 30

1．家族周期論からライフコース論へ　30／2．家族機能の縮小とその問題点　36／3．結婚に求めるもの　37

第3章　パートナーの選択 ………………………………………… 41

第1節　青年期の異性交際 ……………………………………… 41

1．異性交際と性意識　41／2．異性交際の現代的特徴　44

第2節　配偶者選択 ……………………………………………… 50

1．独身にとどまっている理由　50／2．異性とうまくつきあえない　51

第4章　結　婚 ……………………………………………………… 55

第1節　結婚の条件 ………………………………………………… 55

第2節　結婚のきっかけと決断 …………………………………… 56

第3節　結婚と同棲 ………………………………………………… 59

第4節　婚姻の儀式 ………………………………………………… 61

1．戸籍と夫婦同姓　61／2．結婚式の変遷　66

第5章　パートナーシップを探る ………………………………… 75

第1節　法律婚夫婦と家族役割 …………………………………… 75

第2節　事実婚とパートナーシップ ……………………………… 81

1．事実婚の歩み　81／2．スウェーデン・フランスの事実婚　83／3．新しいパートナー関係の模索　86

第6章　出産・育児とパートナーシップ ………………………… 91

第1節　出産をめぐる家族関係 …………………………………… 91

1．出産と立ち会い　91／2．出産をめぐる家族関係　93

第2節　しつけと家族関係 ………………………………………… 94

1．子どもを育てるということ—夫婦から両親へ：親役割の取得　94／2．親として子をどのように方向づけてゆくか　97／3．親性と次世代育成—性別役割分業観と母子・父子の関係　98／4．子ども期の成立と長期化—教育する家族・少子化と過熱化する受験　100／5．長期化する親子関係　101

第3節　少子化対策の動向とパートナーシップ ………………… 102

1．少子化対策のながれ　102／2．密室化した子育てから地域やネットでつながる子育てへ　102／3．高齢者や多世代による子を育てる者への支援　103

第7章　子育て支援とパートナーシップ……………………………107

第1節　子育て支援施策の変遷……………………………………107

1．「子育て支援」とは何か　107／2．抑制されていた子育て支援施策——「保育問題をこう考える」より——　108／3．出生率低下と子育て支援施策の誕生　109／4．直接的支援の多様化——「エンゼルプラン」の成果と限界——　111／5．拡大する子育て支援施策　112／6．「少子化対策」から「子ども・子育て支援」へ　113

第2節　子育ての社会化と子育て支援………………………………115

1．「子育ての社会化」とは何か　115／2．「子育ての社会化」のもう一つの側面　117／3．根強い母親規範意識——保育者と父親・母親の意識調査から——　118／4．随伴する母親規範意識と「再〈社会化〉」のゆくえ　121／5．子育て支援とパートナーシップ　123

第8章　高齢者家族とパートナーシップ……………………………127

第1節　高齢者家族の増加と生活構造………………………………127

1．人口構造の高齢化と世帯規模の縮小　127／2．高齢者核家族の増加とひとり暮らしの高齢者世帯の増加　128／3．高齢化の地域格差と高齢化速度　129／4．高齢者支援の制度的変化　132／5．高齢者家族の生活構造と親族ネットワーク　134

第2節　高齢者家族と役割……………………………………………135

1．夫の退職と役割の逆転　135／2．高齢者の性——生殖のための性から人間関係としての性　136／3．高齢者の役割——親役割から祖父母役割へ　137

第3節　介護・扶養意識と変化………………………………………138

1．女性の社会進出と扶養意識の変化　138／2．高齢者の社会的入院の

要因　138

第9章　高齢者家族の支援とパートナーシップ……141

第1節　介護をめぐる高齢者家族の変化……141

1．家族介護はどのように変わってきたか　141／2．変化した家族における介護問題　144

第2節　家族は介護が不能か……149

1．「所在不明高齢者」と「社会的ネグレクト」　149／2．「高齢者虐待」　150／3．「夫婦間介護の危機」　152

第3節　高齢者家族の支援……154

1．公的介護保険制度　154／2．行政主導の高齢者家族支援の例　156／3．住民相互の支え合いの促進を目指す地域コミュニティ計画の例　157

第10章　家族危機への対処とパートナーシップ……163

第1節　家族危機への対応……163

1．家族危機とは　163／2．家族危機論の検討　165

第2節　離　婚……168

1．離婚の動向　168／2．家族史にみる離婚　171／3．離婚とジェンダー——女性にとっての離婚・男性にとっての離婚——　173

第3節　障がい・自殺と家族関係……177

1．障がいと家族関係　177／2．自殺と家族関係　185

第4節　ドメスティック・バイオレンスと家族関係……188

1．ドメスティック・バイオレンスの概念　188／2．ドメスティック・バイオレンスのあゆみ　189／3．現代社会におけるドメスティック・バイオレンスの特徴　190／4．ドメスティック・バイオレンスと家族関係　193

第11章　情報化社会の家族とパートナーシップ……………………199

第1節　情報化社会と家族関係の変化……………………………199
1．情報化社会から高度情報化社会へ　199／2．情報化社会と生活の変化　201／3．情報化社会の到来と家族関係　205

第2節　家族のつながりの変化……………………………………210
1．家族員行動の個別化　210／2．家族の個人化がもたらすもの　212

PS スキルアップ・トレーニング………………………………215

1　嫌いな異性のタイプは？…………………………………………216
2　カナダの国際家族年の取り組みの特徴を発見しよう。…………217
3　自分たちのデート文化を見直そう………………………………219
4　「男女が対等に交際する」とはどういうことなのかを考えよう…………………………………………………………………224
5　映画「スチューデント」を越える恋愛をめざす！……………229
6　あなたのパートナーシップ力を問う応用問題にチャレンジしよう………………………………………………………………233

索　引……………………………………………………………………242

第1章

自分探しの家族

第1節　自分の家族を知る

1．家族意識を自己覚知する

　音楽バンド「HOME MADE 家族」の歌に，『サルビアのつぼみ』がある。サルビアの花言葉には，「良い家庭」「家族愛」「家庭の徳」など家族に関する言葉も散見される。この歌の題名も花言葉からきているようだ。まずその歌を聴いてみよう（#1 はリピート開始，#2 はリピート終了）。

『サルビアのつぼみ』
　歌詞：KURO/MICRO/U-ICHI/ 作曲：KURO/MICRO/U-ICHI/Takahiro Watanabe/唄：HOME MADE 家族
《歌　詞》
サルビアの　つぼみが／今花を　咲かそうとしているよ／La la la la la la la la La la la la ／ We are the gifted one!／ふとした仕草が母と似てきた／いつしか口癖が父と似てきた／なんだか不思議な気分／くすぐったくて思わず否定する自分／鏡に映る二つの顔が物語る『僕は誰なのか』を／不意に込み上げる感情に／包まれて妙に自分が愛しい／あの頃の小言も怒った顔も／あの笑い声もいつか懐かしい／そうさ，僕らは生を授かった／目一杯生きるため

に／#1 サルビアの　つぼみが／今花を　咲かそうとしてるよ／ママとパパの間に産まれた　小さなつぼみが／今力強く精一杯　花開こうとしてるよ／切っても切れない出会いの軌跡／親と子の愛の絆を胸に／産まれた歓び　噛み締めながら／僕らは育つよ　We are the gifted one!　#2／家族愛の間に産まれたつぼみが／今ありがたみを込めて歌に／思いを　心の底から綴る／離れていたって気持ちは通じてる／親ゆずりの負けん気を身につけて／『何クソ負けるか!?』　地面蹴りつけて／いつか実が身を結び晴れ姿を／必ず見せるから見守っていてよ／許さない父と，許す母／その狭間で子は真っすぐに育つのさ／優しさと強さ　親から学んだ／子供からの Love Song!／#1〜#2 をリピート／どんな事にも負けずに生きていこう／吹き荒ぶ逆風に揺らいでも／楽々じゃない　そう，試される／超えられる筈さ　そのハードル／乗り越えた分　また強くなれる／太い幹が育ち深く根を張る／We are the gifted one! 選ばれし者／キミこそが宝物／　#1〜#2 をリピート／#1〜#2 をリピート／La la la la la la la la La la la la／We are the gifted one!

　自分の家族について思ったままを書き綴ったらどうなるだろうか。会社や学校のような機能的な社会集団とは異なり，家族は生きる上で重要な部分を占めており情緒的にも深く結ばれた集団であるだけに，家族と自分との関係を客観的に捉えることは難しい。この歌を聴いて自分の態度を反省する人，自分の家族も仲がよいと少し自慢したくなる人，自分の家族は歌詞ほどには仲よくないと思う人，気持ちが引いていく人，家族の歌など聴きたくないと拒否的になる人，自分の家族には触れず歌詞を評論する人など，さまざまな気持ちが駆け巡るだろう。また，他人の感想を聞いたら自分とは随分違っていると驚くことも多いかもしれない。この歌では血のつながりを家族の証として賛美している。「許さない父と許す母，優しさと強さ，親から学んだ」という歌詞は，子どもが社会性を獲得していくために内面化すべき典型的なモデルを提示している。子どもが自立に向かって力強く育っていくという家族讃歌でもある。

今，この歌を歌いたくなる人はいったいどの位いるのだろうか。直近の社会意識基本調査[1]を通して人々の家族に対する意識をみると，20代ではほとんどの人が「家族を信用している」(78％)，「ある程度信用している」(18％) と答えており，程度の差はあってもほとんどの人が家族を信用しており，「あまり信用していない」(3％) は少数派である。さらに，この調査では「家族を結びつけるものは何か)」を聞いている。1位が「精神的なもの」(男性44％：女性62％)，2位が「血のつながり」(男性40％：女性23％)，3位が「一緒に暮らすこと」(男性8％：女性7％)となっている。「名字や戸籍」(男性3％：女性4％)，「経済的なもの」(0～1％) と答えた人は少数派であった。女性は「精神的なもの」，男性は「血のつながり」がより目立ち，両性とも「一緒に暮らすこと」や「名字や戸籍」をあげる人は少なく，「経済的なもの」は皆無に近い。20代では，「精神」や「血」のつながりを実感している人が多数を占めており，家族讃歌を歌う気持ちになる人が多いことがわかる。

　20代以上の調査対象者全体でみても，「家族を信用している」74％，「ある程度信用している」23％となっている。「家族を結びつけるもの」は「精神的なもの」39％，「血のつながり」33％，「一緒に暮らすこと」18％，「経済的なもの」3％，「名字や戸籍」2％である。全体の傾向をみると世代間での差異は小さく，世代間の合意が認められる。

　ところがもう一方で現代社会は，育児不安や虐待，ドメスティック・バイオレンス，離婚増加などの家族問題の増加や深刻化をかかえている。結婚しない，子どもを持たない，ひとり親，パラサイトシングルなどライフコースの多様化や家族像の変化も顕著である。単独世帯や高齢者世帯の増加，家族規模の減少など家族構成も大きく変化している。

　本書はこのような現代社会の家族を客観的に捉え直して「家族」の理解を深めること，社会のありようと家族の関係について考察し，家族と自己の関係をみつめ直すことによって自己洞察，自己覚知を高め，さまざまな家族のありかたを受容する力を養うことを目指している。巻末には，「家族」というキー

ワードから自己理解，他者理解を深め，パートナーシップ（共同性）の強化を目指すための演習問題を用意している（PS はパートナーシップの略）。活用していただきたい。とくに最後の〔PS スキルアップ・トレーニング〕（→ p.215へ）フランス映画『スチューデント』からの問題は，フランス映画を見てからチャレンジしてほしい。あなたの異性関係の持ち方が変わるきっかけになるかもしれない。

> **PS スキルアップ・トレーニング 1**
> 「嫌いな異性のタイプは？」で，自分自身を見つめ直そう。→ p.216へ

2．家族の定義

　HOME MADE 家族は「親と子の愛の絆を胸に／産まれた歓び　噛み締めながら／僕らは育つよ」と歌っているが，家族を定義づけるとどうなるであろうか。森岡清美の定義によれば「家族とは，夫婦・親子・きょうだいなど少数の近親者を主要な成員とし，成員相互の深い感情的かかわりあいで結ばれた，幸福（well-being）追求の集団である」[2)]。つまり，家族は多くの場合，夫婦・親子・きょうだいの近親者で構成される。男女のペアからなる夫婦が中心となり，20〜40歳の年齢差のある家族員で親子関係を結び，比較的年齢差の少ないきょうだい関係が生じる。家族の性関係は通文化的にみられるインセスト・タブー（近親相姦禁止規則）によって夫婦に限定される。しかし現代社会のように年齢により価値観や行為規範が大きく異なる場合，親子の年齢差が家族間の合意形成を困難にする側面も否めない。それは，成員結合面での「成員相互の感情的融合」という特徴と関連しており，親密な関係を求める家族であるだけにそれが達成されたときは家族機能が果たされるが，それが不十分になるとさまざまな問題を内包し機能不全に陥ってしまうことになる。

　つまり家族は「生殖・経済・保護・教育・保健・娯楽等」の多面的機能を担っているが，家族員の幸福追求という側面からのアプローチが家族の機能の

特徴である。ここでいう「幸福とは，心身の要求が満たされて幸せと感ずる状態をいう」。森岡の定義は，家族はこうあるべきという理想型を描いて定義としたという側面がある。しかし現代家族は上野千鶴子が『おひとりさまの老後』（法研，2007年）を書いたように，定義のような典型的なパターンを取らないシングルも増えており，さまざまな形態の家族やシングルのあり方を見つめ直す必要が生じている。

HOME MADE 家族は，子どもの視点からみた自分が生まれ育った家族のことを歌っている。子どもからみた家族を家族社会学では自分を社会に位置づける家族という意味で「定位家族（family of orientation）」という。配偶者を見つけて作った新しい家族を「生殖家族（family of procreation）」家族，もしくは「結婚家族（family of marriage）」といい，親の視点から見た家族をさす。現代日本の晩婚化・未婚化・非婚化は子どもが「定位家族」からなかなか抜け出せず，「生殖家族」を作るタイミングが遅れたり，作れなくなったり，作らなくなっている状況と言い換えることができる。

3．家族の類型

森岡[3]に従って家族の類型をみていこう。マードックは「夫婦・母子・父子の３つの関係がセットになっている」家族を核家族（nuclear family）と呼び，「単独で存在するか，組み合わさって複婚家族や拡大家族となって存在するか，とにかくどの社会にも普遍的に存在する」と定義する。この核家族間の世代間の関係について，生殖家族からみての「居住関係に関する規則」から主なパターンを３類型取り出すことができる。

① 夫婦家族制（この制度における家族の中核的構成員は，夫と妻に限られる。家族は夫婦の結婚によって形成され，その死亡によって消滅する，１代限りのもの。子は長ずるにしたがって親もとを去り，自分の生殖家族をつくる。）
② 直系家族制（この制度おける家族の中核的構成員は，夫・妻・あとつぎである子（男子）・その配偶者・つぎの代のあとつぎ予定の孫，あるいは夫（妻）の

親に限られる。)

③ 複合家族制（この制度における家族の中核的構成員は，夫・妻・複数の既婚子・その妻子である。同居の既婚子を男子に限ることが多い。この制度は多人数の家族を見いだしやすいが，父死亡のあと，子の生殖家族に分裂する傾向がある。)

この3つの「居住に関する規則」のなかで，どの規則がより多くの人に支持されたであろうか。戦後，一貫して核家族化が進行した時期があり，直系家族制から夫婦家族制への移行として捉えられてきた。しかし，加藤彰彦の研究によると，「最初に，結婚後の親との同居率の推移を出生コーホート別に観察したところ1960年代生まれの婚姻後の同居率は約20％，10年ほど経つと30％を超える。結婚直後の時期は核家族化の趨勢が顕著であったが，途中同居型のパターンも確認された。さらに途中同居の要因では，夫婦の続柄（とくに夫・長男），親からの土地・家屋の相続，老親扶養であることが中心的要因であり，これらの要因は結婚中期以降により強く働くことが明らかとなった。」[4] 長男だから同居すべき，土地・家屋を相続すべき，老親を扶養するべきという直系家族制の価値観をもち，直系家族制の家族形成規範を保持しながら，勤務上の都合などで一時別居し核家族を構成しているが，また途中から親と同居し直系家族を構成するパターンの存在を指摘し，加藤は「修正直系制仮説」と名付けた。日本ではまだまだ直系家族制の規範が根深いことがわかる。

野々山久也は『現代家族のパラダイム革新—直系制家族・夫婦制家族から合意制家族へ』[5] で，新しい視点からパラダイムの革新を指摘する。明治以降の直系家族制では長男が結婚後も家督を継いで両親と同居し，弟妹は結婚を機に分家，養子，嫁入りという形で家を出て行くという家族のあり方があった。この時代は，家族の形成規範に従って婚姻後の住まい方が決まっていた。制度的側面を重視した家族のありようであり，野々山は「規範志向的家族」と名づけた。

それに対して戦後の家族は，制度というよりは，むしろ集団という側面が重

視されるようになった。戦後，わが国は高度経済成長期を経て，1次産業から2次産業へと産業構造が大きく変容した。それにともない雇用労働者の増加，人口の都市部集中が顕著となり，家族の形も，三世代家族から核家族へと変貌を遂げていったのである。野々山は，戦後の家族は，制度というよりは，むしろ集団という側面が重視されるようになったと指摘し，理想的なサラリーマン家庭のあり方は「公団住宅に住み，夫ひとりが外へ働きにでて，妻が専業主婦として家庭に残って家事育児に専念する，いわゆる固定的な性別役割分業のパターンとなっていった。」[6]として「集団志向的家族」と名づけた。確かに，家族の形は制度重視から集団重視へと転換された。が，一方役割分担のあり方は固定的に決まっていることが特徴であった。

　アメリカの社会学者であるパーソンズは1950年代のアメリカの家族の観察から夫が道具的リーダーとして外から所得を得ていく役割を担い，女性は表出的リーダーとして緊張緩和と情緒的統合の役割を担うと分析したが，日本でも固定的役割分担を行う家族が出現したのである。

　さらに野々山は，今，起こりつつあるさらなる変化として「合意制家族」の形成を指摘するが，次の項ではそうした家族が出現するまでの戦後の家族の日本的特徴を押さえておきたい。

4．戦後の家族の日本的特徴

　日本の家族の変化をみると，「戦後のある一定期間，比較的安定した構造を保った時代が存在した」と指摘し，それを「家族の戦後体制」[7]と名づけたのは落合恵美子である。落合の視点を紹介しよう。

　1975年くらいまで続いた「家族の戦後体制」の3つの特徴は，① 女性の主婦化，② 再生産平等主義，③ 人口学的移行期世代が担い手，である。

① 　大正時代に主婦が出現し，戦後は女性の多くは社会に進出したのではなく，家庭に入って主婦業を営むようになった。特に1946～50年生まれの「団塊の世代」を中心とした世代にその傾向が顕著である。「女性は主婦で

あるべきだ」、「女性は家事・育児を第一の仕事にすべきだ」という規範が大衆化した。

② みんなが適齢期に結婚し、子どもが2〜3人いる家族を作ることをいう。それを落合は「二人っ子革命」と言っている。「ただ子どもの数が（戦前に比べて）減ったということではない、子どもが二人か三人いなければいけないという画一主義でもあった。逸脱は許されない」という家族のあり方であったと分析する。

③ 人口学では、「近代化が進むと多産多死型から少産少死型へ社会の人口の構造が変化する傾向がある。……。しかし間にはさまれた移行期に、往々にして、多産少死という時期」が生じ、急激な人口増加が起こる。この移行期の世代は「1925年〜50年生まれ、すなわち昭和ヒトケタから戦後の団塊の世代まで」である。その人口学的移行期世代が担い手である。この世代は人口が多いこと、子どもからみるときょうだいが多いこと。そのことによって、長男は家を継ぎ、伝統の直系家族制が維持される。次三男は、その家族形成規範と矛盾することなく核家族を作ることができる。そして、その多いきょうだい数を利用して親族ネットワークを構成し、そのサポートで子育ても老人扶養も行うことができた。

つぎに、落合は1975年頃から主婦役割からの離脱が始まり、再生産平等主義が崩壊しはじめたという。この時期からの特徴は「人口学的に見ると、人口学第3世代、すなわち少産少死世代、生年でいえば1950年以降生まれの世代が結婚して家族形成をするようになったということ」[8]であり、核家族化が頭打ちとなり、高齢者世帯の増加、独居老人の増加という現象が生じてくる。後に詳述する夫婦別姓の問題も浮かび上がってくる。父系制から「双系化」への変化も考えられる。父系か母系かという「系譜性より、個人との関係の近さ・遠さを重視する親族関係の作りかた」[9]が現れてくる。同居や別居もこれまでルールのような簡単な割り切りができなる。これからは、好むと好まざるとにかかわらず、同居や別居だけでなく、もっとさまざまかたちの親子のつきあいかた

を工夫していくことになると落合は予想している。

　こうした視点をもって，家族の変化を統計データで押さえていくと興味深い。統計データでは家族ではなく「世帯（＝家計と家屋を共通にする人びとの集まり）」で見ざるをえないが，家族に関するデータをみてみよう。「世帯」の用語は定義が明快で操作可能なために国勢調査に使われているが，実態と異なるデータが出る欠点がある点は認識しておく必要がある。

　平均世帯人員は1953年が5.00人であったものが，その後縮小の一途をたどり，表1-1にあるように，1975年3.35人，1995年2.91人と3を割り込み，2012年2.57人と半減した。その間に世帯数は約2.8倍増えている。

　合計特殊出生率も1947年4.54から1955年2.37，1960年2.00，1975年1.91，2001年1.33，2005年1.26と大幅に減少し，その後若干増加し2012年1.41となっている。厚生労働省の試算をみると，1973～1977年生まれ（平成24年における35～39歳）についての39歳までのコーホート合計特殊出生率は約1.39であるが，40歳以上も出産するので，実際にこの世代の合計特殊出生率は，平成24年の期間合計特殊出生率を上回ることが予想される。落合が指摘したとおり，1974年頃まで2ポイント台を維持，しかしその後は下がり続け，1947年（第1次ベビーブーム）の3分の1以下にまで低下している。

　世帯構造も，単独世帯がこの30年間に2倍になり，全体の25％を占めるまでになった。核家族世帯は60％前後で変わっていないが，その構成は大きく変化している。1975年と2012年を比較すると，夫婦のみの世帯が倍増し，夫婦と未婚の子どものみの世帯は42.7％—30.5％，三世代世帯は16.9％—7.6％となっている。ただし，夫婦のみの世帯の増加は，高齢者世帯の増加によるところが大きい。高齢者世帯は，1975年の3.3％から94年に10％台に乗せ，その後15年ほどの間に20％台にまで伸びた。とくに高齢者単身世帯は，増加が予測されているなど，構造的変化と捉えられる現象が起こっている。

表1-1　世帯構造別にみた世帯数，平均世帯人員，合計特殊出生率の推移

（世帯は%）

年　次	総数（単位：千世帯）	単独世帯	核家族世帯			三世代世帯	その他の世帯	高齢者世帯	平均世帯人員	合計特殊出生率
			夫婦のみの世帯	夫婦と未婚の子のみの世帯	ひとり親と未婚の子のみの世帯					
1975(昭和50)年	32,877	18.2	11.8	42.7	4.2	16.9	6.2	3.3	3.35	1.91
1980(昭和55)年	35,338	18.1	13.1	43.1	4.2	16.2	5.4	4.8	3.28	1.75
1985(昭和60)年	37,226	18.4	14.6	41.9	4.6	15.2	5.3	5.9	3.22	1.76
1989(平成元)年	39,417	20.0	16.0	39.3	5.0	14.2	5.5	7.8	3.10	1.57
1995(平成7)年	40,770	22.6	18.4	35.3	5.2	12.5	6.1	10.8	2.91	1.42
2001(平成13)年	45,664	24.1	20.6	32.6	5.7	10.6	6.4	14.6	2.75	1.33
2007(平成19)年	48,023	25.0	22.1	31.3	6.3	8.4	6.9	18.8	2.63	1.34
2012(平成24)年	48,170	25.2	22.8	30.5	6.9	7.6	7.0	21.3	2.57	1.41

注1）1995年の数値は兵庫県，2012年の数値は福島県を除いたものである。
注2）高齢者世帯とは，65歳以上の者のみで構成するか，またはこれに18歳未満の未婚の者が加わった世帯をいう。
注3）合計特殊出生率とは，15～49歳までの女性の年齢別出生率を合計したもの。この場合は1年間に着目したものなので，正確には期間合計特殊出生率。ある世代の出生状況に着目したものはコーホート合計特殊出生率。同一世代生まれ（コーホート）の各年齢（15～49歳）の出生率を過去から積み上げたもの。
出所）厚生省大臣官房統計情報部ホームページ。昭和60年以前の世帯数は「厚生行政基礎調査」，平成2年以降は「国民生活基礎調査」

5．家族を取り巻く法律などの変化

　まず，女性の権利に係る国連の動きとわが国の対応をみていこう。1975年は国際婦人年で，1976年からの「国連婦人の10年」は，家族を考えるとき，大きな曲がり角といってもよい。特に，国連の女子差別撤廃条約（正確には「女子に対するあらゆる形態の差別の撤廃に関する条約」）の与えた影響は無視できない。1979年の第34回国連総会において採択され，1981年に発効した。日本は，それまであった「勤労婦人福祉法」を大幅に改正し，国連婦人の10年の最終年である1985年5月に「男女雇用機会均等法」（「雇用の分野における男女の均等な機会及び待遇の確保等女子労働者の福祉の増進に関する法律」）が成立するなどの条約批准のための条件整備をして，同年6月に「女子差別撤廃条約」を批准

した。

　その内容は，社会参加における男女平等にとどまらず，家族の中での男女平等や，養育における共同責任，男女の役割の見直しなども含む内容であった。たとえば「両性のいずれかの劣等性若しくは優越性の観念又は男女の定型化された役割に基づく偏見及び慣習その他あらゆる慣行の撤廃を実現するため，男女の社会的及び文化的な行動様式を修正すること」が求められている。そして平等社会を実現するために「特別措置」を取ることも，条約に含まれていた。

　国際社会に対する約束を果たすため日本は，「男女共同参画社会基本法」を1999年に公布・施行した。ここでは①男女の人権の尊重，②社会における制度は又慣行についての配慮，③政策等の立案及び決定への共同参画，④家庭生活おける活動と他の活動の両立，⑤国際的協調という5つの男女共同参画社会の形成に関する施策を策定・実施すること，国民は男女共同参画社会の形成に努めること，それぞれの責務を明らかにしている。

　法律のタイトルは国会の審議の結果「共同参画」というわかりにくい名前となり，「平等」という意味内容が伝わりにくいものになった。「男女共同参画社会の形成」とは「男女が，社会の対等な構成員として，自らの意思によって社会のあらゆる分野における活動に参画する機会が確保され，もって男女が均等に政治的，経済的，社会的及び文化的利益を享受することができ，かつ，共に責任を担うべき社会を形成することをいう」と定義づけられている。

　また，女子差別撤廃条約の「特別措置」に当たるものとして「積極的改善措置」があり，「男女間の格差を改善するため必要な範囲内において，男女のいずれか一方に対し，当該機会を積極的に提供することをいう」と規定されている。男女平等を実現するために，一時的に多くの場合は地位が低い女性の側に機会を提供することによって，早期に男女平等を実現させようとすることを意味する。国は企業が自主的かつ積極的に労働者間の格差解消に取り組むことを目指し，「ポジティブ・アクション情報ポータルサイト」を設置し，民間レベルでも「積極的改善措置」が進むように普及促進に努めている。

「家庭生活における活動と他の活動の両立」の第6条では,「男女共同参画社会の形成は,家族を構成する男女が,相互の協力と社会の支援の下に,子の養育,家族の介護その他の家庭生活における活動について家族の一員としての役割を円滑に果たし,かつ,当該活動以外の活動を行うことができるようにすることを旨として,行われなければならない」とされている。

日本は女子差別撤廃条約を批准はしたが,それを十分生かしてはいない。国連の「女子差別撤廃委員会」は6年おきに各国の進捗状況をチェックして見解を発表している。2009年の日本に対する見解は,以下のような厳しいものであった。その一部を紹介する。

「(女子差別撤廃)委員会は,男女ともに婚姻年齢を18歳に設定すること,女性のみに課せられている6ヵ月の再婚禁止期間を廃止すること,及び選択的夫婦別氏制度を採用することを内容とする民法改正のために早急な対策を講じるよう締約国(日本)に要請する。委員会は,本条約(女子差別撤廃条約)の批准による締約国の義務は,世論調査の結果のみに依存するのではなく,本条約は締約国の国内法体制の一部であることから,本条約の規定に沿うように国内法を整備するという義務に基づくべきであることを指摘する。」「委員会は,本条約及び本条約第1条に記載された女性に対する差別の定義を国内法に十分に取り入れるために早急な措置を講じ,次回報告においてこの点に関する進捗状況を報告することを締約国に要請する。」

つぎに男女平等に係る国内法の流れを簡単にふり返ってみよう。1975年に総理府に「婦人問題企画推進本部」を設置,1976年「育児休業法」施行,1976年に民法一部改正(離婚後の氏の選択が自由になる),1977年に推進本部が「国内行動計画」を策定し,国際婦人年及び国際行動計画に沿い,男女平等を始めとする女性に関する総合的な施策を明らかにした。1980年民法の一部改正(配偶者相続分1/3から1/2へ引き上げ),1984年国籍法及び戸籍法一部改正(父系血族主義から父母両系主義へ),1987年「西暦2000年に向けての新国内行動計画」策定し「男女共同参画型社会の形成」に向けての取り組みが新たに始まった。

1992年「改正育児休業法」施行,「パートタイム労働法」施行,「育児・介護休業法」に改正,1995年ILO156号条約(家族的責任を有する男女労働者の機会及び待遇の均等に関する条約)批准などである。そして1999年に「男女共同参画社会基本法」が公布・施行された。基礎年金制度や所得税の配偶者特別控除制度のようにサラリーマンの妻を専業主婦として位置づける税や年金の制度が温存されるなどの問題もあり,全体としては整合性のある改革とはいえないが,矢継ぎ早の改革が進み意識レベルでの変革が進んだ。

2000年以降の改革では2001年の「配偶者からの暴力の防止及び被害者の保護等に関する法律」(配偶者暴力防止法)-2004年,2007年,2013年に改正)と,2004年の年金法改正(2007年施行)がある。特に改正年金法では,離婚時の夫婦の年金分割制度が導入されている。この制度改正により会社員,公務員,私立学校の教職員が離婚した場合,その配偶者は婚姻期間にかかる老齢厚生年金・共済年金などの50%を上限に分割請求できるようになった。

さらに高齢者や障害者等,いわゆる社会的弱者と位置づけられてきた市民の権利保障に係る法律についても,次のように制定されている。2006年制定の障害者自立支援法は,「障害者総合支援法」と名称変更(2012年)され,2015年4月から施行された。2006年高齢者虐待防止法,2008年障害者の雇用の促進等に関する法律(略称「障害者雇用促進法」),2012年「改正育児・介護休業法」施行なども注目される。また2013年12月の民法改正では,婚外子と嫡出子の相続差別がようやく解消された。

第2節　家族像の変容

1. 個人の生き方を優先する家族像

家族のあり方は,今,大きな岐路に立たされている。その変化の方向を探るために,大きな歴史的な流れの中でもう一度家族像の変容を確認したい。

産業革命以降の家族像の変容を，目黒依子はイギリス，フランス，アメリカの実証研究を紹介しながら説明している[10]。産業化によって若者が賃金を獲得する機会を得ることができた。それまで職場を含めた生活のすべてをコミュニティに頼っていた生活から，親族やコミュニティからの脱却を図ることが可能になってきた。そして福祉国家の誕生によって公的援助や保険制度が整ってきて，親族などからの離脱がますます可能となった。それが近代家族の成立である。職場と家庭が分離し，夫は稼ぎ手として外で働き，妻が家事や育児を行う専業主婦の出現でもある。こうした「近代家族は基本的には男性に対する女性の経済的依存という社会システム」[11]の産物でもある。

さらなる変化は女性の社会進出，経済的自立によって引き起こされた。産業社会が女性労働を取り込んでいくなかで，経済的な自立を高めることになった。その結果「近代家族」という単位から「個人」の単位への移行，目黒依子のいう「家族の個人化」の方向へ家族像が変容を始めているのである。家族単位で物事を考える思考パターンが崩れ，個人の生き方を優先する思考パターンの出現である。福祉国家のあり方も家族単位での福祉的援助から個人単位に移行していく形が想定される。

日本の現状をみると，世帯構成が核家族中心から単身世帯などの増加，離婚数および離婚率の増加，結婚適齢期という観念が弱まっていることなどをみても，家族単位から個人と個人のパーソナルな関係への変化がみられると目黒は指摘している[12]。

2．合意制家族の形成へ

家族単位から個人単位へ，社会のあり方が変わっていくなかで，家族関係のありようも変わっていかざるを得ない。それはどのような姿として描かれるのであろうか。野々山久也はそれを「合意制家族」と呼び，次のようにその姿を提示する。

「21世紀の家族ライフスタイル[13]は，個人の生活選好が前提となっている。

国がモデルを示してくれるわけでもなく,また日々の生活だけに追われて集団中心的に固定的な性別役割分業に縛られることもない。家族ライフスタイルは,交渉や共感や配慮など,活発なコミュニケーションや相互作用をとおして合意形成しながら展開することになる。」[14]。「合意制家族」は従来の規範拘束性や集団拘束性から解放されたものになると野々山は指摘する。

そこでの家族規範としては次のようなものになるとしている。

「(1) 家族成員間においては,それぞれの自立あるいは自律はもちろんのこと,相互の創造的共感あるいは配慮にもとづく保護と依存が前提であることが確認されること。

(2) 短期的な相互交換の採算性を保障するよりは,家族成員すべての自己実現が可能になるような長期的な配慮を保障すること。

(3) 家族生活における生活選好には,多元的な選択領域が存在することから,まず全体次元と個別次元とを区別し,そのうえで個別次元での各自の多様な選好の自由な選択を最大限保障すること。」こうした規範の浸透によって,民主主義的な家族ライフスタイルが確立されると指摘している[15]。

民主主義的な家族というイメージは,日本にはまだまだなじみが薄く,野々山が掲げた規範を家族内で実現するには相当の意識改革が必要となっている。1994年に国連総会で決議された「国際家族年」は,こうした意識改革を促進する運動として位置づけられる。その内容を一部紹介したい。

「国際家族年」のモットーは「家族からはじまる小さなデモクラシー」"Building the smallest democracy at the heart of society"である。家族集団など個人にとって核となる集団の中から民主的な人間関係を築こうとする試みであった。

日本も都道府県の女性センターなどがパンフレットを配布して啓蒙活動を展開した。兵庫県のパンフレットには当時の兵庫県知事の挨拶が載っていた。それを紹介しよう。"家族"という言葉から,皆さんはどのようなイメージが抱かれるでしょうか。『安らぎ』『思いやり』,あるいは『生きがい』でしょうか。

しかしながら，こういった温かいイメージとは裏腹に，高齢者の介護，子育てや教育……。このような家族の問題は，他の家族や地域の人たちとの交流を深め，助け合いながら，ともに取り組んでいくことによって，解決の糸口がみつけられるのではないでしょうか。折しも，今年は国際家族年です。家族一人ひとりが互いの人権を尊重しながら，深い愛情で支え合い，ともに地域の中で成長していく，そうした家族と社会のあり方を改めて考えてみる絶好の機会といえましょう……。」と書いている。

そこでは「家族」単位の思考パターンが見え隠れする。でも「家族からはじまる小さなデモクラシー」とは何か，「互いの人権を尊重する」ことはどういうことなのか，その具体的な内容は書かれていない。家族の構成員が互いに尊重するという考え方が当時に日本には浸透しにくかったようで，深まりのないパンフレットとなっていた。

筆者が入手したカナダの国際家族年のパンフレットでは，民主的家族とはどういうものか，それを実現するためには，具体的にはどういう取り組みを家族の中で展開していくべきか。家族間，親子間で，意見の衝突が起こったとき，どのようすすべきかを具体的に提案していた。また，祖父母から孫に続く家族関係を親の権威という威光に頼らずにどのような形で強化していくべきかを指し示しているところなどもあり，興味深い。こうして，日本とカナダのパンフレットを比べてみると，それぞれの社会の問題意識が明らかとなり，国連の提唱した「民主的家族」をどれだけ深く理解し，取り込もうとしているかが見えてくる。

同じ1994年に日本は国連の「児童の権利に関する条約」（子どもの権利条約）を批准した。この条約は守られるべき子どもの権利について定めているが，とくに第12条『意見の表明』は，「子どもは，自分に関係のあることについて自由に意見を表す権利をもっています。その意見は，子どもの発達に応じて，じゅうぶん考慮されなければなりません」（日本ユニセフ協会抄訳）となっている。

翌年，筆者（1995〜96年，カナダ・ブリティッシュ・コロンビア大学の客員研究員として滞在）の娘が通っていたカナダの小学校では，ひとり一人の児童に『意見の表明権』についてわかりやすく解説したパンフレットを配って，子どもが自らの権利を知り，行使できるように教育していた。毎学期，障害児の個別教育計画（Individual Education Plan）が作成される会議に保護者の参加が要請されると同時に，障がい児自身も参加し意見を表明する機会が保障されていた。

しかし日本では，子どもが意見を表明する権利，言い換えれば子どもの意見を大人あるいは社会が考慮することについての認識や意識はまだまだ低い。『子どもは親の庇護のもとにあれば，それだけで十分』という考え方が根深くあり，「民主的家族」というイメージに具体性はなく，子どもが親と意見を言い合う姿は思い浮かばない。まして児童が学校で自分の教育のありかたについて先生に意見を述べるシーンは思い浮かぶはずもない。

時代の流れとして「合意制家族」を位置づけることは可能であるが，それを実現するための意識改革は端緒についたばかりと言えよう。この教科書の大きな課題は，「合意制家族」形成のためのパートナーシップの強化と位置づけている。

> **PS スキルアップ・トレーニング 2**
> カナダの国際家族年の取り組みの特徴を発見しよう。簡単な英文なのでチャレンジしてほしい。→p.217へ

【注】
1）『朝日総研リポート AIR21』朝日新聞社ジャーナリスト学校，2008年，216号，p.154, p.168, p.171
2）森岡清美・望月嵩『新しい家族社会学』培風館，1997年，pp.4-6
3）森岡清美・望月嵩，前掲書，pp.9-18
4）加藤彰彦「『直系制から夫婦家族制へ』は本当か」（熊谷苑子・大久保孝治編

—NFRJS01研究会第二次報告書)『コーホートと比較による戦後日本の家族変動の研究』2005年, pp.139-140
5) 野々山久也『現代家族のパラダイム革新—直系制家族・夫婦制家族から合意制家族へ』東京大学出版会, 2007年
6) 野々山久也, 前掲書, p.ii
7) 落合恵美子『21世紀家族へ(第3版)』有斐閣, 2004年
8) 落合恵美子, 前掲書, p.199
9) 落合恵美子, 前掲書, p.208
10) 目黒依子「家族の個人化—家族変動のパラダイム探求」『家族社会学のパラダイム』勁草書房, 2007年
11) 目黒依子, 前掲書, p.250
12) 目黒依子, 前掲書, p.265
13) 野々山久也『現代家族のパラダイム革新』東京大学出版会, 2007年, p.95
　「家族ライフスタイル」=「家族生活に関わる生活諸関係ならびに生活諸資源に対する個人あるいは家族成員の自主的な選択行動のパターン」
14) 野々山久也, 前掲書, p.iii
15) 野々山久也, 同書, pp.107-108

【参考文献】

パーソンズ,T., ベールズ,R.F.著, 橋爪貞雄ほか訳『核家族と子どもの社会化』黎明書房, 上1970年, 下1971年

第2章

人生設計からみた家族

第1節　結婚はひとつの選択肢

1．晩婚化，未婚化，非婚化の流れ

　近年，若者の未婚化，晩婚化の傾向が顕著になり，少子化の主要因として社会問題視されている。欧米では同棲しているカップルから生まれる婚外子が増加し，出生率を押し上げている。日本では同棲が少なく，婚外子に対する社会的偏見や差別も強いため，妊娠先行型結婚（できちゃった結婚，おめでた婚，授かり婚ともいう）というパターンが多いが，婚姻数，子ども数の増加には結びついていない。

　厚生労働省の「人口動態統計」で晩婚化の傾向について概観してみよう。日本人の平均初婚年齢の推移をみると，1970年代前半までは男性が27歳前後，女性が24歳前後と安定的に推移していた。しかし70年代半ば以降初婚年齢が上昇し始める。男性をみると1982年28.0歳，2001年29.0歳，2006年30.0歳，2012年に30.8歳となっている。女性では75年ころから上昇し続け，77年25.0歳，92年26.0歳，2000年27.0歳，2005年28.0歳，2011年29.0歳，2012年29.2歳となった。男女ともに晩婚化が進んでいる。

　年齢別の未婚率をみると，男女ともに1960～70年までは大きな変化がみられなかった。1970年の男性の未婚者は，20歳代後半が5割弱，30歳代前半で1割

程度，同後半ではその半数となっており，30歳を境に未婚者は少数派となっている。1970年の女性では20歳代前半で7割強であるが，同後半では2割弱となり，30歳代は20歳代後半の半分以下である。女性の場合，20歳代の後半に入ると未婚者が激減し，年齢が高くなればなるほど少数派になっている。これは70年代の前半のころまで，25歳以上の女性を「売れ残りのクリスマスケーキ」と揶揄する風潮が一部にあったように，当時の女性には25歳までが結婚適齢期という規範意識が働いていたことが考えられる。また生涯未婚率も男性1.7％，女性3.4％で非常に低い値である。1970年時点では，男性で30～34歳，女性で25～29歳の人の8～9割が結婚していたのである。

ところが，2010年の男性の未婚者は，20歳代後半で71.8％，30歳代前半47.3％，同後半35.6％となり，すべての年齢層で未婚率が上昇している。2010年の女性でも同様の傾向を示し，20歳代後半60.3％，30歳代前半34.5％，同後半23.1％である。1970年と比較すると，年齢層によっては3～10倍が未婚者である。

このように1975年以降，晩婚化，未婚率の上昇傾向が顕著である。男女ともに，20歳代後半や30歳代で未婚者が増加している。さらに2010年の男性の生涯未婚率は20.2％で，女性の10.7％の約2倍である。1960年までのデータをみると45歳以降未婚率の動きはほとんどなかった。その意味では生涯未婚率という指標は意味があった。しかし近年の動きは違っている。45歳以降も未婚率の低下がみられ，1990年頃からの男性の数値の動きが特に大きい。2010年の50歳代後半の未婚率は17.8％，60歳代前半は14.7％である。数は少ないが，男性は50歳になっても60歳になっても結婚がありうる。

つぎに若者の結婚に対する意識の変化をみながら，なぜこのように晩婚化が進み，未婚率が増加していくのかを考えよう。出生動向基本調査（独身者調査）[1]にある「自分の一生を通じて考えた場合，あなたの結婚に対するお考えは，次のうちどちらですか」という設問で，1982年には男性の96％が「いずれ結婚するつもり」と答えていた。1997年は86％に減少したが，その後ほぼ同じ

割合で推移している。一方,「一生結婚するつもりはない」は,1982年から5年間で倍増し4.5％である。その後も増加傾向が続き,2010年には9.4％と過去最高となっている。結婚意志が少し弱まっている。

女性では82年に「いずれ結婚するつもり」と答えた人が94％であったが,2002年には6％も減少して最低値を示した。その後わずかに増加に転じている。「一生結婚するつもりはない」は1982年から2005年のデータをみると,蛇行しながらもゆるやかな増加傾向が読み取れる。

この結果をみると,女性は結婚意思がやや強いが,1982年以降,男女ともに皆婚規範（結婚して当たり前という考えが社会の成員によって共有され,）規範圧力となっていること）が少しずつ薄れてきているのがわかる。

さらに「いずれ結婚するつもり」と答えた者に対して,「ある程度の年齢までには結婚するつもり」,「理想的な相手が見つかるまでは結婚しなくてもかまわない」という極端な2つの選択肢を用意し,結婚の動機が「年齢志向」なのか,それとも「理想志向」なのかを明らかにしようとしている。「年齢志向」の未婚男性は1987年のどの年齢層も多数派であったが,97年には減少,その後増加に転じた。

女性も1987年では多数派であったが,その後減少し,2010年に復活している。概していえることは,男性よりも女性の方が「理想志向」の比率が多いということである。また30～34歳に絞ると女性の「理想志向」（1997年72.8％,2002年74.5％）が際立っていたが,2005年65.5％,2010年54.4％と急激に低下している。男性も97年の58.6％がピークで,その後10％以上低下し46.7で,「年齢志向」（52.7％）が逆転している。30歳代前半の男女の理想志向は弱まってきた。

25～29歳,30～34歳に限定してもう少し詳しくみてみよう。先ほどの質問に続き「それでは今から1年以内の結婚はどのようにお考えですか」と聞いている。選択肢は「1年以内に結婚したい」,「理想的な相手が見つかれば結婚してもよい」,「まだ結婚するつもりない」である。男性の「1年以内」の結婚意思は低下傾向にある。逆に「まだするつもりはない」が増加傾向で,30歳代は倍

増している。25〜29歳の「理想的な相手なら」は変化がないが，30〜34歳は低下傾向にある。男性は結婚の先延ばし傾向を維持したままである。

女性は，「１年以内」は25〜29歳はあまり変化ない。30〜34歳のみ若干増加している。「理想的な相手なら」はあまり変化がない。「まだ結婚するつもりない」を1987年と2010年を比べると，25〜29歳で増加，30〜34歳は変化なし。25〜29歳の女性は結婚志向が弱い。

男性と比較して女性の方が「１年以内に結婚したい」「理想志向」の比率が高く，「まだするつもりはない」は男性の半数に止まる。20歳代から恋愛をいくつか経験し，理想の相手が明確になってくるのかもしれない。男性は30歳代になっても結婚を先送りしようとする人も目立ち，女性は理想志向が男性よりも強く，男女でズレが生じやすい。

この調査では，就業状況と結婚意欲についても聞いている。１年以内に結婚する意欲のある未婚者の割合を就業状況別にみると，男性では就業状況により大きな差がみられる。「自営・家族従業等」，「正規職員」で結婚意欲が高く，「パート・アルバイト」，「無職・家事」などで意欲が低い傾向がみられる。女性では学生を除くと，そのような差はみられない。

２．シングル志向

未婚率の上昇が著しいことはすでに述べた通りであるが，出生動向調査[2]で「独身生活の利点」をみると，2010年では，男性は「行動や生き方が自由」（65％）が最も多く，「金銭的に裕福」（28％），「家族扶養の責任がなく気楽」（24％），「広い友人関係を保ちやすい」（19％）の３つが次に目立つ。後は少数ではあるが「異性との交際が自由」（７％），「住環境の選択幅が広い」（５％），「現在の家族との関係が保てる」（４％），「職業を持ち社会との関係が保てる」（２％）の順になっている。

女性は男性以上に「行動や生き方が自由」（71％），「広い友人関係を保ちやすい」（28％）の２つに集中している。ただし，「広い友人関係を保ちやすい」

は1987年以降，調査の度ごとに比率が下がっている。その他では「家族扶養の責任がなく気楽」(19%)，「金銭的に裕福」(18%)が目立つ。男性に少なく女性に多いのは「職業を持ち社会との関係が保てる」(10%)，「現在の家族との関係が保てる」(10%)である。裏を返せば，女性は男性のよりもいくつかの障害を乗り越えないと結婚に辿りつけないと考えているケースが多いかもしれない。「異性との交際が自由」(6%)，「住環境の選択幅が広い」(5%)は男性と近似している。

結婚は行動面，金銭面，人間関係の側面で窮屈になると考える傾向があり，1987年調査からあまり大きな変化はみられない。唯一，女性の「広い友人関係を保ちやすい」だけは1982年の39%から漸減傾向にある。結婚しても友人関係が保ちにくくなることはないと考える人が増えているのかもしれない。歓迎すべき傾向である。筆者の経験を紹介しよう。

知人に若い母親が2人いる。ある時この2人から夕食に誘われた。約束の時間にレストランへ出向くと，7ヵ月と9ヵ月の子を抱えた彼女たちが歓迎してくれた。結婚して日も浅いのに，まして乳飲み子を抱えて外食など大丈夫なのかと多少不安な思いで席に着くと，「卒業生のかわいい赤ちゃん2人を交互に抱きながらの食事って，時代が変わったでしょう」と言われて，頷かざるをえなかった。結婚しても自由に友人関係を保とうとしている若者の意識変化がみえてくる。

同じ調査[3)]で，18～34歳の男女に，「あなたが結婚を，次の中ではどのようなことが気になりますか。あてはまる番号すべてに○をつけてください」と聞いている。男女とも「生活リズムや生活スタイルを保てるか」(男性49%－女性61%)，「余暇や遊びの時間を取れるか」(47—51%)，「お金を自由に使えるか」(46—47%)が上位を占めた。独身者の利点として「行動や生き方の自由」を選んだ層は，この3つもより高くなる。独身生活の豊かさが準拠枠であるので気になるのもあたりまえ，結婚志向が弱いのであろう。女性に多いのは「仕事(または学業)の時間を自由にとれるか」(男性18—女性32%)，「自由な人生設計

ができるか」(21—25%),「ファッションや食べ物などの好みが制約されないか」(12—25%),「職業を自由に選べるか」(12—21%) が目立つ。女性はより強く,結婚が人生設計をはじめさまざまな面で不自由さにつながると感じているとしたら,それはさらなる晩婚化・未婚化の方向に作用しても不思議ではない。

「1年以内に結婚するとしたら何か障害になることがあるか」は,「結婚資金」(男性44—女性42%) が一番多く,男性は「結婚のための住居」(19—15%),「職業は仕事上の問題」(15—18%) がそれに続く,経済関連の理由が目立つ。

女性も「職業は仕事上の問題」が多く,かつて2位を維持していた「親の承認」(男性10—女性17%) が3位に後退,「親との同居や扶養」(6—8%) も減少傾向が止まらない。女性にとって結婚は親との関係よりも個人の問題と考える風潮が強まっているのではないだろうか。

3．パラサイト・シングルの増加

2000年の総務省統計局の「国勢調査」によると,親族と同居する20歳代,30歳代の未婚者は,男性約651万人,女性約569万人である。このなかで,「学卒後もなお,親と同居し,基礎的生活条件を親に依存している未婚者」を,山田昌弘[4]は「パラサイト・シングル」と名づけた。

表2-1は,親と同居の未婚者数の推移である。ただし,このデータは「基礎的条件を親に依存しているか」否かを問うているわけではないので留意する必要がある。若年未婚者は1990年に42%が親と同居,その数値は上昇を続けている。2003年には同居が1,211万人を記録している (表2-1)。2010年に減少したのは団塊ジュニア世代が20〜34歳よりも上の世代へ移行したためである。親と同居の壮年未婚者は1980年から実数および割合ともに一貫して増加しており,2009年280万人から15万人増加で2010年295万人になっている。西文彦は,「実数のみならず割合の増加は,人口増加のみが要因でないことをうかがわせる」[5]と分析し,近年の臨時・日雇の割合の高止まりが要因のひとつと考えら

表 2-1　親と同居の未婚者数の推移

人口・割合		年次（20～34歳=若年未婚者）					年次（35～44歳=壮年未婚者）			
		1980	1990	2000	2003	2010	1980	1990	2000	2010
人口	A（万人）	2,765	2,492	2,732	2,667	2,237	1,755	1,970	1,590	1,839
うち親と同居の未婚者	B（万人）	817	1,040	1,201	1,211	1,064	39	112	159	295
親と同居の未婚者の割合	B/A（％）	29.5	41.7	44.0	45.4	47.5	2.2	5.7	10.0	16.1

注）各年とも9月の数値である。山田昌弘の定義によるパラサイト・シングルは「学卒後もなお，親と同居している未婚者のうち，基礎的条件を親に依存している者」とされているが，この数値は基礎的条件を親に依存しているか否かは問わない。したがって，親に依存せず同居している者や，親の介護または支援するために同居している者も含まれている。
出所）西文彦「親と同居の未婚者の最近の状況」総務省統計研修所，2011年10月11日

れると述べている。就業状況の悪化を親が援助することによって時間稼ぎをしているともいえる。

　宮本みち子らは『未婚化社会の親子関係』[6]で，「日本の高度経済成長前，学校を卒業した子どもたちは一家の生計を維持するための働き手としての役割が期待され，親元でぶらぶらしていることが許される時代でなかった」。それが「高度経済成長後，子どもの責任・義務が要求されない時代になった」と述べている。まず，この2冊の本を紹介しながら話を進めよう。

　内閣府の「青少年の社会的自立に関する意識調査」（2005）でみても，「安定した仕事を持つこと」は青年の成長や自立のために「必要だと思う」者が9割近くで，多数派となっているが，「親元を離れて暮らす」という意見になるとその割合はほぼ3割にまで下がる。親元を離れることが必ずしも必要とは思っていないし，世代間でもある程度合意がある。しかし，「結婚する」ことが青年の自立に「必要だと思う」は40歳代以上では半数を超えるが，20歳代では3割台に止まっており，ここでは世代間で考えが異なる。

　表2-2は「世界青年意識調査」（調査対象18～24歳）である。「父または義父」は親子二世代家族，「祖父または祖母」は三世代家族と考えてよい。「配偶者」は結婚または同棲を意味する。これでみると日本は韓国と似ていて，子どもや孫として暮らしている青年が大半である。頼りになるのは家族ということだろうか。一方，アメリカでは結婚や同棲，ルームメイトと暮らしている若者

表2-2　18〜24歳の青少年の同居者

(％)

	日　本 N＝1090	韓　国 N＝1002	アメリカ N＝1011	フランス N＝1039	スウェーデン N＝1026
１人暮らし	15.2	9.4	9.9	16.5	30.7
父または義父	68.4	74.2	30.0	50.0	27.4
きょうだい	58.3	64.4	20.4	36.8	19.9
祖父又は祖母	20.6	5.8	3.1	1.5	1.2
配偶者(内縁を含む)	5.7	0.9	21.0	16.3	21.4
友人・ルームメイト	1.1	5.4	20.7	2.3	7.9

注１）18〜24歳までの青少年を対象
注２）スウェーデンは平成15年，日本，韓国，アメリカは平成19年，フランスは平成20年調査実施
出所）内閣府，第7回世界青年意識調査（スウェーデンのみ）。第8回世界青年意識調査（その他の国）

表2-3　先進諸国におけるポスト青年期の依存先と家族パターン

	依　存　先	家族パターン
アメリカ型	自助（カップル依存）	離婚・再婚の増大，共働きの必然化
スウェーデン型	福祉サービスへの依存	同棲，婚外子の増大，共働きの必然化
日本型	親への依存	晩婚化，少子化，専業主婦維持

出所）山田昌弘『パラサイト・シングルの時代』筑摩書房，1999年，p.148

も多い。カップルになることによって，青年期を切り抜ける傾向が強い。スウェーデンはひとり暮らしも目につく。社会保障制度が整っていると，カップルで助け合ってという方向をあえて取らなくてもいいのかもしれない。フランスは配偶者が多い点ではアメリカ，スウェーデンに似ているが，家族同居が多い点は日本に近い部分もある。山田（表2-3）が指摘したように，青年期をどう乗り越えるかという課題は，社会・文化的，政治・経済的条件によって依存先が違っており，日本は家族が同居することによって援助するパターンが多い。

　1999年，山田の造語「パラサイト・シングル」が世間の注目を集めるように

なると，テレビドラマもこのテーマを取り上げることが多くなった。つぎにテレビドラマの分析を通して，パラサイト・シングル増加の背景を考察したい。

『スタイル』（テレビ朝日系，2000年10月から12月まで放映）
　舞台は，都会のデパートである。婦人服のコーディネイトを提案するコーナーのチーフ・35歳独身・都築カオル（本木雅弘）が街でナンパした女性・榊原栞（竹内結子）をアルバイトとして雇った。栞はデザイナーになりたいという自分の夢のためには努力を惜しまないが，勤務態度は悪く責任感がない。なんとか一人前にしようと，重要な仕事を与えようとするが，部下（戸田恵子）から「どうかなさったのじゃありません？　経験も，意欲も，向上心のかけらもない，それもアルバイトの子じゃないですか」などといわれてしまう。昼食がカツサンド2人前で結構贅沢しているが，栞の口癖は「お金がない。お金がない」である。職場の飲み会の後，チーフが栞をタクシーで自宅まで送り届けたが，彼女の家は豪邸だった。チーフは驚き栞に問いただす。
都築チーフ「お前。金ない，金ないって……」
栞「だって金があるの，うちの親なんだもん。そういうことで，おやすみなさーい！」
　お手伝いさんの声がインターホーンから聞こえる。「お帰りなさいませ。」

　このドラマは極端ではあるが，パラサイト・シングルの特徴をよく表している。都会や都市近郊に親の住居があれば，子どもはパラサイトができる。高度成長期に都市近郊に住居を確保できた親は資産価値が膨れ，経済的に恵まれた層となっている。子どもが少ないと成人後も個室を与えることもできる。逆に子どもにとっては，親から独立してマンションでひとり暮らしをしたくても経済的に無理がある。
　国立社会保障・人口問題研究所の「世帯内単身者に関する実態調査」[7]によると，約8割の親が持ち家（一戸建て・マンション）に住み，約9割の子ども

は自分専用の部屋をもっている（世帯内単身者とは18歳以上の未婚世帯員（親族）をいう）。高度経済成長期をくぐり抜け資産を蓄えた親が，低経済成長期の子どもたちを援助する形になっている。

　武石恵美子の『親世代からみた「パラサイト・シングル」の実態』（中高年の男性が対象）[8]によると，「パラサイト世帯（就学していない未婚の子と同居している親の世帯）の親は，学歴が高い層，現在就業中，大企業に勤務していた層，といった特徴がみられている。経済的な側面でみると，フロー（所得）が高い場合にパラサイトが選択される確率が高くなる…。」

　また，「パラサイト世帯は政令指定都市などの都市部で多く，近年息子との同居が増える傾向にある。」家計経済研究所の「パネルデータにみる世代間関係」[9]でみても，都市規模が大きいほど，きょうだい数が少ないほど，親子の同居継続率は高くなっている。しかし，過疎地や地方都市に親が住んでいる場合，子どもたちは仕事や学業の都合で親元を離れざるをえず，親と同居という形での親からの援助が受けられず，不利な状況になる。子ども自身も，定職につくのが困難なことが多く，モラトリアム期間が延びている。

　「出生動向基本調査」で就業状況の構成比（18〜34歳）をみると，「正規の職員」は減少傾向にあり，「派遣・嘱託」や「パート・アルバイト」が増えており，旧来の「自営業種・家族従業者」も減少している。「学生」は女性も同程度まで伸びてきた。「正規の職員」から，「派遣・嘱託」「パート・アルバイト」へという流れは女性の方が多い。35〜39歳のデータをみると「正規の職員」は，男性が1992年＝81.8％から2010年54.0％と大きく減少，女性も74.6から46.1％へと大幅に減少しており，職業の安定化が失われつつある状況が鮮明である。子どもの経済的不安定化によって，親がいつまでも成人子を支えなければいけない家族が着実に増えている。

　生活面でみても，家事は親まかせという面も否定できない。内閣府「若年層の意識実態調査」[10]をみると，20歳から34歳の学生を除く未婚男女で親と同居している若者の9割が，「家事は親まかせ，人まかせ」と答えている。「世帯内

単身者に関する実態調査」[11]によると，仕事をもっている男性では，家事を「まったくしない」者は平日73％，休日59％で，休日に30分以上家事をする者は13％に過ぎない。女性の方が協力的で，家事を「まったくしない」者は平日39％，休日25％で，休日に30分以上家事をする者は42％にのぼる。データから男女の差が読み取れる。

家族との会話はどうだろう。「世帯内単身者に関する実態調査」でも20歳代の46％，30歳代の69.6％が「ほとんど毎日」会話をすると答えており，単なる下宿人で「ほとんどしない」というのはほとんどいない。

生活費について，先に示した宮本らの調査によると，20歳代の定職をもっている未婚子が親と同居した場合，月額3万円前後のお金を親に渡すが，親は子ども名義で貯金をしているケースが多い。家計経済研究所の北村安樹子の調査[12]は20〜39歳の未婚男女が対象であるが，そこでも男性は年収300万円以上の者は月額37,533円，300万円未満の者は32,246円を家にいれている。女性は年収300万円以上の者は30,792円，300万円未満の者は25,449円である。北村は「親との経済的関係は，本人の収入や親の経済状態による違いが大きい。本人の収入が少ない者ほど，生活費を負担していない者が多い。負担している場合，いれられた生活費は親の経済状態がよいほど子のために蓄えられる傾向にある」と分析している。親が自家用車を持っている場合も，子どもは自動車維持費を負担することなく，自由に車を乗り回すことができるのだろう。

ドラマの女主人公・榊原栞のように親の生活水準が高く金持ちの場合，結婚相手が親と同等以上の経済力がないと上方婚とはならないので，結婚相手を探すのが難しくなり，結果的にパラサイト状態が続きやすくなる。生活水準が高いと，結婚によって生活水準が下がる事態は何としても避けたい。そうすると選択の幅はおのずから限定されてくる。自分の親が高学歴であったり経済階層が高かったりすると，それだけで結婚相手を捜すのが難しくなる。

武石恵美子（2005年）の調査報告では，親子関係の問題点を指摘している。「パラサイト世帯の家族関係が非パラサイト世帯に比べて親密で良好といった

傾向はみられない。子どもとの関係満足度は，パラサイト世帯で低い傾向がみられ，特にパラサイトを開始すると満足度が低下し，パラサイトを終了すると満足度が上昇するなど，未婚子との同居が，親の意識の側面をみる限りでは親子関係に影響を及ぼしている可能性もある。さらに，老後の生活への不安など，将来の生活不安はパラサイト世帯で高くなっており，未婚の子との同居が，親の生活不安に陰を落としている可能性が指摘できる」[13]と述べている。

　今後，親世代は年金や医療などの社会保障が不十分になる老後のために，再度自分の将来への備えをする必要性が高まるだろう。また，子どもたちをいかに自立させるかということも，親としても社会としても喫緊の課題である。とくに社会の側に，技術習得訓練の機会や仕事の場の提供，雇用の安定，社会保障の充実などが求められよう。

第2節　新しい家族像の模索

1．家族周期論からライフコース論へ

　人間の一生を時間的な要素の側面から生活現象としてとらえて調査を行ったのはロウントリー（Rowntree, B. S.）が最初であった。ロウントリーはヨーク市（イギリス）の労働者を対象に家計調査を行い，生存を維持するための最低生活費のレベルを「第一次貧困線」とし，それより下回る生活状態を「困窮」，上まわると「比較的余裕のある生活」とし，人は生まれてから死ぬまでに5回の異なった生活状態に直面することを明らかにした（図2-1）[14]。すなわち，ヨーク市の労働者は児童期，子育て期，老年期の3回「困窮」に直面し，就労開始年齢から結婚するまでの15～30歳と，子どもが結婚して別居するまでの40～65歳の2回「比較的余裕のある生活」をもつことができることを明らかにした。これは労働者家族の経済生活を家族の動態に対応した周期的変化として法則的にとらえようとする考え方である。

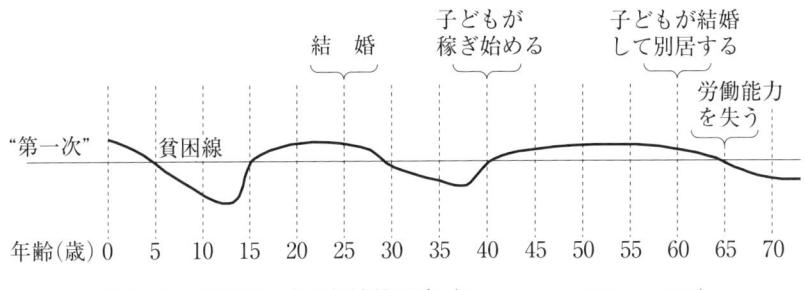

図2-1 労働者一生の経済的浮沈（Rowntree, 1901, p.137）

出所）森岡清美『家族周期論』培風館, 1973年, p.19

　この考え方は農民家族の周期に関する研究として引き継がれ，ロシアからアメリカへ亡命したソローキン（Sorokin, P.A.）によってアメリカに紹介された。農民家族の場合，家族構成や子どもの労働力化の段階，農場面積の大小および暮らし向き加減により周期的な推移と関連性がみられた（表2-4）[15]。一定の賃金で収入が打ち切られる都市の労働者家族と異なり，農民家族の場合，耕地面積を増やし，家族労働を強化し，子女の労働年齢を早めることで貧困対策を講じたのである。

　日本で最初に家族周期に関する研究を展開したのは鈴木栄太郎である。アメリカの家族周期研究で取り上げる家族は，夫婦一代限り，つまり夫婦の結婚から始まり死亡とともに消滅するような家族を前提としていた。アメリカの農民家族と日本のいわゆる「家」の発想が示す直系家族とは異なる。アメリカの家族研究を日本にそのまま持ってくることはできないが，鈴木はアメリカの初期の家族周期論からヒントを得て，日本で最初に家族周期の研究を行った。

　森岡清美は，日本の家族周期論の特徴を以下の3つの観点から述べている。

　第1は，家族構成を基軸にして具体的な資料に基づいて周期段階の移行を明らかにしようとするもの。たとえば，小山隆による幕末60年間にわたる甲州石和村の宗門帳を用いて1,556世帯を7つの家族形態に分類し，家族形態の移行過程および継続年数を追跡調査した研究がある[16]。

表2-4　アメリカ農場家族の経済生活史

段階	家族構成	農場面積	暮らし向き加減
Ⅰ	独立の生計を始めたばかりの夫婦	比較的狭いが2人食べていくには十分	2人ともフルに働くことができるので，いくらかよい
Ⅱ	夫婦と1人以上の子ども	増加した子どもを支えるため拡大している	子どもを養うために夫婦は一生懸命にそして能率的に働き，支出を切りつめなければならない。いちばん苦しい時代
Ⅲ	夫婦と子ども（ただし1人以上は自活できる）	労働力が増したのでいっそう拡大している	家族員が全部働き，子どもは子どもなりに小遣銭くらいはとるから，いちばん楽な時代
Ⅳ	老境の夫婦（子どもは結婚して独立）	子どもが去り夫婦が老境にはいったため縮小	夫婦は働けなくなり，家にとどまる子どもに食べさせてもらう。苦しさが増す時期

〔Sorokin et al., 1931, p.31〕

出所）森岡清美『家族周期論』培風館，1973年，p.25

　第2は，経済活動の周期的浮沈の観察に焦点をおき，家族構成の周期的変化を算出し，家族員数を生産力と消費力に換算して周期的浮沈を明らかにしようとするもの。たとえば，鈴木は，農民家族の世代的連続性に着目して直系家族の周期的律動を調査し，家族員の消費力に対して生産力が高い時期として「末子の十五は栄華の峠」，消費力に対して生産力が低い一家の苦しい時期として「総領の十五は貧乏の峠」という諺がほぼ当てはまり，経済力に周期的浮沈があることを明らかにした[17]。

　第3は，社会活動の段階的特色に注目し，各段階に含まれる家族の特色をまとめたもので，人間関係や対社会的活動の問題についても段階ごとの特色を明らかにしようとした。たとえば，佐竹洋人による，家庭裁判所の資料を用いて

婚姻継続年数と子の数の組み合わせで5段階の周期に分類し，家族内の人間関係を段階毎に明らかにした研究がある[18]。

この家族周期の概念は，第2次世界大戦後のアメリカにおいて発達的課題の概念と周期的段階が結びついて取り上げられ，発達的アプローチとして活用された。そのため，段階区分も精密になり，ヒル（Hill, R.）は「Ⅰ．子どものない新婚期」「Ⅱ．若い親の時期」「Ⅲ．前学齢期」「Ⅳ．学齢期」「Ⅴ．思春期の子どもをもつ時期」「Ⅵ．成人の子どもをもつ時期」「Ⅶ．子どもの独立期」「Ⅷ．脱親役割期」「Ⅸ．老いゆく家族」の9段階に分類している。森岡は「Ⅰ．子どものない新婚期」「Ⅱ．小学校入学までの育児期」「Ⅲ．第1子小学生」「Ⅳ．第1子中学・高校生」「Ⅴ．第1子高校卒～末子20歳未満」「Ⅵ．末子20歳～子ども全員独立」「Ⅶ．子ども全員独立～夫65歳未満の向老期」「Ⅷ．夫65～死亡（退隠期）」の8段階に分類している。森岡のⅡを，ヒルは分割してⅡとⅢにしているのが特徴である[19]。

この家族周期の分析は本来，時間的経過を追って分析する縦断分析が適しているが，それには長期的観察を必要とするために時間と費用がかかる。そこで，調査時点で異なった周期段階にある家族の断面を段階順に連続させ，家族の周期的変化を観察する横断分析が用いられている。この方法は変動の少ない社会や時代には有効であるが，社会変動の激しい時代には有効性に限界がある。

一組の男女が結婚し，子どもを産み・育て，子どもの結婚による家族の縮小，消滅という一連の理想論的な枠組みで構成される家族周期論では，もはや現実の多様性ある家族をとらえることは難しくなってきた。とくに，離婚・再婚数の増加により家族の範囲が成員ごとに異なるようになったアメリカでは，1970年代に「ライフコース」という概念が登場した。ライフコースの基本的考え方は，個人が一生の間にたどる道筋を，歴史と文化，社会構造，他者との相互作用，個人の能力や信念などの諸要因からとらえようとするものである。家族集団としてとらえるのではなく，個人の多様な人生の道筋から家族関係の動態的な過程を明らかにしようとする方法である。ライフコースによるアプローチは，

年齢コーホート別の分析が可能であり，個人差が一層大きく表れてきた最近の傾向からその有効性が期待されている。

第14回出生動向基本調査で，未婚の女性が理想とするライフコース【女性の理想のライフコース】と実際になりそうだと考えるライフコース【女性の予定のライフコース】をみると，いずれも，結婚して子どもをもつが仕事も一生続ける「両立コース」が増加傾向にある。【女性の予定のライフコース】では，結婚あるいは出産の機会に退職しその後は仕事をもたない「専業主婦コース」が減少傾向を示し，結婚せず仕事を一生続ける「非婚就業コース」が増加傾向を示している。

【男性が期待する女性のライフコース】は「専業主婦コース」が減少傾向を示し，結婚し子どもをもつが結婚あるいは出産の機会にいったん退職し子育て後に再び仕事をもつ「再就職コース」は第13回と変化なく高止まりし，「両立コース」は第9回から継続的に増加し，女性の理想のライフコースと男性が期待する女性のライフコースは相似形を示している。時を追う毎に女性の人生の選択肢が多様になり，その選択肢が「再就職コース」「両立コース」「非婚就業コース」へ向かっている。このような社会状況のなかでは，人間の一生に一定の規則的な推移があると考える家族周期論では現状分析が十分できないという限界性がみえてきた。

それでは，現実にはどのような選びがあるのだろうか。2008年の第4回全国家庭動向調査は有配偶女子のみのデータである。「再就業型」が55％，「就業継続型」が27％，結婚や出産で離職し，その後ずっと働かない「退職型」が19％，「その他」4％となっている。「就業継続型」の68％が常勤であり，「再就業型」の再就業先は「パート・アルバイト・嘱託。派遣」が81％を占めており，女性にとって不利な状況である。

本節の最後に貴重なデータをみよう。表2-5は女性が結婚して，「子なし」と「子どもがひとり以上生まれた場合」，給与はどうなるかの国際比較である。男性の給与の中央値との給与格差である。25歳から44歳でフルタイム労働・既

婚女性の給与と男性を比べた場合（中央値ベース），「子なし」ではフランスは格差がないし，ドイツやアメリカも格差がほとんどないが，日本は一番格差が大きい。子どもがひとり以上いるとその差は歴然としており，圧倒的な格差がついている。日本で子育てしながらフルタイムで働く女性は，男性より61％低いというOECDの推計である。韓国よりもさらに低い。このデータを見てから，もう一度女性のライフコースを選ぼうとすると大変葛藤するのではないだろうか。実際はこれよりも条件が悪い。育児との両立を考えた場合パート就労にならざるを得ないと，格差はさらに広がる。

　日本の現状に対して，OECDはつぎのような提言を行っている。啓蒙キャンペーンやスクールカウンセリングなどを通じて，教育や職業選択が将来のキャリヤや所得に与える影響について，若い女性の認識を高める。ファミリー・フレンドリーな制度〔有給休暇や育児休暇の取得〕の利用が可能な職場文化を作る。給与体系や昇進制度の見直しを行い，成果重視の給与体系にする。質が高く負担可能な保育サービスの提供。両親が育児休暇を平等にとれるようにする。夫婦双方にとって働くことがメリットをもたらすよう税制度を改革す

表2-5　女性の男性との給与格差の国際比較
（男性の給与の中央値とのギャップ＝男性との給与格差）

25～44歳の女性（既婚）	A 子なし	B 子ども1人以上	A－B
フランス	0％＝格差なし	12％低い	－12％
ドイツ	2％低い	25％低い	－23％
アメリカ	7％低い	23％低い	－16％
韓　国	13％低い	46％低い	－33％
スウェーデン	13％低い	21％低い	－8％
日　本	24％低い	61％低い	－37％

注）2007～2010年の諸資料に基づくOECD事務局推計。
出所）OECD，2012年12月17日発表。
　　　http://www.oecd.org/newsroom/lackofsupportformotherhoodhurtingwomenscareerprospectsdespitegainsineducationandemploymentsaysoecd.htm

る，などである[20]。

2. 家族機能の縮小とその問題点

家族機能の遂行とは，家族員のニーズ（needs）を充足するための役割行動である。その役割行動によって家族のニーズが充足される場合と，充足されない場合の2つが想定されるが，ここでは前者の場合を前提にして議論を進める。

家族の機能は時代により変化する。前近代社会では伝統的な拡大家族が多くを占め，家族は生産と消費の単位であった。フィーアカント（Vierkandt, A. F.）は家父長的家族機能として以下の5つをあげて，これを家族の特質とした。第1は自給自足による閉鎖的な経済的共同体，第2は対外的には強い連帯関係を形づくる法的政治的関係，第3は個人の独立分化が許されない善悪ともに家族の共同責任となる道徳的共同体，第4は宗教的共同社会であり，世代を通じて全成員の共同である永続的集団，第5は愛情が基礎となる内的感情的安定である。

日本では戸田貞三は家族機能として，第1に内的安定作用，第2に家族財産の保護，第3に経済生活の保障，第4に対外的な連帯共同をあげている。

工業化の進展により，近代社会は都市化，大量生産，大量消費の社会を迎え，このような社会の変化とともに家族構成は核家族へと変化してきた。アメリカの社会学者オグバーン（Ogburn, W. F.）は，工業化による家族機能の変化について論じ，家族の機能を主機能と副機能に分類した。主機能として性的機能と扶養機能の2つをあげている。社会的文化的変化に影響を受ける副機能として経済，地位付与，教育，保護，宗教，娯楽，愛情という7つの機能をあげている。そして，工業化の進展にともない愛情機能以外の6つの機能は社会の専門機関，制度に吸収され，家族から失われるか，弱体化してきたと指摘した。

日本社会の産業構造も，農林水産業などの第1次産業中心から第2次産業へ，さらに近年ではサービス業を中心とする第3次産業へと変化してきた。農林漁業を中心とする自営業主から企業に雇用される労働者の比率が高くなり，職住

分離,すなわち,家族は生産と消費の場から消費生活の単位へと変容した。また,工業化の進展とともに人口は農村から都市へと移動し,核家族化が進展していった。また産業構造の変化に伴い,家族機能の外部化が進んだ。たとえば,経済機能は企業,教育機能は学校,保護機能は保健医療機関などの外部社会へ吸収されていった。しかしオグバーンは,「家族機能が縮小する一方で愛情機能は残される」と指摘している。

バージェス(Burgess, E. W.)は,近代家族は社会的圧力に基づく「制度的家族」から成員相互の愛情を前提として成り立つ「友愛的家族」へと変化すると述べている。これは森岡によれば家族機能純化説である。パーソンズ(Parsons, T.)は,家族における不可欠の機能として,①子どもの社会化(socialization),②成人のパーソナリティの安定化(stabilization)の2つがあると述べている。これを家族機能専門化説という。

6つの家族機能が外部社会に吸収されたことにより,その遂行にかかる費用の一部を家族が負担することとなる。外部化によって行われる斉一的なサービスに不向きな個人別サービスは家族の責任となる。都市化,核家族化,親族関係の弱体化が進んでいるなかにあって,家族だけで解決を迫られる育児や介護などの問題が発生すると,少数の家族成員にその負担が重くのしかかる。家族機能の縮小が家族成員の負担軽減に結びつくとは限らない。

3.結婚に求めるもの

人はなぜ,結婚しようとするのか。農業社会では,家族員は生産と消費における家業の担い手であり,男性が求める配偶者像は健康で,跡継ぎの男子を産む女性であった。工業化社会になると結婚は個人間の契約となり,相互の愛情が基本となり,相性などの性格が重要になる。国立社会保障・人口問題研究所の第14回出生動向基本調査によると,男性は結婚の利点として「自分の子どもや家族をもてる」(33.6%)が最も多く,次いで「精神的な安らぎの場が得られる」(32.3%)が多かった。女性では「自分の子どもや家庭をもてる」

(47.7％)が最も多く,「精神的な安らぎの場が得られる」(29.7％)が2番目に多い結果であった。また,「自分の子どもや家族をもてる」は,男女とも第9回調査からほぼ連続して増加していた。3番目に多い利点は男女ともに「愛情を感じている人と暮らせる」を抜いて,『親や周囲の期待に応えられる』があげられた。晩婚化の影響が出ていよう。

かつてパーソンズは,「子どもの社会化」と「成人のパーソナリティの安定化」という2つの機能は家族に必要不可欠であるとした。見方を変えると,経済的な機能中心から愛情機能中心への移行ととらえられる。近年,日本では,脱親役割期の拡大,女性の職業意識の変化,社会での競争激化などによる精神面に与える影響の増大などが生じており,そうした社会変化は夫婦関係のあり方をも変えつつある。この調査結果からも,結婚を通して家族の絆を得たいと願う男女の姿が浮かび上がってくる。

夫婦,親子にとっては情緒的な結びつきの重要性がますます強まっている。

第11回出生動向基本調査(1997年実施)[21]と第14回調査(2010年実施)[22]を比較すると,結婚相手の条件として「家事・育児に対する能力や姿勢」(34％⇒48％)を重視する割合が男性側で増加した。女性も「家事・育児に対する能力や姿勢」(44％⇒62％)を重視する割合が顕著に増加した。「経済力」(34％⇒42％),「職業」(23％⇒32％)を結婚相手の条件として重視する割合も増えている。経済の停滞の影響であろう。女性の高学歴化の進展と女性の労働環境の整備は,就労の継続を理想と考える女性の増加につながっている。そして,11回,14回の調査を比較すると,男女ともに「家事・育児に対する能力や姿勢」を重視する傾向がみられ,役割分担の弾力化を求める動きとも受け止められる。現代社会では男女とも,状況の変化に柔軟に対処することが求められている。一方,お互いに家庭外で長時間過ごすことによって夫婦の共同性が低下し,互いの理解が困難になることもありうる。家族の発達アプローチでいう「育児期」における発達課題の達成を容易にするためには,「新婚期」の夫婦関係の形成という課題が一層重要性を増すと考えられる。

【注】
1）国立社会保障・人口問題研究所「第14回出生動向基本調査—結婚と出産に関する全国調査，独身者調査の結果概要」国立社会保障・人口問題研究所ホームページ，2011年
2）前掲書
3）前掲書
4）山田昌弘『パラサイト・シングルの時代』筑摩書房，1999年
5）西文彦「親と同居の未婚者の最近の状況」総務省統計研修所，2011年
6）宮本みち子・岩上真珠・山田昌弘『未婚化社会の親子関係』有斐閣，1997年
7）国立社会保障・人口問題研究所「世帯内単身者に関する実態調査」（2000年実施） http://www.ipss.go.jp/ss-seikatsu/tanshin/tanshin.pdf
8）武石恵美子「親世代からみた『パラサイト・シングル』の実態」『ニッセイ基礎研所報』Vol.39，2005年〈1997年から2003年までの4回のパネル調査で，中高年の男性（昭和8年〜昭和22年生まれ）の同一人物が対象〉
9）家計経済研究所「パネルデータにみる世代間関係（2006年10月）」
10）内閣府「若年層の意識実態調査」内閣府ホームページ，2003年
11）国立社会保障・人口問題研究所「世帯内単身者に関する実態調査」（2000年実施）
12）北村安樹子「成人未婚者の離家と親子関係—親元に同居する成人未婚者のライフスタイルと親子の規範—」家計経済研究所『LDIレポート』2001年7月，p.22
13）武石恵美子，前掲，pp.31-32
　　http://www.nli-research.co.jp/report/shohondex.html
14）Rowntree, B. S., Poverty: A Study of Town Life, London: Macmillan, 1901.
15）Sorokin, P. A. et al., A Systematic Source Book in Rural Sociology, Minneapolis: University of Minnesota Press, Vol.2, 1931.
16）小山隆「家族形態の周期的変化」喜多野清一・岡田謙編『家—その構造分析』創文社，1959年
17）鈴木栄太郎「日本人家族の世代的発展に於ける周期的律動性に就いて」戸田貞三・鈴木栄太郎監修『家族と村落2』日光書院，1942年
18）佐竹洋人「家族周期による夫婦関係調整事件の統計的観察」家庭裁判所調査官研修所『家庭裁判所調査官研修所研修論文選集 4』1961年
19）森岡清美・望月嵩『新しい家族社会学（4訂版）』培風館，2004年，p.69
20）OECDホームページ　http://www.oecd.org/general/50190707.pdf
21）国立社会保障・人口問題研究所「第11回出生動向基本調査」国立社会保障・人口問題研究所ホームページ，1998年
22）国立社会保障・人口問題研究所「第14回出生動向基本調査」国立社会保障・人

口問題研究所ホームページ，2011年

【参考文献】
森岡清美『家族周期論』培風館，1973年
鈴木栄太郎『日本農村社会学原理』日本評論社，1940年
森岡清美編『社会学講座第3巻　家族社会学』東京大学出版会，1972年
山田昌弘『少子社会日本―もうひとつの格差のゆくえ』岩波新書，2007年
安藤由美『現代社会におけるライフコース』放送大学教育振興会，2003年
山根常男・玉井美知子・石川雅信編『テキストブック家族関係学―家族と人間性―』ミネルヴァ書房，2006年
戸田貞三『新版　家族構成』新泉社，2001年
白倉克之・高田昂・筒井末春編『職場のメンタルヘルスケア』南山堂，2001年

第3章

パートナーの選択

第1節　青年期の異性交際

1．異性交際と性意識

　高橋真梨子の『目を見て語れ　恋人たちよ』（2008年）を聴くことから始めたい。耳を澄ませて，歌詞の意味を感じ取りながら聞いてほしい。なお，この歌詞は後で出てくるPSスキルアップ・トレーニング3のヒントになっている。そのつもりで…。

　いつの間に　きみたちは／面と対って　話せなくなった／電話では　あんなにも／夜が朝になるまで／話しつづけていたのに／人間と人間は／やがて重たくなってしまうから／逃げ場所を　用意して／遠い会話ばかりで／心つないでいるのか／目を見て語れ 恋人たちよ／瞳の色の真実を／時に怯える瞼の動きを／心いためて探り合えよ／それが愛になる／それが愛になる／おたがいを語るのに／衛星のたすけを借りてどうするの／すぐそばに　いるひとの／胸のふるえ感じる／何か変化があったか／目を見て語れ　恋人たちよ／ガラスの壁を取り外し／時に重たい現実受けとめ／呼吸乱して　語り合えよ／それが愛になる／目を見て語れ　恋人たちよ／瞳の色の真実を／時に怯える瞼の動きを／心いためて探り合えよ／それが愛になる／それが愛になる／

これはデートのあり方を語った曲であるが，あなたの心にどれだけ響いたであろうか。人は何歳から異性に関心をもち，デートを開始し，キスや性交に至るのであろうか。それは身体的発達とどう関係しているのか。男女差はどの程度あるのか。まずは『「若者の性」白書』[1]を使ってこれらの疑問をひも解いていこう。この白書は対象を中学生から大学生までとして，各年齢層における異性交際の実態を調査している。

　それでは，身体的発達の側面からみていこう。16歳から18歳の女子の初経経験率は1999年まで早期化が続いたが，その後は低下傾向がみられる。12〜13歳はその傾向がより顕著である。16歳から18歳の男子の精通経験率は1987年まで遅延化，1999年まで早期化していたが，それ以降また少し遅延化している。12歳〜15歳はその傾向がより顕著だ。12〜18歳の青少年の身体的発達が，1999年以降に遅延化していることは，注視すべきである。

　つぎに，主要な性行動の経験率の変化をみよう。この10年ほどは，中学生になると4〜5人に一人はデートを経験している。高校生は約半数であるが，2005年をピークに少し低下している。大学生は8割であるが，同様に2011年は低下した。

　キスの経験については，中学生が1割と少数派。高校生では，2005年は男女とも約半数であったが，これも2011年に10％以上低下している。大学生も2005年を界に低下している。

　性交は，中学生は稀である。高校生ではやはり2005年をピークに低下しており，男子の2011年は約15％と少ない。大学生も2005年の6割台から，2011年の5割前後へと大きく低下しており，男女とも93年値に近い。こうして年次変化をみるとデートは87年に近いなど，キスや性交もデートほどではないが逆戻り減少が鮮明である。

　図3-1は第6回調査で，恋人がいる者のうち，性交経験のない者の割合を示している。高校生では4割前後，大学生に至っては1割以下である。「性交関係のない『恋人』」はほぼ消失し，性交関係が「恋人」の必要条件になってい

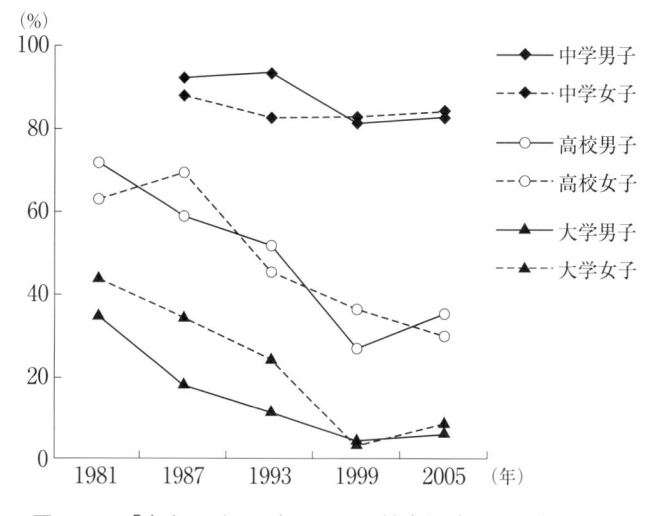

図3-1 「恋人」がいる者のうち,性交経験がない者の割合

出所)日本性教育協会『「若者の性」白書―第6回青少年の性行動全国調査報告―』2007年,p.76

ると考えられる。」[2]恋人の割合をみると,1987年調査から大学生では30～40%保持している。男女交際が活発化していても,恋人同士の割合は増えない。高橋征仁はその理由を次のように解釈している。「性行動の活発化が部分的現象であること,交際サイクルが短期化したこと,恋人の条件が厳しくなったこと。」[3]かつては,性交までに至ればそれでふたりの関係は成立し,それ以上の愛情確認はいらないという思考パターンが多くみられたが,現在は逆転して,「恋愛という目的のもとで,性行動は自己開示の一ステップとして組み込まれた」[4]という解釈である。性行動を伴いながら,恋愛を深めていかなければならない。性交だけで愛情確認や結婚へのパスポートとはならない。人間関係を十分にもつ力がないと恋愛を持続させ発展させることは難しい。一度の性交がふたりをつなぐ決定打とはなりえないのである。

　山田昌弘は,大学生の恋愛実態を調査[5]している。そこでも,もてる人ともてない人に二分される厳しい現実が指摘されている。大学1年生の間にほとん

どの組合せが決まり，2年生くらいまでに恋人ができないと，それ以降に恋人を獲得することは大変難しくなる。自分から告白する勇気のない男性は恋人を獲得できる割合が低くなる。女性の場合は告白してもしなくても，恋人ができる割合に変化はない。これは，「男性から告白すべき」という社会規範が生きているからである。男女ともにもてる人は，別れを経験しても新しい恋愛のチャンスがまた巡ってくる。たった一度の恋愛が成就する人，適当なところで妥協する人，恋愛してもいつも失敗に終わる人，恋愛も格差社会である。この調査はデータが古いので再調査が待たれる。

> PSスキルアップ・トレーニング3
>   自分たちのデート文化を見直そう→p.219へ

> PSスキルアップ・トレーニング4
>   「男女が対等に交際する」とはどういうことなのかを考えよう→p.227へ

2．異性交際の現代的特徴

1990年代以降の恋愛を高橋征仁は「欲望の時代からリスクの時代へ」の変化であると説明する。「恋愛や性の自由化が進めば，性的欲望が肥大化するという想定は，それ自体が禁圧の時代の産物であったと考えられる。実際には，恋愛や性の自由化が進んでも，それがリスクを伴う選択であることが明らかになれば，一定のブレーキがかかってしまう。」[6] 調査結果から，性のリスク意識に強い影響を与える変数は「友人とのコミュニケーション（友人との性の会話，友人の性行動への関心）」であった。「性の会話や相互の干渉を通じて共同的に性的関心を培養する」[7] ことによって，また，「お互いの情報交換を通じてリスクに対する免疫（実践的ノウハウ）を獲得していく」[8] ことのよってリスク意識性を低下させる。しかし，「恋愛や性行動の自由化が進むほど，自己決定の原則に従って，友人同士のコミュニケーションや相互干渉は減少していく（プラ

イベート化)。しかし他方，友人とのコミュニケーションがなければ，性的関心の培養や免疫の獲得がうまくいかないために，リスク意識が高まってしまうことになる（個人レベルのリスク化)。」[9]「恋愛や性が自由化され，異性との接触機会が増えたことによって，自分自身の選択に対してシビアにならなければならない状況が生まれてきたことが大きな要因であると考えられる。とりわけ，恋愛や性に関するプライベート化が進んだことによって，自分一人で，さまざまなリスクと向き合わなければならなくなっている。」[10]「恋愛や性の自由化がリスク意識の高まりにつながるのが現代的特徴である」という高橋の分析に対して，あなた自身はどのように意識して行動しているのか，イエス・ノーをいえるのは青年自身である。自己覚知して理解を深めてほしい。

　恋愛に踏み込まない若者も含めて，現代の異性交際は多様化している。幸せそうな恋人同士の関係，自分からは恋人で相手からは友人＝満たされないけれども我慢しないといけない関係，自分からは友達だけれど相手からは恋人＝有利だけれど一歩間違うと危険な関係，友人同士でそれを超えたいと思いながら言い出せないでいる微妙な関係。このようにさまざまな形があり，カラオケにいったり，合コンをしたりとさまざまな場面での男女交際やグループ交際が続いていく。同じグループ内では，恋人関係が解消されても友人関係として継続するかもしれない。一度の失恋で男女関係はもうこりごりだと思い，恋愛よりも趣味やスポーツに打ち込むなどさまざまな生き方が可能である。

　現代の青年の恋愛の特徴を別の視点から調査した谷本奈穂『恋愛の社会学』[11]を紹介したい。その内容と，あなた自身の恋愛の特徴を比較し，自分のありようをより深く自己覚知してほしい。

　谷本の研究方法は言説研究である。恋愛をどう行うか，どう語るかは恋愛する人が属する社会的・文化的集団のありようと強く結びついており，それによって規定される言語表現のしかたによっても恋愛が形作られる。

　具体的な研究方法は，1970年代，90年代，2000年代の男性・女性雑誌の記事の分析が中心である。こうした雑誌が恋愛を語り，それによって若者の恋愛が

規定され,またその若者の恋愛行動によって,雑誌の言説が再帰的に規定される関係にあると,谷本は考えている。

表3-1は,週刊誌の記事の主題的モチーフの分類である。70年代は「別れと失恋」「結婚」「完全な物語」が目立つ。恋愛の結末部分が重要視されている。結婚に繋がる近代的恋愛であるロマンティック・ラブ・イデオロギーが生きている。それに対して90年代,2000年代は「出会い」「魅力」「アプローチ」「デート」などプロセスを描くものが多く,「悩み」「別れや失恋」の記事が少

表3-1　記事の主題的モチーフへの分類[注1]

主題的モチーフ（%）	70年代	90年代	2000年代
① 出会い	0.98	9.35	9.62
② 魅力（恋人の条件）	8.52	18.46	21.48
③ アプローチ	4.92	19.05	16.11
④ 人間関係における曖昧性,遊戯性	0.33	4.97	2.01
⑤ 告　白	0	2.6	1.79
⑥ 相　性	0.66	1.54	0.22
⑦ デート	2.95	6.39	5.59
⑧ キ　ス	2.3	1.42	0.89
⑨ セックス	16.39	16.69	11.41
⑩ 悩　み	6.23	2.25	5.37
⑪ 別れや失恋	9.18	1.54	2.01
⑫ 結　婚	29.18	2.01	1.12
⑬ 完全な物語[注2]	9.51	0	0
⑭ その他	8.85	13.26	23.37

注1）雑誌の恋愛記事を内容別にいくつかの記事群に類型化する。次に登場人物の「恋愛行動」に注目し,社会心理学の見解を参考に恋愛行動をピックアップしておく。ピックアップした恋愛行動と関わりの深い記事群があれば,その行動名をつける。ページ数が薄いと感じられるものは,無理に恋愛行動に含めず,別の名前をつける。そしてページ数の割合を出しておいた。これが,雑誌記事から物語の《主題的モチーフ》を抽出したもの。詳しくは谷本p.43-44。
注2）出会いから恋愛期間中そして結婚（もしくは別れ）すべてを描いた「完全な物語」
出所）谷本奈穂『恋愛の社会学―「遊び」とロマンティック・ラブの変容』青弓社,2008年,p.42

ない。恋愛の楽しい部分を強調しており,「人間関係における曖昧性,遊戯性」などの多さも目立つ。そこから90年代以降の現代的恋愛の特徴を,谷本は「未確定な関係,遊びの関係」と表現しており,友達以上恋人未満の特徴を指摘している。

参考までにブライダル総研『恋愛観調査2013』[12]をみると,「恋人と別れても,友人としてつきあっていきたい」は20歳代男性29.2％—女性28.8％,30歳代は14.5％—15.2％,40歳代は12・9％—13.5％となっており,若者に賛成が多い。

岡元の講義で提出された学生レポート（以下学生レポートはすべてこれに該当）[13]でもそうした特徴が垣間見られる。「私の周りには別れても友人として関わっていくタイプが多く,またその人たちはよりを戻すこともしばしばである。なかには『別れては戻る』を何回も繰り返す人もいる。別れても関わりを断つわけではないので,関係の修復がしやすい。別れた相手も友人として戻ると良い点も見えてくるし,互いに頭を冷やして許せていけるので,元に戻るのかとも思う。このように,私の周りの恋愛の特徴は『復縁カップル』が多いことである。」

谷本は,90年代以降「恋人でない人とのセックス—あるいはセックスの非・特別化」があると指摘する。実際,学生レポートにも「セックスは昔より簡単に行われているといわれるが,逆に結婚を決めてから初めてセックスをして相性が合わなかったら嫌だから,セックスを重視しているからこそ,早くからセックスをして,セックスを含めて彼との相性を確かめているのだと思う」と述べている。

谷本は「他にもいい人がいる」と考える,また「女性も浮気」するのが90年代以降の特徴であると指摘する。学生レポートでも,「私は浮気をしたことがないが,彼がいても友達以上恋人未満の人はいるし,彼と比べながら彼が一応一番みたいな感覚になっている。私は本当にこれでいいのだろうか。心から『この人でないと無理』と思える時が来るのだろうか。その人が現れたとき

やっと結婚できるだろうなあと思っている。」とある。最高の恋愛＝結婚という旧来の価値観も持ち合わせていることが読み取れる。

谷本は，現代の浮気は，刺激的な「遊び」の領域，「浮気」は関係の偶然性であり，「遊戯性」そのものであると指摘する。次のレポートでは「私はもっとドキドキするような恋愛がしたいし，結婚により恋を終わらせたくない。私にとって結婚はしたいというより，一生のうちにしておいたほうがいいというように思っている。彼とつきあっていても私は心のどこかでまだまだ上を目指してしまっている。『他にもいい人がいるだろう』などと思い，『この人だけでは終わりたくない』という風になる。だから結果的に複数の恋人ができてしまう」といっているように，彼らには「浮気」という概念は存在していない。

谷本は「未確定（曖昧）な関係，遊び（余裕）の関係」が現代的特徴だと考えている。学生レポートでは「私の周りでは私を含めて，男女共にお互いの思っていることを気楽に話せる。しかし，それが恋愛関係かといわれると違うように思う。友人が男女含めて数人おり，それぞれ全員が気楽につきあう関係である。しかし，その中で明確に男女交際を意識しているのは一組だけである。残りは男女の違いをあまり意識せず，普通の友人同士といった感覚で付き合いを続けている。恋愛を意識するよりも，遊びを重視した関係なのではないか。恋愛を意識することで，これまで築いた関係が壊れるのではという不安，恐怖を感じている部分もあると思う」というように遊戯性を重視して，その先の恋愛関係は考えないで置くことが暗黙のルールになっているようだ。

最後に，社会人入学した29歳の女子学生のレポートを紹介する。非常にまれなケースではあるが，対比させることで，現役学生の恋愛観が明らかにされる。

「これまでは一通り90年代の恋愛といわれるようなことをしてきました。自分から浮気をしたり，友達以上恋人未満というあいまいな関係を上手に利用したりしていました。29歳になり，今は安定を求めています。でも大切にしていることは，結婚というゴールではなく，今の自分を変えないで仕事を続けること，やりたいことをやることです。結婚はそれが前提になります。

男性との関係もあいまいで楽だった関係から，心と心がつながっていると感じられる深い付き合いへと変わってきました。恋愛でも自分をさらけ出すことができるようになり，相手の欠点も含めて受け止められるようになってきたと思います。仕事で認められることが恋愛でも自信へ，真実の愛を手に入れたことが仕事での自信へと相乗効果を持っています。30歳目前だけど，あまり焦る気持はありません。自分にとって大切なことを結婚のために断念できないのが現状です。」

彼女のケースから，中高生や大学生に多く見られる恋愛と，自立を目指して努力を続ける人の恋愛は区別して考える必要があるのは明白である。中高校生の異性交際は，幼さの中での大人の恋愛への予期的社会化の段階である。これは別に考えなければならない。女性の自立がより可能になった現在，このケースのように主体的に生きる中での恋愛がより多く出現しているようである。10歳代後半から20歳代前半までは状況が異なることが多い。男女が互いに近い距離にあり，その中で学業が続き，卒業後の仕事での自立も経済的自立も困難で，親の援助を受けながらの長期にわたる独身生活も珍しくない。そうした状況は，恋愛においても遊戯性の段階を超えられないことに繋がっているようにみえる。性行動がより開放的になったことも影響しているであろう。70年代までは，20歳前後から恋愛が始まり，数年以内に男性は仕事につき，女性は寿退社で家庭に入る，そのプロセスの中で結婚に繋がる恋愛を探し当てることができたり，見合いで結婚したりしていた。その時代とは明らかに異なる要素を持つものがあるのが，90年代以降の恋愛である。これまでの議論から，あなたはどのような恋愛パターンを描こうとしているのか。自己覚知してほしい。

第2節　配偶者選択

1．独身にとどまっている理由

かつてのように恋愛が結婚に結びつくとは限らない。それが現代的特徴といえるかもしれない。独身にとどまっている理由を表3-2でみよう。独身にとどまっている理由の 左から5項目は結婚しない理由，右から5項目は結婚できない理由である。「結婚しない理由」と「結婚できない理由」を比較すると，男女とも「結婚できない理由」が「住宅のめどがたたない」以外の全ての項目で前回調査よりも微増している。

結婚しない人（25～34歳）の独身にとどまっている第1にして最大の理由は，男女とも「適当な相手にめぐり会わない」（男性46.2％，女性51.3％）である。

表3-2　独身にとどまっている理由

(％)

		18～24歳		25～34歳	
		男	女	男	女
結婚しない理由	まだ若すぎる	47.3	41.6	6.5	2.7
	また必要性を感じない	38.5	40.7	31.2	30.4
	仕事（学業）にうちこみたい	35.4	39.4	17.8	16.9
	趣味や娯楽を楽しみたい	17.3	18.1	21.2	20.7
	自由や気楽さを失いたくない	17.0	21.9	25.5	31.1
結婚できない理由	適当な相手にめぐり会わない	31.0	35.1	46.2	51.3
	異性とうまくつきあえない	11.9	7.0	13.5	11.6
	結婚資金が足りない	23.8	20.8	30.3	16.5
	住居のめどがたたない	6.1	5.2	7.6	4.5
	親や周囲が同意しない	4.8	10.4	3.7	5.5

出所）国立社会保障・人口問題研究所『第14回出生動向基本調査（2010年実施）結婚と出産に関する全国調査―独身者調査の結果概要』国立社会保障・人口問題研究所ホームページ，2011年

男性は「まだ必要性を感じない」(31.2%)と「結婚資金が足りない」(30.3%)が双璧で続く。「自由や気楽さを失いたくない」(25.5%)は前回より5%ほど低下している。「異性とうまくつきあえない」(13.5%)は前々回から微増している。女性の第2は「自由や気楽さを失いたくない」(31.1%)と「まだ必要性を感じない」(30.4%)。男女とも3割が結婚の必要性を感じていない。「趣味や娯楽を楽しみたい」(約21%),「仕事(学業)に打ち込みたい」(17～19%)は男女とも同じ位の数値である。「自由や気楽さを失いたくない」「趣味や娯楽を楽しみたい」などは,結婚と自由や娯楽等を天秤にかけていることを現しているといえよう。そのなかでもとくに女性に多いのが「自由さや気楽さを失いたくない」である。女性はまだまだ結婚＝束縛と考える人も多いのだろう。

男女差が最も目立つ項目は「結婚資金が足りない」(男性30.3%,女性16.5%)で,男性は結婚資金を用意すべきというジェンダー意識に縛られていることがうかがえる。

「第14回出生動向基本調査」[14]で,18～34歳の未婚者の異性交際をみると,「交際相手がいない」(男性61.4%—女性49.5%)が第1位で,1987年から6回の調査のなかでも最高値であり,男性は前回から約9%,女性は約5%上昇している。男女とも「交際相手がいない」が多数派である。続いて「恋人がいる」(男性22.8%—女性30.9%),「異性の友人がいる」(男性9.4%—女性11.9%),「婚約者がいる」(男性1.8%—女性3.1%)となっている。恋愛結婚の時代にもかかわらず,現在交際相手がいるという人が若干少ない。女性は「恋人がいる」,「婚約者がいる」が男性より若干多く,「異性の友人がいる」との合計は45.9%で,男性の34.0%よりも多い。

男性よりも女性に交際相手がいる割合が多いのは,結婚年齢に男女差があることも一因である。さらに18～34歳の男性未婚者の絶対数が女性よりも多いことにも因る。出生動向基本調査の「調査・年齢別にみた,交際相手をもたない未婚者の割合と交際の希望」をみると,男女とも,男女交際が活発に行われているとはいえない状況にあり,30歳代前半で交際相手をもたない者は男性

表3-3 調査別にみた，未婚者の異性との交際の状況

異性との交際 交際相手との結婚希望/交際希望	【男性】						【女性】					
	第9回調査 (1987年)	第10回 (1992年)	第11回 (1997年)	第12回 (2002年)	第13回 (2005年)	第14回 (2010年)	第9回調査 (1987年)	第10回 (1992年)	第11回 (1997年)	第12回 (2002年)	第13回 (2005年)	第14回 (2010年)
婚約者がいる	2.90%	3.2	2.9	2.7	2.9	1.8	4.60%	3.9	3.8	3.9	4.8	3.1
恋人として交際している異性がいる	19.4	23.1	23.3	22.4	24.3	22.8	26.2	31.6	31.6	33.1	31.9	30.9
結婚したいと思っている	―	15.1	15.5	13.2	15.9	15.1	―	20.8	20	21.9	21.0	21.9
とくに結婚は考えていない	―	7.7	7.3	8.7	8.1	7.4	―	10.4	11.2	10.4	10.2	8.5
友人として交際している異性がいる	23.6	29.2	16.5	11.3	14.0	9.4	25.4	19.5	15.9	12.4	12.9	11.9
結婚したいと思っている	―	2.3	2.2	1.6	1.8	1.5	―	2.2	2.4	2.1	1.5	2.0
とくに結婚は考えていない	―	16.4	12.6	9.1	11.9	7.6	―	16.6	12.9	9.9	11.3	9.1
交際している異性はいない	48.6	47.3	49.8	52.8	52.2	61.4	39.5	38.9	41.9	40.3	44.7	49.5
交際を望んでいる	―	―	―	―	―	32.6	―	―	―	―	―	25.7
とくに異性との交際を望んでいない	―	―	―	―	―	27.6	―	―	―	―	―	22.6
不　　詳	5.5	7.2	8.7	10.9	6.6	4.6	4.3	6.3	6.8	10.2	5.7	4.6
（再掲）結婚したい交際相手あり	―	20.6	20.6	17.5	20.5	18.4	―	26.8	26.2	27.9	27.3	27
総数（18〜34歳）	100.0%	100.0	100.0	100.0	100.0	100.0	100.0%	100.0	100.0	100.0	100.0	100.0
（集計客体数）	(3,299)	(4,215)	(3,982)	(3,897)	(3,139)	(3,667)	(2,605)	(3,647)	(3,612)	(3,494)	(3,064)	(3,406)

注：対象は18歳〜34歳未婚者，異性との交際に関する年齢別の詳細な数値は付表5（巻末）参照．
　　「結婚したい交際相手」には婚約者を含む．
　　設問「あなたには現在，交際している異性がいますか．」交際している異性がいる場合「（最も親しい）交際相手との結婚を希望」，交際している異性がいない場合「異性との交際希」．

63.4%，女性53.4%で，20歳代後半よりも10%前後高い数値になる．30歳代になると結婚する人が増えるために，残された調査サンプルのなかで交際相手なしの割合が増加する．

2．異性とうまくつきあえない

　18〜34歳の未婚者で「交際相手がいない」は約半数である．独身にとどまっている理由は「異性とうまくつきあえない」は18〜24歳で7％，25〜34歳で11.6%である．別の調査をみよう．「結婚・家族形成に関する調査」（調査対象は20〜30歳代未婚男女と，比較のため結婚3年以内の男女，計10,000人）[15]である．雇用形態別に婚姻・交際状況をみると，30歳代男性の正規―非正規雇用は，「既婚」正規29％―非正規6％，「恋人あり」21％―14％，「恋人なし」34％―44％，「交際経験なし」16％―37％となっている．30歳代女性の正規―非正規雇用は，「既婚」正規16％―非正規18％，「恋人あり」36％―28％，「恋人なし」40％―41％，「交際経験なし」9％―13％である．女性は正規と非正規で差はないが，男性はその差は歴然としている．雇用環境が，男性を婚姻や異性交際から遠ざけている．年収別にもクロスしているが，300万円未満とそれ以上とでは歴然とした差がある．

未婚者の交際状況はどうであろうか。人口30万以上の都市部に住む30歳代前半の男性は、「恋人なし」44％、「交際経験なし」25％、それ以外の地方ではその傾向がより強まる。これが30歳代後半の地方在住になると、「恋人あり」19％、「恋人なし」49％、「交際経験なし」32％で、異性交際なしが80％を超える状況である。地方在住がより困難に直面する。

都市部在住の30歳代前半の女性は「恋人あり」43％、「恋人なし」44％、「交際経験なし」13％で、地方より男女交際のチャンスが多い。また男性よりも交際のチャンスが多い。30歳代後半の地方在住女性は、異性交際なしが70％で、地方在住の男性と似た状況になっている。地方在住は条件が非常に悪い。なお、今までに交際した人数は、既婚者の平均で4.2人（男性4.1人、女性4.2人）、未婚者の平均では2.6人（男性2.4人、女性2.9人）であった。

20～30歳代で「恋人なし」「交際経験なし」で、「今、恋人がほしいとは思わない」と回答した人に理由（MA）を聞いている。「恋愛が面倒」男性53％―女性60％、「自分の趣味に力をいれたい」56％―57％、「仕事や勉強に力をいれたい」37％―36％、「異性と交際するのがこわい」15％―11％、「異性に興味がない」12％―22％、「友人と過ごす時間を大切にしたい」11％―17％、「過去に恋愛で失敗した」4％―6％、「その他」12％―11％となっている。恋愛よりも趣味や仕事、友人が大切というのが多い。「恋愛が面倒」が目立つが、異性がこわいとか興味がないというのも一定数存在する。

「恋人なし」「交際経験なし」の人に、異性との交際する上での不安について聞いている（MA）。「自分は異性に対して魅力がないのではないかと思う」男性46％―女性48％、「そもそも異性との出会いの場所がわからない」39％―47％、「気になる異性がいても、どのように声をかけてよいかわからない」38％―30％、「どうしたら親しい異性と恋人になれるのかわからない」34％―28％、「恋愛交際の進め方がわからない」32％―29％、「自分が恋愛感情を抱くことが出来るのか不安だ」23％―40％、「異性との交際がなんとなく怖くて、交際に踏み切れない」21％―23％、「過去の失恋経験からまた異性に振られる

のではないかと思う」14%—15%,「その他」12%—11%となっている。

　自信のなさ，不安，戸惑いが伝わってくる。恋愛結婚化している現在，男女関係を進める気持や技量が高められるよう，教育や恋愛・結婚相談のなかでも工夫が必要なのではないかと思う。

> **PS スキルアップ・トレーニング5**
> 　映画「スチューデント」を越える恋愛をめざす！→p.229へ

【注】
1）日本性教育協会『「若者の性」白書—第7回青少年の性行動全国調査報告—』小学館，2013年
2）高橋征仁，日本性教育協会編『「若者の性」白書—第6回青少年の性行動全国調査報告—』小学館，2007年，p.76
3）同上書，p.77
4）同上書，p.78
5）山田昌弘『現代日本フツーの恋愛』ディスカバー・21，1996年（1994年7月調査。調査対象：首都圏4大学（国立，私立文系，私立理系，私立女子大）の学生673人，年齢18〜22歳，平均20歳）
6）高橋征仁，「欲望の時代からリスクの時代へ」日本性教育協会編『「若者の性」白書-第7回青少年の性行動全国調査報告-』小学館，2013，p.56
7）高橋征仁，前掲書，p.58
8）高橋征仁，前掲書，p.58
9）高橋征仁，前掲書，p.58
10）高橋征仁，前掲書，p.59
11）谷本奈穂『恋愛の社会学—「遊び」とロマンティック・ラブの変容』青弓社，2008年
12）ブライダル総研ホームページ『恋愛観調査2013』
13）掲載したレポートはすべて，学生に「匿名で掲載することに同意するか否か」を聞いて承諾を得たものである。
14）国立社会保障・人口問題研究所ホームページ「第14回出生動向基本調査（2010年実施）」2011年
15）「結婚・家族形成に関する調査」（内閣府政策統括官（共生社会政策担当）），内閣府ホームページ，2011年

第4章

結　婚

第1節　結婚の条件

　『第14回出生動向基本調査（2010年実施）』[1]によれば，18～35歳未満の「いずれ結婚するつもり」と回答した未婚者が望む結婚相手との年齢差をみると，男性では年齢差のある相手を希望する人が第9回調査（1987年）から減り続けており，「同い年」（男性35.8％―女性29.0％）の増加が顕著である。女性も同様の傾向がみられるが，男性ほどの変化はない。男性の「1～2歳年下」が17.5％に対して，女性は「1～2歳年上」が29.4％で最も多い。男性の「3～4歳年下」が14.2％に対して，女性は「3～4歳年上」が21.1％で3番目に多い。また，年上を希望する男性（6.9％），年下を希望する女性（4.5％）が若干いる。イチロー的結婚も徐々に増えているのである。希望年齢差は調査ごとに縮小しており，1987年の男性3.7歳―女性3.0歳から2010年の2.2歳―2.1歳に縮小している。

　つぎに『第13回出生動向基本調査（2005年実施）』[2]で，学歴別同類婚指数をみよう。同類婚指数が1.0以上だと，その組合わせを選ぶ人が多いことを意味する。婚姻時の夫婦の学歴の組合せをみると，「中学校」同士（6.15），「専修学校」同士（2.40）は高い値を示している。「大学以上」（2.07）もかなり高い値を示している。これらから同類婚（自分と同じくらいの学歴や収入の人との結婚）の傾向が読み取れる。異なる学歴の組合せでは，「短大・高専の妻」と

「大学以上の夫」の妻上方婚（自分より学歴や収入が高い人との結婚）(1.41) が最も多い。ところが1992年からの変化をみると，同類婚はほとんど変化がないが，妻上方婚（31.7%→35.1%）とともに妻下方婚（16.5%→20.9%）も少しずつではあるが増えている。女性の高学歴化に伴い，こうした変化が生じているようである。

『第7回21世紀成年者縦断調査』[3]をみよう。第3回の独身者について，「結婚した」は結婚前調査時の，「結婚していない」は第6回調査時の所得額階級別に，この4年間の結婚の状況をみた。男性と女性の所得別に結婚した割合をみよう。100万円未満＝男性8.9%－女性18.7%，100～200万円未満＝13.3%－24.5%，200万円～300万円未満＝18.1%－25.2%，300～400万円未満＝21.4%－27.0%，400～500万円未満＝26.0%－27.2%，500万円以上＝25.3%－26.5%である。男性は所得との関係が非常にはっきりしている。所得が低い層は結婚の機会が少ない。女性の中では100万円未満の層は少し低い値であるが，男性の同じ収入額層の倍以上ある。女性は男性よりも収入との関係が弱い。「男性が稼ぐべき」という規範が生きている。

第2節　結婚のきっかけと決断

『第14回出生動向基本調査（2010年実施）』[4]で，恋愛結婚と見合い結婚の推移をみよう。見合い結婚は1930年代には69%と多数派であったが，1965年頃に恋愛結婚と同率になり，その後減少の一途を辿り，現在は約5%である。恋愛結婚の平均出会い－平均初婚年齢は男性24.9歳－29.3歳，女性23.6歳－28.1歳で，平均交際期間は4.48年である。これは1987年の3.15年から調査ごとに長期化している。結婚した夫婦が25歳（30歳）までに出会った割合をみると，男性は49.6%（77.3%），女性は57.4%（82.6%）である。結婚の出会いの中位数年齢（最終的に結婚した者のうち半数がすでに結婚相手と出会った年齢）は夫25.1歳，妻23.7歳である。

恋愛結婚した人の出会いの場は，2005年から「職場や仕事で」が2位に転落し，「友人・きょうだいを通じて」が僅差で1位となっている。近年の職場環境や意識の変化にともない，「職場や仕事で」の比重が徐々に低下している。それに変わって「友人・きょうだいを通じて」が増えており，職場の上司が責任を感じて世話をするのは過去の話で，本人が個人の努力での相手探しをする傾向が段々強まっているようである。高学歴化に伴い「学校で」の出会いも3位となっている。非日常的な場面の「街中や旅先で」は意外と少ない。『結婚・家族形成に関する意識調査報告書』[5]をみると，知り合ったきっかけとしての「インターネット」は，20歳代・既婚（3年以内）・男女が7～9％，30歳代・既婚（3年以内）・男女が9～10％となっている。これからは情報ツールを通しての出会いが増加するであろう。

　恋人を見つけるのは個人の責任という考え方が多いなかで，行政が出会いの機会を設けたり，携帯メールでパーティ等の情報を発信して，恋愛カップルが生まれるよう援助する試みもみられる。しかし，恋愛結婚が苦手な人には見合い結婚も大切な選択肢である。見合い結婚は恋愛結婚に押されて減少し続けているが，行政がボランティアを募集して，その人たちが未婚者の情報を集めて見合い結婚に結びつけようとする試みもみられる。『結婚・家族形成に関する意識調査報告書』[6]をみると，結婚支援事業を実施している都道府県は66％，市区町村は32.5％である。実施理由は「家庭，地域，職域が果たしてきた結婚（縁結び）機能の低下」「人口減少による地域全般の活力の低下」などが多い。事業内容は，パーティ・旅行や農業・漁業体験などの出会い事業，登録した男女の希望に合わせてマッチングする見合い事業，仲人を育成支援などの仲人事業，未婚者本人のコミュニケーション力向上などを目的とする講座事業などである。活発な例として愛媛県結婚支援センターを紹介している。イベント参加者は2007年11月から2009年11月までの2年間に，約500回のイベントが開催され，延べ14,000人以上が参加，約1,900組のカップルが成立している。さらに結婚に至ったカップルも報告があるだけで70組を上回る。山形県最上町と東京

都板橋区の例は，2010年度最上町の男性38名と板橋区の女性23人が2日間，農業や自然を体験しながら交流を深めた。その後各自で交際を続け5組のカップルが誕生している。欧米では行政が関与することはあり得ない選択肢といえるが，日本の現状をみると，行政だけでなく社会全体が若者の結婚を支援する取り組みが重要になってくると思われる。未婚化・晩婚化が進んでいる現代の社会状況に対して，そうした社会の結婚支援の試みが実際に始まっている。

　最近では，街コンが有名である。その元祖はいうまでもなく栃木県宇都宮市の「宮コン」である。そのホームページをみると次のような趣旨説明がある。「宮コンは市内の活性化を目的に開催しております。単に飲食だけでは魅力に欠けると思い，市内の居酒屋，レストラン，バー等の協力のもと，全店舗貸し切りにて低料金で合コンも開催しちゃおうという画期的なイベントです。既に，結婚ゴールインのカップルが数多く誕生しました。みなさんも新しい出会いを楽しんでください。」要するに，地域活性化を狙って男女交際の機会を提供します。あとはあなたの努力次第ということ。ここでも恋愛の技量が問われる。この試みは瞬く間に全国に広がった。簡単なようで誰も思いつかなかった企画であるが，交際の場が広がることへの期待の大きさがそこにはある。

　「最終的に結婚を決めたきっかけ」について『結婚・家族形成に関する意識調査報告書』をみよう。25歳未満は半数が「子どもができた」である。「できるだけ早く一緒に暮らしたかった」と「年齢的に適当な時期だと思った」も多い。25歳を越すと「できるだけ早く一緒に暮らしたかった」が半数を超す。「結婚生活のための経済的基盤ができた」と「結婚資金の用意ができた」はどの年齢層も少ない。経済条件がなかなか整わない中で最終的な決断をしている。「友人や同年代の人たちの結婚」や「親や周囲のすすめ」というのも非常に少ない。二人の決断で進んだ形が多いようだ。

第3節 結婚と同棲

若い2人がパートナーを組むことになるのは，いつどのような形であろうか。

表4-1 パートナーシップ形態の構成比

(%)

		総数 (標本数) 注1	パートナーシップ形態							
			婚姻	同棲	離婚又は死別	(標本数) 注2	婚約者あり	恋人あり	過去にはいた	交際経験なし
女性	日本	709	69.1	1.3	6.3	165	3.6	23.0	47.9	24.2
	韓国	491	71.7	1.0	0.6	131	1.5	43.5	31.3	19.8
	アメリカ	509	45.2	15.1	12.2	140	4.3	42.1	47.1	5.7
	フランス	542	38.9	30.1	9.6	114	3.5	26.3	43.0	26.3
	スウェーデン	491	43.8	25.3	8.6	110	8.2	23.6	50.0	17.3
男性	日本	539	57.1	1.3	3.3	206	2.4	20.4	49.5	26.7
	韓国	514	52.3	1.6	1.6	227	1.3	37.0	42.3	15.9
	アメリカ	491	46.8	9.6	12.8	150	4.0	30.0	57.3	6.7
	フランス	460	37.4	28.3	3.5	140	10.0	17.9	46.4	23.6
	スウェーデン	510	37.6	25.9	3.9	165	6.1	17.6	54.5	18.2
20歳代	日本	260	24.2	1.5	2.3	187	2.1	27.8	42.8	26.7
	韓国	298	16.8	1.7	-	242	0.8	43.8	33.5	17.4
	アメリカ	315	24.4	18.1	3.5	170	2.9	38.8	48.8	7.6
	フランス	310	12.6	41.0	1.9	136	9.6	23.5	37.5	27.9
	スウェーデン	316	18.0	28.8	0.6	166	4.8	27.7	45.8	19.9
30歳代	日本	506	67.8	1.8	5.5	126	3.2	15.9	55.6	23.0
	韓国	345	70.7	1.7	0.9	91	3.3	35.2	47.3	12.1
	アメリカ	345	52.5	10.7	12.8	82	6.1	30.5	57.3	4.9
	フランス	359	44.3	32.0	5.0	67	6.0	19.4	50.7	22.4
	スウェーデン	333	51.4	28.8	4.2	52	15.4	7.7	57.7	17.3
40歳代	日本	482	81.3	0.6	6.0	58	5.2	13.8	53.4	27.6
	韓国	362	90.3	0.6	2.2	25	-	12.0	52.0	36.0
	アメリカ	340	59.4	8.8	20.6	38	5.3	34.2	57.9	2.6
	フランス	333	55.6	15.3	13.2	51	2.0	19.6	56.9	19.6
	スウェーデン	352	50.9	19.6	13.1	57	5.3	8.8	68.4	12.3

注1) この標本数は20～49歳の男女
注2) この標本数は「結婚も同棲していない」人のみ
注3) 「わからない」と解答したデータは省略した
出所) 内閣府ホームページ，内閣府政策統括官（共生社会政策担当）「少子化社会に関する国際意識調査報告書（2011年3月）」より作成

国際比較の表4-1をみると，日本と韓国は，他の3ヵ国とは異なるパターンがある。婚姻に収斂し，40歳代には8割から9割が結婚している。離婚または死別の少なさも両国の特徴である。表4-2は結婚もしくは同棲を経験している率の違いを示している。日本と韓国は同棲という選択肢があまり考えられないために，いずれかの方法でパートナーを経験するのはある程度の年齢になってからということになる。西洋の国々は早くからパートナーを組んでいる。「結婚か同棲かを問わずカップル生活を開始した年齢は，2010年の場合，日本は26.3歳で，これはフランス（23.0歳），スウェーデン（23.3歳），アメリカ（23.6歳）より高くなっている。」[7)]そして日本は男性が非正規雇用者もしくは年収が少ないときは結婚・同棲経験率が低い。特に非正規雇用者の経験率の低さ

表4-2　属性による結婚・同棲経験率の違い（2010年調査）

(%)

		日　本	韓　国	アメリカ	フランス	スウェーデン
男性	20歳代	19.3	10.4	36.5	45.8	35.0
	30歳代	68.0	59.0	76.5	77.9	81.7
	40歳代	80.5	90.1	87.4	81.1	83.7
女性	20歳代	35.5	27.1	53.4	63.7	60.8
	30歳代	80.8	88.6	75.3	83.9	87.2
	40歳代	93.0	96.1	90.3	87.0	83.3
男性	自　営	73.1	73.1	82.1	71.1	90.0
	正規雇用者	69.8	57.5	72.7	79.2	75.2
	非正規雇用者	27.3	42.1	52.8	62.7	47.6
男性	本人年収低	30.0	25.3	55.6	63.0	37.7
	本人年収中	72.5	56.8	68.8	83.3	75.3
	本人年収高	89.4	84.6	87.1	90.0	80.0

注）年収の区切り。日本：300万円未満／300〜500万円未満／500万円以上，韓国：2,000万ウォン未満／2,000〜3,000万ウォン未満／3,000万ウォン以上，アメリカ：3万ドル以下／3万ドル超〜5万ドル／5万ドル超，フランス：15,000ユーロ以下／15,000ユーロ〜22,500ユーロ以下／22,500ユーロ超，スウェーデン：20万SEK以下／20万SEK超〜40万SEK／40万SEK超
出所）内閣府ホームページ『少子化社会に関する国際意識調査報告書』2011年3月より作成

は他国の半分程度であったりする。表4-1に戻ろう。独身者のパートナーシップ形態をみると，日本は「婚約者あり」が若干少ない。「交際経験なし」男性も目につく。30歳代や40歳代になっても減らない。日本は男女間に距離があり，パートナーを組むのも遅れ勝ちになり，少子化にもつながっている。

日本でいう同棲に当たるものは，フランスではコンキュビナージュ（同棲）」という。それ以外にPACS（連帯市民協約）という制度がある[8]（PACSについての詳しい説明は第5章でする。）。これは法的な保護のある同棲である。スウェーデンのサムボも法的な保護がある点で似た形の同棲である。これらも同棲経験としてカウントしたのがつぎのデータである。「既婚者」と「結婚・同棲していない」者について，過去の同棲経験の割合を比較（2010年調査）[9]すると，日本は18.5%—10.5%，韓国1.8%—5.0%，アメリカ53.9%—32.8%，フランス80.2%—49.6%，スウェーデン72.2%—45.8%となっており，日本と韓国以外は「既婚者」に同棲経験者が多く，「結婚・同棲していない」者も同棲経験者が多い。

第4節　婚姻の儀式

1．戸籍と夫婦同姓

「入籍する」という言葉は「女性が男性の戸籍に入る」という意味で使われていることが多いが，これは正確な用法ではない。初婚同士の場合，正確には婚姻届を出すことによって，新しい戸籍が作られ，夫もしくは妻の姓のどちらかを新しい姓と決めた人が戸籍筆頭者となる。その意味ではふたりが同時に新しい戸籍に入籍することになり，どちらかが戸籍筆頭者となるわけである。婚姻届には「姓」ではなく「婚姻後の新しい氏」と書いてある。法律用語では「氏」なのである。戦後の民法改正の第一次案では新しいイメージの用語の「姓」としていたが，最終的には明治民法で使われた用語の「氏」に逆戻りし

たのである。逆戻りという意味をしっかり理解するために，ここで歴史的に遡って，氏，姓，名字，苗字どのように使われてきたのかを，久武綾子の『夫婦別姓―その歴史と背景』[10]から簡単にみておこう。

　氏は，古代では氏族の名前で，所属グループの名前，出身母体の族の名前からきており，近世では出自を示している。姓は，中世では氏のグループのなかの「家」の名前となっている。1898（明治31）年の民法をみると，第746条「戸主及ヒ家族ハ其家ノ氏ヲ称ス」となっており，まず「家」ありきで，その「氏」を戸主および家族が使うことになっている。また，第788条「妻ハ婚姻ニ因リテ夫ノ家ニ入ル」となっており，妻は「氏」のある「家」に入ることになっているので，氏を選択する余地はない。家制度を強化しようとする考え方がみられる。

　第2次世界大戦後にできた新民法では，「氏」が，姓，名字，苗字と同じく個人の名前という意味に使われている。民法739条によると，「婚姻は，戸籍法の定めるところによりこれを届け出ることによって，その効力を生じる」ことになっており，結婚式の挙式とはリンクしていない。あくまで届出婚なのである。この点が西洋の儀式婚との違いである。

　結婚式と婚姻届は別，という話を聞くと，1966年11月，全日空の松山沖墜落事故を思い起こさせる。40年以上前の話だが，新婚旅行先が国内であった頃の話である。50名の死者の中に13組の新婚旅行客がいたが，その全員が婚姻届を出していなかったことで社会問題となり，挙式のあと速やかに婚姻届を出すようにとのキャンペーンがはられたのである。筆者も，教会での挙式のすぐ後に，親友に頼んで区役所で婚姻届を出してもらった記憶がある。

　欧米ではこういった問題は起こらない。それは，婚姻に関する手続きが日本とは異なっているためである。「イギリス，アメリカにおいては，教会婚と民事婚の併用による儀式婚主義が採られている。それは，結婚許可状を受けたのち結婚を司式できる権限をもった牧師または判事のもとで挙式され，成立した婚姻を婚姻登録簿に『登録』するというものである。また，フランス，ドイツ，

スイス，オーストリアなどで採用されている『近代ヨーロッパ強制民事婚主義』における婚姻は，つぎのような仕組みになっている。まず，婚姻をとり行うむねの『公示』が市町村庁舎に一定期間掲示される。予定された婚姻に障害がなければ，夫と妻が役場に設けられた公営の結婚式場において，身分登録官の面前で法律上の結婚式を挙げ，結婚登録用紙に署名し，夫婦という身分を国家に登録するのである。教会上で宗教上の儀式をする場合でも，まずこの民事婚をしなければならない。」[11]

入籍する戸籍は戸の籍と書く。戸は家という単位を表し，その籍なので，家という集団単位で登録されることを前提としている。戸籍制度という登録方法は，戦前に日本が朝鮮半島と台湾にも導入した。戦後も台湾と韓国では制度は残ったが，台湾では現在は運用停止状態，韓国は2005年の民法改正（2008年1月施行）で戸籍制度から個人別の身分登録制度に変更しており，日本固有の制度といってもよい。戸籍制度は戸籍筆頭者を中心に，「その人との『続柄』をもって他の人をとらえ，さらにそうやってとらえた一塊の同籍者について，出生・婚姻などの身分事項を，本籍地で編製する戸籍に一括一覧記載していく」[12]ので，家族とか親族の意識が個人を超越する時代，他の民族との交流の少なかった時代には有効な登録方法であったのであろう。日本の戸籍に登録されているということは，日本国籍があるということと同義なので，外国国籍をもったまま国際結婚して日本の戸籍にはいるということはありえない。その意味でも究極の集団主義的登録方法といえるかもしれない。ナチス・ドイツが日本の戸籍制度に注目して「家族手帳」という名前の登録制度を導入したことが知られているが，それも日本の戸籍制度の先祖を辿る検索システムの優位性に目をつけたためといわれている。「欧米などの諸外国では，各個人について出生証書，婚姻証書，死亡証書を作成する，という個人別身分証明制度を採用しているのである[13]。

婚姻届をもう一度見てみよう。夫または妻の氏を選択する欄がある。民法第750条「夫婦は，婚姻の際に定めるところに従い，夫又は妻の氏を称する」と

なっているために，どちらかの氏に決めないと婚姻届は受理されないのである。実態として2005（平成17）年では約96.3％が夫の姓となっている現状は，実態として「女子差別撤廃条約」の第16条１(g)「夫及び妻の同一個人的権利（姓及び職業を選択する権利を含む）に抵触すると思われる。国としても，1996（平成８）年１月に法制審議会民法部会は民法の一部を改正する「民法改正要綱案」を決めた。その内容は，「① 夫婦は，婚姻の際に定めるところに従い，夫若しくは妻の氏を称し又は各自の婚姻前の氏を称するものとする。② 夫婦が各自の婚姻前の氏を称する旨の定めをするときは，夫婦は，婚姻に際し夫又は妻の氏を子が称する氏として定めなければならないものとする」という内容であった。選択的夫婦別氏制度の導入である。しかし，自民党内で意見が割れて，同年６月に法務部会がこの別姓法案の見送りを決めた。その後も選択的夫婦別氏制度は日の目を見ていない。

　外国では，夫婦の婚姻締結時の氏はどのようになっているのであろうか。久武によると，ドイツ，ロシア，オーストリア，スイス，スウェーデンは選択制となっている[14]。たとえばロシアでは，① 夫婦の一方の氏を共通の氏にする，② 夫の氏・妻の氏を引き続き名乗ることも可，③ 夫と妻の氏をハイフォンで結んだ結合氏も可の３つの選択肢がある。韓国も2008年４月から改正された民法が適用され，従来は「子供は父親の姓を名乗ることが決められていたが，改正により結婚時の同意があれば妻の姓を継ぐことも可能になった。また，母親が再婚しても子供は新しい父親の姓を名乗ることが出来ず，一家庭に三つの姓が混在する例も少なくなかったが，今後は改姓が認められるようになった。」[15]カナダ-ケベック州，中国，台湾は夫婦別氏制である。たとえば中国では，夫婦は結婚前の姓を保持する権利があり，両者の結合姓，夫か妻の姓を共通姓にすることも可能である。フランス，イギリス，アメリカ，朝鮮民主主義人民共和国は民法上の規定がない。たとえばイギリスでは，妻が夫の氏を称するのが通例だが，法律上の義務ではない。日本だけが夫婦同氏制というわけである。

それでは，日本人の意識はどうなっているのであろうか。2012年12月実施の内閣府の「家族の法制に関する世論調査」から，夫婦別氏制度についての国民の意識をみてみよう（表4-3）。

①「婚姻をする以上，夫婦は必ず同じ名字（姓）を名乗るべきであり，現在の法律を改める必要はない」は男性で約4割，女性で約3割となっているが，年齢と男女による差は非常に大きい。若いほど賛成者が少なく，女性はとくに

表4-3　選択的夫婦別氏制度

(％)

		該当者数	①	②	③	わからない
	総　数	3,041	36.4	35.5	24.0	4.1
男性	総　数	1,336	39.7	35.5	21.6	3.2
	20～29歳	105	29.5	39.0	27.6	3.8
	30～39歳	159	28.3	39.6	30.2	1.9
	40～49歳	228	27.2	43.4	28.1	1.3
	50～59歳	238	29.4	41.2	26.9	2.5
	60～69歳	321	47.0	34.6	15.9	2.5
	70歳以上	315	58.1	23.2	12.4	6.3
女性	総　数	1,675	33.7	35.5	26.0	4.8
	20～29歳	137	16.1	53.3	29.9	0.7
	30～39歳	210	16.2	48.1	35.2	0.5
	40～49歳	278	18.0	44.2	36.3	1.4
	50～59歳	241	23.2	39.0	34.4	3.3
	60～69歳	378	39.9	33.3	19.8	6.9
	70歳以上	431	58.5	17.9	14.2	9.5

注）質問は「現在は，夫婦は必ず同じ名字（姓）を名乗らなければならないことになっていますが，『現行制度と同じように夫婦が同じ名字（姓）を名乗ることのほか，夫婦が希望する場合には，同じ名字（姓）ではなく，それぞれの婚姻前の名字（姓）を名乗ることができるように法律を改めた方がよい。』という意見があります。このような意見について，あなたはどのように思いますか。次の中から1つだけお答えください。」選択肢ⅠⅡⅢは文中に説明あり。
注）2012年12月調査
出所）内閣府ホームページ『家族の法制に関する世論調査』2012年

少なく20〜30歳代女性では16％が賛成するに過ぎないが，70歳以上になると59％が賛成している。女性は世代間のズレが大きいのが特徴である。

②「夫婦が婚姻前の名字（姓）を名乗ることを希望している場合には，夫婦がそれぞれ婚姻前の名字（姓）を名乗ることができるように法律を改めてもかまわない」は男女とも36％いる。これも年齢と男女による差は大きい。女性20歳代は53％が賛成している。逆に70歳代以上では18％と少数派である。

③「夫婦が婚姻前の名字（姓）を名乗ることを希望していても，夫婦は必ず同じ名字（姓）を名乗るべきだが，婚姻によって名字（姓）を改めた人が婚姻前の名字（姓）を通称としてどこでも使えるように法律を改めることについては，かまわない」は男女とも60歳代以上は少ない。男性よりも女性に賛成者が少し目立つ。②と③の合計が70％を越えるのは，男性は40歳代と30歳代，女性は50歳代以下となっており，女性の20歳代と30歳代は80％を越えており，年齢層によっては男女に開きがある。世論は夫婦別氏への理解がまだまだ進んでいない現状があるが，女子差別撤廃意委員会からは「世論を言い訳にせず」と言われている。世界標準への変更には政治的リーダーシップが必要であろう。

佐藤文明[16]によると，江戸時代は書類上庶民の多くに苗字がなく，妻は「妻」としか記載がなかったりしたが，現実の生活場面ではさまざまなパターンがあった。武士は夫婦別氏でそれが明治初期まで続いた。そして1898（明治31）年に明治民法ができて夫婦同氏となり，家制度の浸透とともに徐々に定着してきた。現代では，女性の社会進出とともに変容を迫られている。

2．結婚式の変遷

今風の結婚式とはどのようなものであろうか。テレビドラマでおなじみのウエディングドレスとタキシード姿，教会で挙式というのが一般的なイメージなのかもしれない。ところが2007年の春，有名女優とお笑い芸人が十二単と束帯姿で挙式したことがきっかけで，にわか神前婚ブームが起こったが，2年後に離婚して神社の期待を裏切りブームが去ってしまったようにもみえる。

では、今の時代、実際にはどのような結婚式のスタイルが多いのだろうか。また、誰が、どのような基準で結婚式のスタイルを決めているのだろうか。選択基準は何なのだろうか。また、今ある結婚式のスタイルはいつ頃から定着したものなのだろうか。ずっと昔、平安時代にはみんなが神前婚をしていたのだろうか。このように考えてみると、自分が執り行うかもしれない結婚式について、その歴史的変遷や背景などについてほとんど確たる知識がないことに気づく人も多いのではないだろうか。

　「ゼクシィ結婚トレンド調査2013」[17]の全国推計によると、キリスト教式が約57％、人前式が23％、神前式が17％、仏前式は1％以下となっている。やはり、教会で結婚式を挙げたいと考える人が多いことがわかる。ふたりが神の前で永遠の愛を誓う式という形にキリスト教式がぴったりと考える人が多いのであろう。仲人を立てた人は0.7％に過ぎない。仲人は過去のものになっている。

　それでは、現在のような結婚式が定着したのはいつ頃からなのであろうか。そしてなぜそのような変化が起こったのであろうか。石井研士[18]によると、縁談、見合い、結納、仲人、お色直し[19]などは江戸時代に定着したが、神主のような宗教者が執り行う形での結婚式というスタイルは古代から江戸時代までは見られなかったという。神前結婚式は、1900（明治33）年の皇太子の神道によるご成婚に影響を受けた人びとが、明治34年に日比谷大神宮において挙式したのが初めてという説もあるが、もっと早い時点（明治初期）でも神前結婚式を複数見いだせることから、明治30年代後半から大正時代にかけてゆるやかに普及したのが実態のようである[20]。

　その後、「結婚式は神社で」という常識を覆した人が現れた。1909（明治42）年に永島藤次郎が永島式結婚式を考案した。「神主や巫女、雅楽奏者とともに、儀式に必要な道具一式を大八車に乗せて個人や会館に出向く」方法であり、大変評判がよかったようである。その発想は当然のことながら「会館自体が挙式会場を設ける」方向へ発展していった[21]。そして、大正の終わり頃から昭和にかけてホテルでの結婚式が登場してくる。ここに現代的な結婚式の原型が完

成したのである。その後，戦中・戦後の簡素化の波をくぐり抜け，神前結婚と人前結婚が多く執り行われてきた。

1990年代になって，「それまで主流だった神前結婚式が急速に減少し，代わりにキリスト教結婚式が急増」し[22]，結婚式は「儀礼の脱宗教化」の方向へシフトしていくのである。図4-1「挙式様式の推移」でみると，キリスト教式は1970年以降のことだというのがわかる。キリスト教式の増加も考えようによっては，日本人のキリスト教信者は決して多くないのに，なんとも不思議なことである。

五十嵐太郎[23]は，教会の挙式が日本人に認識されるようになったきっかけのひとつとして，1972年，当代の人気歌手，西郷輝彦と辺見マリの聖パウロ教会での結婚式をあげている。テレビでも放映され，式後は軽井沢の教会に問い合せが殺到したという。その後，林隆三と青木一子が，林正和と森山加代子，さらには吉田拓郎も同じ軽井沢の教会で挙式をしたのである。その後も，霊南坂教会の山口百恵・三浦友和（1980年），郷ひろみ・二谷友里恵（1987年），目

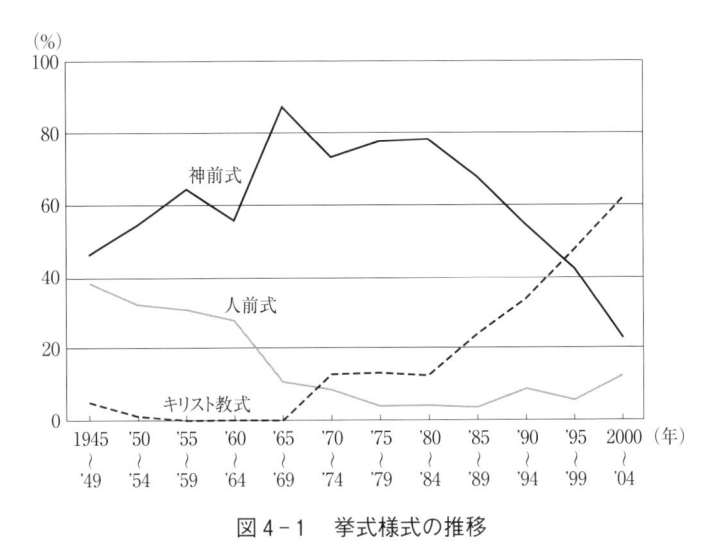

図4-1　挙式様式の推移

出所）石井研二『結婚式―幸せを創る儀式』日本放送出版協会，2005年，p.37

黒サレジオ教会の松田聖子・神田正輝（1985年）など，有名人の教会婚が流行現象として全国的な広がりをみせるようになり，未信者から教会での結婚式希望が増えてきた。日本のカトリック教会はそうした社会状況を踏まえて本山に要望を出し，「1975年に，教皇庁教理省から日本国内に限定して，未信者同士の結婚式を行う特別許可を受けた。日本でのカトリック信徒がわずかに人口の0.3％（当時）という実情を考慮されての許可であった」[24]。その結果，2000年以降はキリスト教式が6割以上となっている。

私事であるが，筆者も未信者であるがキリスト教式であった。理由は経費が安いことやウエディングドレスへのあこがれ等だった。こんな筆者の動機を支えたのは上記のような流行現象や歴史的背景であったことは否めない。私たちは挙式前に神父と数度お会いして話し合いをもつことを義務づけられた。また，挙式中には信者のオルガニストがパイプオルガンを弾いて盛り上げてくれるな

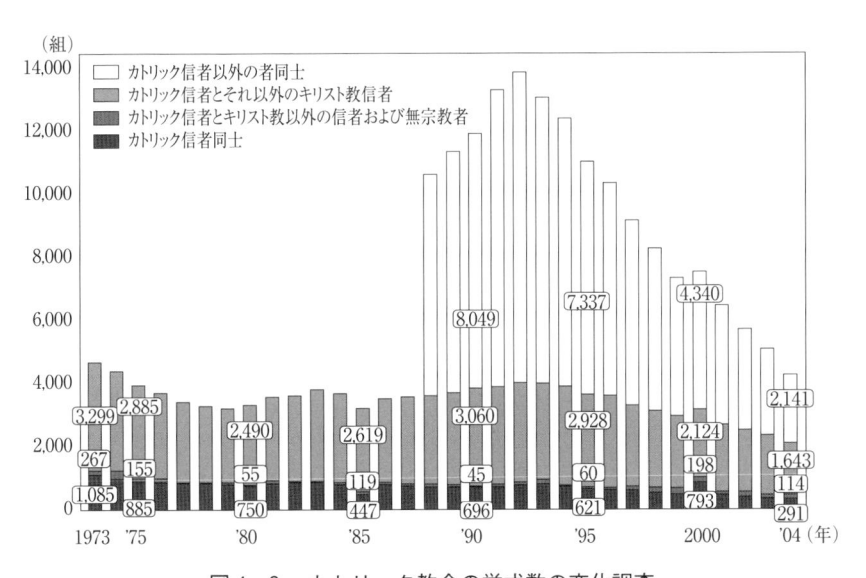

図4-2　カトリック教会の挙式数の変化調査

注）カトリック信者以外の者同士は1988年より集計。
出所）カトリック中央協議会調べ

どの配慮があったが，今にして思うとキリスト教を広めるきっかけになればという思いが教会側にあったのであろう。

先ほどの図4-1「挙式様式の推移」でみると，1970年代にキリスト教式が少し増え，80年代からさらなる増加がみられる。「1984年当時は，ホテルや専門式場でのチャペルは設けられておらず，キリスト教式での挙式を望むのであれば教会へ行かなくてはならなかった」[25]。ところが，図4-2をみると，カトリック教会での未信者同士の結婚式の挙式数は，1992年をピークに，その後減少している。教会以外でのキリスト教結婚式が増加したためである。1984年には，「依頼があれば式場へ出張しキリスト教結婚式いっさいを引き受けてくれる団体が設立された。ブライダル宣教団である」[26]。時代の要請に従って新しい宣教団ができ，ホテルや結婚式場のチャペルで結婚式を行えるようになってきたのである。

石井の解釈は，神前結婚式からキリスト教結婚式への移行は，「価値観もしくは人間関係に関する移行の現れ」である。それまでの「親・家族・親族の意向」が強く働いた時代から，「ふたりの希望」が優先される時代への移行を意味する。また，「一般的・無難・人並み」という基準で結婚式のスタイルを決めた時代から，自分の「個性」で決める時代への移行であるというのが石井の見方である[27]。「自分のセンス」「かっこいいかどうか」で決める現代の結婚式は，「個性」化，サービス産業化の時代の産物であることを意味する。筆者がカナダのホワイトロックの海岸で偶然見かけた結婚式は，夏の海水浴場の広い砂浜を結婚式の舞台としたという意味でとてもユニークなものだった（写真4-1）。伝統やしがらみを脱ぎ捨てて，自分の個性を競い合う時代に，結婚式も何か自分らしさ，ユニークさを求めることはごく自然なことなのかもしれない。そう思って記憶を辿ると，ユニークな場所での結婚式を報じるニュースの1つや2つは思い出すことができる。

図4-1「挙式様式の推移」でみたように，1985年頃からキリスト教式が飛躍的に延びはじめている。「ゼクシィ結婚トレンド調査」[28]の全国推計をみて

も，キリスト教式は2010年以降も60～64％（人前式16～20％，神前式16～19％，仏前式1％未満）でトップを維持している。その理由を探るために，キリスト教式をさらに2つに分類しておく必要がある。石井は「教会結婚式」と「チャペルウエディング」の2つに分けて記述している[29]。「教会結婚式」は，聖職者と信者がいて定期的に宗教的行事を行っている教会での結婚式を指す。「チャペルウエディング」は，専従の聖職者も宗教活動を行っている信者もいないホテル内のチャペルとよばれる施設や「結婚式教会」[30]（地元の信者ももたず，宗教儀式がなく結婚式だけのために作られた教会の姿をもつ独立した構造物）とよばれる結婚式専門に建てられた施設での式を指す。

　五十嵐[31]によると，戦後の結婚式事業の変遷を握るのは冠婚葬祭互助会からの発展であるという。戦後の10年ほどの間にできた各地の互助会が1960年代の高度経済成長に支えられて市場を拡大してきた。そして，婚礼の儀と披露宴をトータルに演出する総合結婚式場という形が確立していったのである。1975年に，東京の京王プラザホテルが結婚式場の中にチャペルを作った。その後ホテル内に結婚式用のホテルを作ることが全国に広がっていった。互助会にも同じような動きがみられた。さらに，1985年には愛知県の一宮平安閣が最初の独

写真4-1　カナダのホワイトロックの海岸での結婚式

写真4-2　台湾の公園で結婚の記念撮影にきたカップル

撮影助手が地面に撮影用反射板を置いて花嫁にポーズの修正を指示している。右端はカメラマン。

立型チャペルを建設したのである。もちろん披露宴用の建物も用意されている。「マリエール」というブランドの「結婚式教会」の誕生である。このスタイルがその後急速に広がりをみせて，「教会結婚式」に代わる受け皿となっていった。さらなる変化はハウスウエディングの登場である。敷地内の結婚式教会で挙式をして，その周りに配置した一戸建て風のゲストハウスにゲスト＝招待客を招き入れて披露宴を行うというイメージで作られた結婚式場である。教会と同じ，もしくはそれ以上にゲストハウスに重点を置いたイメージ作りをみていると，ここにも脱宗教的儀式の方向性がみられる。五十嵐は，「日本のブライダル産業は派遣業者が主に教会を隠退した牧師を紹介することで発展してきたが，そのうちに教団が認めない『ブライダル牧師』が粗製乱造されてきた」という日本基督教団の牧師の意見を紹介している。それまで盛んだった神前結婚もしかりで，にわか仕立ての神主がホテルの最上階の祭壇で祝詞をあげる光景はそう珍しいものではなかった。これらも脱宗教の隠れた一面である[32]。

「ゼクシィの結婚トレンド調査2013」[33]の全国推計値で，挙式会場をみると，宗教的儀式の場を兼ね備えた結婚式専用の会場ではなく，ハウスウエディングとかゲストハウスとかといわれるものも一般化しつつある（一般の結婚式場32％，ホテル23％，ハウスウエディング18％，海外の教会6％，神社7％，国内の教会6％，レストラン（ホテル内等含む）5％など）。ブライダル事業振興協会の2006年調査では約50％が結婚式場（ホテル，専門式場等），約10％がハウスウエディングなど，約20％が一般のレストランなどでの挙式であった。結婚式の招待客の構成も，戦後の核家族化，都市化などの要因から，社会関係の変化に合わせて，親族ぐるみ，地域ぐるみ，職場ぐるみの形から，イエ単位，家族単位，個人単位の形へ徐々に移行しているように思える。

最後に，筆者が台湾の公園で目にした光景を紹介したい（写真4-2）。純白のウエディングドレスに身を包んだ花嫁と純白のスーツの花婿が，プロのカメラマンと撮影助手2人を引き連れて素敵な公園で写真を撮っていた。花嫁・花婿姿のふたりだけの写真撮影に時間とお金をかける台湾人カップルを見て，同

じ光景をカナダのバンクーバーのエリザベス・パークでも目にしたことを思い出した。ふたりの晴れ姿を写真に収め，きれいな額に入れて部屋や廊下に飾り，訪ねてきた人との会話を楽しむ姿が目に浮かんでくる。現代の日本人の結婚式は披露宴でお色直しと称して何回も衣装を取り替え，ヨーロッパの街並みに似せたキッチュな建物群を利用するために多額の金銭[34]を支払い，そこで宗教とは無関係に西洋的な雰囲気を楽しみ，新郎新婦はまるで娯楽を売るサービス産業を自ら演出しているようにもみえる。儀式としての色合いは限りなく薄まっているようである。

【注】
1）国立社会保障・人口問題研究所『第14回出生動向基本調査（2010年実施）結婚と出産に関する全国調査—独身者調査の結果概要』，国立社会保障・人口問題研究所ホームページ，2011年
2）国立社会保障・人口問題研究所『平成17年わが国夫婦の結婚過程と出生力—第13回出生動向調査（2005年）』厚生統計協会，2007年，p.21
3）厚生労働省『第7回21世紀成年者縦断調査（国民の生活に関する継続調査）結果の概況』厚生労働省ホームページ，2010年（本調査は平成14年（2002年）10月末時点で20〜34歳であった全国の男女（及びその配偶者）を対象と，そのうち，第5回または第6回調査において協力を得られた者（及びその対象者）を客体としている。第1回調査対象者の第7回調査における年齢は，26〜40歳である。この4年間に結婚後離婚した者を含む。4年間で2回以上結婚している場合，最新の結婚の状況について計上している。所得額100万円未満には所得なしを含む。）
4）前掲書，1）
5）内閣府『結婚・家族形成に関する意識調査報告書』
6）同上書
7）内閣府政策統括官（共生社会政策担当）「少子化社会に関する国際意識調査報告書第1部，調査の概要」2011年，p.88
8）内閣府政策統括官（共生社会政策担当）『少子化社会に関する国際意識調査—第1部調査の概要』2011年，p.84-85
9）内閣府，前掲書，5）
10）久武綾子『夫婦別姓—その歴史と背景』世界思想社，2003年
11）星野澄子『夫婦別姓時代—氏名とわたしの自然な関係』青木書店，1987年，p.127

12) 同上書, p.116
13) 同上
14) 久武綾子, 前掲書, pp.162-167
15) 『朝日新聞』(名古屋版) 2005年3月3日朝刊
16) 佐藤文明『戸籍がつくる差別』現代書館, 1984年, pp.91-93
17) リクルートブライダル総研「ゼクシィ結婚トレンド調査2013」2013年
18) 石井研士『結婚式―幸せを作る儀式』日本放送出版会, 2005年, p.93
19) お色直しは儀式の意味が相当変化している。「そもそもの起こりは, 衣装をかえて異空間にのぞむことであり, 式で夫婦盃と親子兄弟等の盃をかわしたあと婿の家に落ち着いたことを示すために着衣を変えたのである。土地によっては色直しといえば, 祝宴のなかば盃のたびに何回も席を立って衣を変えることだと思っている例は多い。これは夫婦の盃と他の親類盃とは, まったく異なる行事であることを認めた上での所作であったと解釈される。」(宮田登『冠婚葬祭』岩波書店, 1999年, p.128)
20) 石井研士, 前掲書, pp.123-136
21) 同上書, pp.138-140
22) 同上書, p.6
23) 五十嵐太朗『結婚式教会の誕生』春秋社, 2007年, p.183
24) 石井研士, 前掲書, p.52
25) 同上書, p.50
26) 同上書, p.49
27) 同上書, p.71
28) リクルートブライダル総研「ゼクシィ結婚トレンド調査2010〜2013」2010年〜2013年
29) 同上書, pp.37-38
30) 五十嵐太朗, 前掲書, p.4
31) 同上書, pp.199-204
32) 同上書, pp.217-218
33) リクルートブライダル総研「ゼクシィ結婚トレンド調査2013」2013年
34) 挙式・披露宴・披露パーティの総額が全国平均で340.7万円という「ゼクシィ結婚トレンド調査2013」のデータもある(金額回答者のみのデータ)。なお, 1位は福島の374.4万円, 最下位の北海道は200.8万円である。

第5章

パートナーシップを探る

第1節　法律婚夫婦と家族役割

　人間社会の結婚は単なる「社会的に承認された性的結合」だけでなく，結婚の契約に基づいて行われ，その契約は夫と妻，および子どもとの相互の権利・義務を示すひとつの社会的制度として位置づけられている。

　ヨーロッパにおける結婚の歴史をみると，宗教改革とそれにともなうプロテスタンティズムの台頭により，結婚は「教会のサクラメント」から「民事事項」となり，結婚への宗教的統制は弱体化した。さらに，フランス革命を契機として封建的制度の打破と個人主義の進展により，結婚制度は個人の自由意志に基づく「契約」として考えられるようになっていった。また，日本の結婚の制度について類型化を試みた姫岡勤によれば，前近代社会においては村内婚による「共同体主義的婚姻」から，家長の権限が強い家制度を中心とする「家族主義的婚姻」，そして近代社会への移行と並行して「個人主義的婚姻」へと変化してきた[1]。

　日本社会における1960年代以前の家族の形態をみると，平均世帯人員5人以上で構成される拡大家族が多くみられた。1960年代以降，日本が工業化社会に移行していき，夫が主に生活費を稼ぐ「手段的役割」と妻が主に家事・育児を分担する「表出的役割」を担う「性的分業の核家族」が定着した。アメリカにおいても，夫婦と子どもを中心とする「性的分業の核家族」は1950年代を代表

する家族の形態であった。当時のアメリカでは夫婦または子どものいる核家族世帯の構成比は78％を占めていた。この性的分業の家族類型を増加させた大きな要因は、アメリカの戦後経済の繁栄であった。そして、この産業化の最も重要な影響は、社会における制度の分化であった。

　家族は経済的、教育的機能を喪失したが、新たに「子どもの社会化」と「成人のパーソナリティの安定化」に寄与する専門化した社会集団として変質し、これは「核家族縮小説」とよばれた。男性は家庭外の仕事（生計）を維持する機能を分担し、女性は母および夫の伴侶として家計のマネージャーの役割を分担する。この夫婦間における役割の補完性は家族員間の「パーソナリティの安定化」をもたらすというひとつの考え方である。パーソンズによる性的分業に関する核家族の役割理論は、手段的上位者が父（夫）、手段的下位者が息子（兄弟）、表出的上位者は母（妻）、表出的下位者が娘（姉妹）として位置づけられている[2]。

　しかし、近年、この性的分業の家族において妻が主に分担していた「表出的役割」の他に「手段的役割」を取得する「共稼ぎ家族」の形態が増加している。アメリカの女性人類学者ミード（Mead, M.）は、『男性と女性』のなかで述べているように、「性的分業の家族役割を社会の普遍的現象」とする考え方に疑問を抱き、トロブンリアンド諸島の原住民を人類学的視点から調査した。その結果、男性が育児など表出的役割を分担し、女性が狩猟活動などの手段的役割を分担する家族を発見したのである。日本でも「会社の倒産」などにより失業したり、「弁護士」などの専門的資格を取得するために一時的または長期的に夫が表出的役割を分担し、妻が手段的役割を主に分担する「逆の性的分業の家族」の形態がみられるようになってきた。

　こうした家族の形態は、その国の工業化の発達の程度や文化の違い、職業階層における家産継承の有無、家庭内の勢力構造、家族周期などにより違いがみられる。

　ここでは、家族周期の観点から家族役割を考えてみよう。まず、新しい家族

関係が形成される「新婚期」は，配偶者選択の動機や定位家族の職業的地位，資産の有無が家族関係の権威構造に強く影響してくる。結婚の調査などをみると，これまで男性が女性を選択してきた社会において一般的に女性は階層性が高い男性と結婚してきた。この伝統的家族の関係は，夫─息子の関係が夫─妻の関係よりも優位な位置を占める。恋愛結婚の場合，両者の階層による差異は少なく，夫─妻が他の家族関係よりも優位な位置を示すことになる。

　育児期の段階になると，家庭における妻の負担は大きく，親の協力が不可欠となる。都市部に住む性的分業の核家族の場合，育児期に家族の援助力が弱いと「育児ノイローゼ」を含むさまざまな家族問題が引き起こされることがある。また，伝統的な性的分業家族の形態をとる3世代家族では，一般的に夫は妻の表出的役割に協力しない傾向がみられる。妻は家の嫁として伝統的習慣を習得し，家事・育児などを分担することを強いられる。この伝統的家族関係では，シュー（Hsu, F. L. K.）[3]が指摘するように「夫─息子」の関係が他の家族関係よりも優位となり，後継者として土地や家を含む家産と親の扶養を引き継ぐことになる（現在の民法900条では財産分与は配偶者が2分の1，その子どもが2分の1を相続できる）。しかし近年，性的分業の核家族では，妻の表出的役割に対する夫の協力は不可欠となってきており，家事・育児は男女共同でおこなう家族像が社会モデルとなりつつある。

　近年の社会意識をみると，内閣府の「男女共同参画社会に関する世論調査」[4]では，「男は仕事，女は家庭」という性別役割分業意識は2002年以降そう大きな変化はない（図5-1）。2012年は51.6％が賛成しており，1979年の72.6％よりは低いものの，この10年で最も高い割合を示している。性別役割分業意識の根強さが印象的である。2012年の男女を比較すると男性は55.1％，女性は48.4％が賛成しており，意識の隔たりは大きくない。

　では，今の家族はどのように仕事と家事時間の割り振りをしているのだろうか。2011年の社会生活基本調査[5]によると，就学前の子どもの父親の仕事等時間は8時間52分，家事関連時間（家事，介護・看護，育児，買い物）は66分（育児

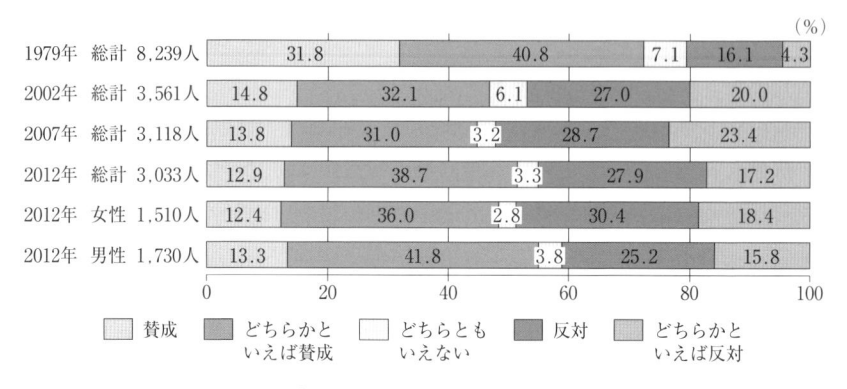

							(％)
1979年 総計 8,239人	31.8	40.8	7.1	16.1	4.3
2002年 総計 3,561人	14.8	32.1	6.1	27.0	20.0
2007年 総計 3,118人	13.8	31.0	3.2	28.7	23.4
2012年 総計 3,033人	12.9	38.7	3.3	27.9	17.2
2012年 女性 1,510人	12.4	36.0	2.8	30.4	18.4
2012年 男性 1,730人	13.3	41.8	3.8	25.2	15.8

凡例：賛成／どちらかといえば賛成／どちらともいえない／反対／どちらかといえば反対

図5-1　「夫は外、妻は家庭」の性別分業意識

注）「夫は外で働き、妻は家庭を守るべきである」といった考え方について質問している。
出所）内閣府『男女共同参画社会に関する世論調査』2013年，http://www8.cao.go.jp/survey/index.html

37分），母親は仕事等1時間54分，家事関連時間7時間31分（家事3時間32分，育児3時間15分）となっている。

　さらに家事時間に絞って，ここ25年間程の変化をみると，「共働き世帯」の夫の家事関連時間は1986年の15分から2013年の39分まで少しずつ増えてきている。妻でも1986年4時間30分から2011年の4時間53分まで漸増してきている。

　「夫が有業で妻が無業の世帯」も夫は微増傾向であり，1986年の17分から2011年は46分に増えている。2011年の「共働き世帯」と「夫が有業で妻が無業の世帯」の夫を比較すると，後者の方が若干，家事関連時間が多い。「共働き世帯」の夫が，より積極的に家事に取り組んでいるわけではない。

　「夫が有業で妻が無業の世帯」の妻の家事関連時間は，1986年（7時間41分）から2011年（7時間43分）までほとんど変化がない。一方，家事時間は5時間22分から4時間43分へと減少しており，育児時間は1時間26分から2時間1分へと右肩上がりに増えている。無業の妻は家事時間を減らし，育児に振り向けていることが見て取れる。夫の育児参加が増えているわけではないようである。

　「末子の年齢が1～2歳を持つ世帯」の夫は，共働き世帯で46分，夫のみ有

業の世帯で42分間の育児をしている。末子が3～5歳までは24~25分間の育児をしており，幼児期には夫の育児参加がある程度みられる。

「子どものいない世帯」では，夫の家事関連時間は50分で，子ども有りの世帯平均の45分とほとんど変わらない。妻の家事関連時間は4時間11分で「子育て期の世帯」の妻の半分近い時間数であり，残りの時間は3次活動[6]に振り向けていることがわかる。

国際的にみて，日本の父親の育児時間はどのように評価されるのであろうか。松田茂樹によると，90年代のデータであるが，「5歳未満の子どもをもつ先進国の育児時間の平均は53分である。カナダは1.5時間，スウェーデンは1.2時間など長い国がある一方で，アメリカ33分，デンマーク，オーストリアは28分，イタリア36分など短い国もある」という[7]。

日本では，全体として，男女の家事，育児時間の平等化が進んでいるとは言い難い状況にある。では，平等な方向へと変化している男性とはどのような人なのであろうか。

正社員として就労している調査対象の男性の育児参加は，妻の育児遂行が多いほど，末子年齢が小さいほど，子ども数が少ないほど多いが，通勤労働時間が長いほど少なくなることが明らかになっている[8)9]。男性の性別役割分業意識や妻の正社員での就労は，育児参加の促進要因にはなっていないことがわかる。

家事参加については，妻の家事遂行が多いほど夫の参加が少なくなる。また相対的資源差としての収入差，年齢差，学歴差も夫の家事参加の有意な規定要因にはならない。そして男性の平等的な性別役割分業意識は，妻の就労に賛成することにとどまり，妻の正社員としての就労によっても男性の育児や家事は促進されない。…結果として妻は，就労と家庭の二重負担をしていることが示唆された[10]。

社会生活基本調査[11]をみると，男性正規の職員・従業員の仕事からの平均帰宅時間は午後8時5分となっており，時間的なゆとりのなさが輪をかけるの

であろう。共働きであっても男性の家事参加はほとんど期待できないのが現実であるようだ。フランスのように7時頃までに帰宅する男性が半数を越える[12]ような状況の到来が待たれる。

　しかし，次に紹介する白波瀬佐和子の論文[13]は，男女平等化の方向へ働く要因をひとつ見出している。女性が高収入を伴うような比較的地位の高い職業に就くことは，家庭内の役割分業体制にも影響が及び，夫の家事参加が促進されることが明らかとなっている。女性が男性以上に稼ぐことによって，初めて夫の家事参加が期待されるわけである。男性の意識を改革することよりも女性自身が男性より多く稼ぐことが大切だという結論である。

　アメリカと日本の家族の権威構造を比較した増田光吉の研究[14]によれば，アメリカの家族の権威構造の型は「自律型」(40％)と「一致型」(31％)が多くみられ，「夫優位型」は25％であった。日本の家族は「自律型」が70％を占めており，「一致型」は16％と少ない。同じ性的分業の家族でも日本の夫は家庭内に介入しない「自律型」を選択するのに対して，アメリカの夫は「一致型」や「夫優位型」が多くみられる。その背景として，アメリカでは夫が経営権，妻が管理権をもつ習慣があることがあげられる。家族関係においては夫婦関係が他の家族関係よりも優位となっているために「一致型」が多くなっている。一方，日本では，夫婦関係よりも親子関係が優位を占めるため，性的分業を基盤とする「自律型」が多くなると考えられる。

　高齢者の家族関係をみると，性的分業の家族における役割分担が逆転することがある。企業戦士とよばれた夫は定年退職し，家庭にいる機会が多くなる。バージェス (Burgess, E. W.) が「Roleless Role」として定義した男性高齢者は役割喪失を経験し，妻は「パートタイム」としての労働に参加することになる。結果として，高齢者家族の性的分業では「役割の逆転現象」が生まれる。とくに，自分の生き方を企業中心に考える「企業戦士」として生きてきたサラリーマン男性は，退職後，家庭や地域社会で新たな役割や人間関係を構築していかなければならない。しかし，現役時代には地域社会とほとんど無関係に生きて

きた人にとって，新たな役割を獲得するのは困難な場合も多い。その結果，地域社会の中で孤立化していく人も少なくない。一方，妻はこれまで分担してきた表出的役割を通して近隣との人間関係を維持している。男性は退職後，「濡れ落ち葉」と揶揄されることになる。社会生活基本調査[15]で65歳以上の週全体の生活時間をみると，男性の「仕事等」は1986年の２時間41分から１時間55分に減少，女性は１時間７分から48分になり少し減り，男性との差が縮小している。男性の「家事関連」は1986年の35分から１時間８分に倍増，女性は３時間２分から３時間37分に増えている。高齢男性の家事参加は着実に増えている。

第２節　事実婚とパートナーシップ

1．事実婚の歩み

　カップルの分類は，婚姻届を出して正式に結婚と認められている「法律婚」と非法律婚カップルに分類することができる。非法律婚カップルには，第１に婚姻届は出していないが当事者に結婚しているという意識がある「事実婚」，第２の非婚カップルは，同居し生活の共同性はあるが，当事者に結婚しているという意識がない「非婚協棲」と，特定の人と継続的な性関係はあるが，同居せず結婚している意識もない「コミュータ」に分類される。

　事実婚を選択するカップルの第１の特徴は，戸籍法の問題点等に疑問を抱き，子どもを育てている事実上の法律婚家族と同様な結婚生活を持ち，男女に期待されている夫，妻，親としての押し付けられた役割を否定的に考えているということである。同居し，生活の共同性はあるが，当事者に結婚しているという意識がない「非婚協棲」とは異なっている。第２の特徴は，非婚カップルのうち「コミュータ」の概念が，日本の奈良時代に出現したといわれている「妻問い婚」と類似しているということである。妻問い婚は男女が同居せず，男が女のもとに通い，子どもは親の姓を名乗り，離婚は自然解消法で，財産などは女

性も継承できた時代といわれている。この関係は特定の人と継続的性関係をもち，相手も婚姻関係を継続している場合もある。

　二宮周平の研究で明治時代までさかのぼろう[16]。わが国は，1898（明治31）年，民法親族編の制定にあたり，婚姻の提出制により婚姻が成立する「届出婚主義」を採用した。明治時代は挙式を挙げ，同居し，しばらくしてから届け出る当時の社会慣行としての「足入れ婚」が多くみられた。当時の婚姻形態は地域の仲介人が世話をする仲人制度（仲介制度は実質的仲介者としての仲人と結婚式に立ち会う形式仲人）が採用されていた。そのため，夫婦仲が挙式後，順調にいくか，暮らしてみなければわからなかった。この時代，届出を出す前に別れることを「不縁」とよび，届出をした後，別れることを「離縁」とよんだ。明治時代の事実婚について国勢調査などから推計した戸田貞三の研究[17]によれば，1920年代にみる有配偶者総数に対して多くの内縁の夫婦（内縁率）は男性が約17％，女性が約16％となっていた。

　二宮の研究[18]に戻ろう。当時の民法によれば，一家の長である戸主や跡継ぎである法定推定家督相続人は相手の家に入る手続きが難しいこと，さらに男30歳，女25歳まで婚姻については父母の同意が必要とされ，戸主の同意も求められていた。1923（大正12）年，中島玉吉は京都市西陣地区の172組の内縁夫婦のうち戸主承諾せざるものが22組あったことを報告している。正式の婚姻をしたくても法的に承認されないケースがみられた。この内縁関係を複雑にしたのが，工場・鉱山・土木建設などの下層労働者層であった。この理由は，下層労働者の場合，法的知識の欠乏と婚姻の届出制度に対して関心が薄いことであった。工場法改正に際して労働行政統一の目的で設置された社会局が1925年に実施した調査によれば，内縁率は調査対象工場労働者の男性20.2％（2万432人），女性は30.3％（1万9,213人）であった。調査対象鉱山労働者の場合，男性が29.6％（3万7,140人），女性は40.2％（1万9,213人）であった。これは当時の国民一般の内縁率推計よりも高い数値を示していた。

　近年，女性の経済的・自立意識が高まり，事実婚の増加は明確に女性の経済

的自立と伝統的性的分業制度に対する女性の反乱と関連している。女性が婚姻により自分の姓を捨て，夫の姓を名乗る選択制度が事実婚の増加要因となっている。この姓の選択制は，男性が女性の姓を名乗ってもかまわないが，96.3%は伝統的に男性の姓を選択しているのが実情である[19]。しかし，最近ではこうした伝統的文化に抵抗を示し，生まれたときの姓を通す傾向が事実婚と結びついている。結婚後，これまでの自分が否定され，姓が変わり，出勤簿，公式文書，印鑑が変わることになる。この問題に関して配偶者であるパートナーは無関心である。こうした女性の苛立ちが事実婚の増加となっている。

2．スウェーデン・フランスの事実婚

スウェーデンの事実婚についてみよう。スウェーデンは1969年以降，家族法の改正に指針として特定の結合を優先させないという中立性の原則をうち立てた。その原則は，「男女の共同生活形態や道徳観に対して中立でなければならない。婚姻が家族法の核であったとしても子どもを持ち，家庭を築いている事実婚当事者に無用の不利益があってはならない」[20]と規定され，改定審議会において，「婚姻法は法律婚のみに適用されるが，事実婚を保護すべき特別の法領域において形式よりも家庭生活を築いている事実に基づき法律婚と同じ扱いを受けるべきである」[21]と結論づけている。その結果，事実婚の子どもは遺族年金の受給を受けることができるようになった（表5-1）。とくに，事実婚の解消によって経済的不利益を受ける弱者救済のために1987年には特別立法「民事婚カップルの財産関係に関する法律（サムボ法）」が制定された。この法律は事実婚カップルだけではなく，同性愛カップルにも適応される[22]。2004年にサムボの定義をより明確化すべく，「性的関係を持つ非法律婚カップル」という定義が加えられた新サムボ法が施行された。さらに1988年には，ホモセキシュアル・カップルに適用される「ホモセクシュアル・サンボ法」が，サムボ法に準じる内容で施行されている[23]。なお，スウェーデンの婚外子割合は1970年18.6%，1994年51.6%，2011年54.2%となっている[24]。

表5-1 フランスのPACS・同棲・結婚の主な差異

	サムボ	結婚
関係の成立	サムボ法でも「婚姻法」と同様，共同生活を営むカップルは家事・育児を分担し，家計の支出を負担し合うべきことが定められている。	挙式執行の権限を与えられている者（教会等宗教団体，行政府役人）が執行する挙式を通じてのみ有効
財産制・相続	財産分割の対象は共同住宅と家財のみ。相続できるのは，死亡時に共同住宅・家財の他は政府が取り決めた一律金額以下のみ（ただし死亡前に個人財産を共有財産とする法的手続きをとっていれば，法律婚夫婦と同等の権利）	後得財産に限定された共有財産制
子ども	父親を確定する手続き（カップルが役所の書類を提出）を必要とする。子どもの相続権については，婚外子は婚内子で同等。	生まれた子どもは自動的に夫婦の子として認定。
離別・離婚	一方が婚姻，死亡。 当事者が離別。	地方裁判所に離婚判決を請求
子どもの親権	共同親権の手続きをしない限り，子どもの養育権は母親が自動的に単独で獲得。通常，共同親権の手続きがなされている。	共同養育権

出所）内閣府「少子化社会に関する国際意識調査第1部調査の概要」2011年，内閣府経済社会総合研究所編『スウェーデン家庭生活調査』国立印刷局，2004年から作成

　フランスの場合，婚外子割合は1970年6.9%（日本0.9%），1995年37.6%（日本1.2%），2007年50.5%，2010年55.0%（日本2.1%）と着実に増えている[25]。このような増加の背景には，①70年代から親の婚姻の有無に関係なく，子どもに同じ権利が与えられるようになったこと，②1999年の民事連帯協約に関する1999年11月の法律第944号（以下，PACS法と呼ぶ）の制定がある。

　PACSとは「異性または同性の成年に達した2人の自然人による，共同生活を送る旨の契約」（民法典第515-1条）のことをいい，「結婚より規則が緩く，同棲よりも法的権利などを保障する制度」である[26]。小審裁判所で登録すると，

表5-2　フランスのPACS・同棲・結婚の主な差異

	PACS	同棲	結婚
関係の成立	小審裁判所で，共同申述し，両者の合意を記した証書を書記官に示す。パックス用登録簿に記載し，公示する。	2名間の結合，安定性・継続性，共同生活，カップルとしての生活があること。	出生証明書，医師の証明書提出，10日間公示。その後，市町村役場で数人の立会いのもとで，身分吏による「挙式」をおこない，共同申述をする。
財産制	共同	なし	後得財産限定の共有財産制
子の呼称	自然子（＝非嫡出子）	自然子（＝非嫡出子）	嫡出子
子どもの誕生	父親による認知手続き必要		自動的に認知される
社会保障：受給権	あり（限定）。疾病保険，出産保険の現物給付の権利。生存当事者に死亡一時金支給可能性あり	あり（限定）。死亡一時金支給，労働事故の年金給付の可能性。	あり
労働：家族事情の休暇	あり	あり	あり
課税	2005年から無条件で共同課税		共同課税
債務	日常生活の債務は連帯	連帯なし	連帯債務
解消	小審裁判所に共同申出した書面を提出あるいは送付	自由	夫婦の合意でするとき，大審裁判所に離婚請求し認められる必要あり。その確定判決主文が婚姻証書，出生証書欄外に記載される。

出所）大島梨沙「フランスにおける非婚カップルの法的保護(1)：パックスとコンキュビナージュの研究」北大法学論集，2007，57(6)：370［117］-314［173］と，内閣府「少子化社会に関する国際意識調査第1部調査の概要」2011年から作成

表5-2にあるように結婚に準ずる法的保護を受けることができる。また，自由にいつでも解消できる。なお，この法律では婚姻と重複してコンキュビナー

ジュが成立する可能性（不貞関係のコンキュビナージュ，日本でいう重婚的内縁）が，認められている[27]。

3．新しいパートナー関係の模索

これまで法律婚からみた夫婦の役割の分担について，「手段的役割」と「表出的役割」の観点からパートナーの関係を考察してきた。

国内外を問わず，非法律婚による事実婚の増加の要因は，工業化の発展と女性の社会進出による手段的役割の獲得と密接に関連している。スウェーデンやフランスでは男女平等を基盤とした「表出的役割」の分担，魅力的な新しい男女間の夫婦モデル像が求められている。我が国では，女性たちが従来の性的役割分担や責任制について，「嫁」の立場でなく「パートナー」としての平等性を強く求め始めている。

婚姻届を出さないで共同生活を選択している男女のカップルを調査対象とした業績[28]の調査から，事実婚の家族を分析すると，以下の特徴がみられる。

① 女性主導型であること
② 女性が経済的自立性をもっていること
③ 性的分業役割に対して抵抗感をもっていること
④ 氏の選択制を含む戸籍制度に反対の意見をもっていること
⑤ 配偶者間に相互の生き方を尊重する考えがあること

事実婚的家族を選択する動機をみると，上記にあげた項目のなかで④「氏の選択制を含む戸籍制度に反対」に女性の9割近くが賛成しており，男性でも6割以上にのぼっている[29]。戸籍制度や夫婦別姓の問題は伝統的な家族制度としての家制度が背景にある。そうしたなかで事実婚が拡大したひとつの要因として工業化の発達と女性の雇用拡大があげられる。女性の雇用の拡大が経済的自立を促進し，結婚が女性の就職場所ではなく，パートナーとしての夫婦関係を求めることは当然の成り行きといえる。経済的に自立した女性が結婚する時，伝統的な嫁入婚のあり方に疑問をもってくる。たとえば，なぜ，夫のお墓に入

るのか。妻は夫に従う必要があるのか。手段的役割を分担する妻がなぜ，表出的役割をすべて分担するのか。夫や妻という役割意識から解放され，結婚制度に守られない緊張感が配偶者相互の生き方を尊重できる利点が考えられる。すなわち，性的分業への抵抗感が背景にある。善積の調査[30]によれば，法律婚夫婦と事実婚夫婦の家事分担を比較した調査結果をみると，事実婚夫婦の妻は31.4％，法律婚夫婦の85.5％は主として妻が家事を分担していた。明らかに，性的分業に反対する生き方を事実婚の妻が支持していることを示唆している。

　子どもの世話についても同様な傾向がみられた。家計組織をみると，非法律婚夫婦の場合，共同の財布に拠出した残りの収入をそれぞれ自分の元におく拠出型が多い。手段的役割の観点からみても，法律婚夫婦は「男性収入型」が多く，非法律婚夫婦には少ないという特徴が明らかとなっている。事実婚の女性は常勤で収入も高いが，法律婚の女性はパート就労者が多いのが特徴である。

　それでは，事実婚のカップルはどのような家族像を描いているのであろうか。女性の「自己犠牲」の上に成り立つ家族ではなく，基本的に共同生活をしている男女が自己実現でき，安らぎを得られる家族像である。パーソンズが描いた工業化社会で理想とされる「パーソナリティー安定機能」と「子どもの社会化機能」とは一致する。善積京子の調査[31]によれば，蓄財力のある事実婚の妻は夫婦関係の維持のために「情緒関係」を重視する。たとえば，夫の定位家族の親との葛藤や職場の人間関係等において相談しても必ず味方になる。信頼できる仲間意識が生まれる。現実にはすべての事実婚のカップルが理想を実現しているわけではないが，「多くの事実婚カップルでは，二人の共有部分を作るなど，情緒的な関係を豊かにするための努力がされている[32]。」

　この事実婚を社会的規範の観点からみると，一般的には逸脱視されている。法律的にみれば，遺産相続上，事実婚のパートナーには遺産の相続権はない。1996年の法制審議会が答申した民法の改正案にも未だ実現されていないのが実情である。戸籍上の公的書類においても，嫡出子と非嫡出子の続柄の記載において，法律婚夫婦の場合は「長男・長女」だが，非嫡出子の場合「男・女」と

記載されていたが，東京地裁の2004年3月2日判決がプライバシー権を害しているとの判断を示し，11月1日より改正された。それ以降に非嫡出子出生の届出がされた場合，嫡出子と同様の「長男」「長女」といった記載がなされることとなった。住民票に関しては，1995年3月1日から，子の続柄は実子・養子・嫡出子・非嫡出子すべて「子」に統一されている。税金上の対策においても社会保障の観点からいえば，事実婚の場合，扶養手当，健康保険，労働災害の遺族補償は認められているが，所得税，住民税の所得控除は認められていない。

ライフスタイルとしての事実婚は，日本女性にとって誰もが気軽に選択できる有利な婚姻制度とはいえない。専門職を身につけ，経済的に自立した女性でないと選択は難しいといえる。スウェーデンやフランスのように，事実婚が法律的に認められており，女性にとって経済的にも不利な状況にならないような制度の整備が求められる。善積[33]によれば，アメリカやオランダの同棲者を対象とした調査によれば，結婚に反対する人の割合はわずかであり，多くの同棲者は結婚を求めていたのである。アメリカにおいて初期の段階，婚前の同棲の普及（日本的にいうところの足入れ婚）は離婚の増加抑制に機能するのではないかという期待がもたれたのである。一緒に暮らすことによりうまくいかない関係は終わり，良好な関係のカップルのみが結婚に至るからである。そうした意味で，全米の家族世帯調査（1987-88）においても80％以上が同棲を試験婚として重要視していた。こうした傾向は，日本の若者にも普及しつつある。

【注】
1）善積京子編『結婚とパートナー関係―問い直される夫婦』ミネルヴァ書房，2000年，pp.3-4
2）塩原勉ほか『社会学の基礎知識』有斐閣，1969年，p.144
3）シュー，F. L. K.（作田啓一・浜田恵俊訳）『比較文明社会論』培風館，1931年11月，pp.267-268
4）内閣府男女共同参画局『平成25年度版 男女共同参画白書』2013年，p.24,
5）総務省「平成23年社会生活基本調査」総務省統計局ホームページ
6）1次活動＝睡眠，食事など生理的に必要な活動，2次活動＝仕事，家事など社

会生活を営む上で義務的な性格の強い活動，3次活動＝1次活動，2次活動以外で各人が自由に使える時間における活動
7) 松田茂樹『少子化論―なぜまだ結婚・出産しやすい国にならないのか』勁草書房，2013年，p.95
8) 中川まり「共働き男性における性別役割分業意識と妻の正社員就労が育児・家事参加に与える関連性」PROCEEDINGS 16，2011年7月，p.29-30。
9) この研究は東京大学社会科学研究所付属社会調査・データアーカイブからの2次データの提供を受けての分析であり，「日本全国を対象にして調査され，対象者ならびに家族の特徴などから，日本における共働きであり子育て期の父親の平均的な姿を現していることが推測される。
10) 中川まり　PROCEEDINGS 16，2011年7月，pp.29～30
11) 総務省，前掲書
12) 内閣府経済社会総合研究所「フランス・ドイツの家族生活―子育てと仕事の両立」国立印刷局，2006年，p.8
13) 白波瀬佐和子「家庭内性別役割分業と社会的支援への期待に関する一考察」季刊・社会保障研究 vol.36，No.2，2000年，pp.256-268
14) 増田光吉「現代都市における夫婦及び姑の勢力構造」『甲南大学文学会論集27』1965年，p.53
15) 総務省，前掲書
16) 二宮周平『事実婚を考える―もう一つの選択』日本評論社，1991年，pp.27-28
17) 戸田貞三『家族と婚姻』中文館書店，1934年，p.54（『戸田貞三著作集』第3巻，大空社，1993年）
18) 二宮周平，前掲書，pp.29-30
19) 厚生労働省「平成18年度人口動態特殊統計」厚生労働省ホームページ
20) 坂本優子「スウェーデンの事実婚」太田武男・溜池良夫編『事実婚の比較法的研究』有斐閣，1986年，p.407
21) 同上書，p.407
22) 同上書，pp.410-411
23) 内閣府経済社会総合研究所編『スウェーデン家庭生活調査』国立印刷局，2004年
24) U. N. POPULATION DIVISION, "World Fertility Report2013", 国連ホームページ
25) U. N. POPULATION DIVISION, "World Fertility Report2013", 同上
26) 大島梨沙「フランスにおける非婚カップルの法的保護(1)：パックスとコンキュビナージュの研究」北大法学論集，2007，57(6)：370[117]-314[173]
27) 大島梨沙，同上書，p.150

28）善積京子編『結婚とパートナー関係―問い直される夫婦』ミネルヴァ書房，2000年，pp.84-86，p.102
29）同上書，p.84
30）同上書，p.90
31）同上書，p.92
32）同上書，p.94
33）同上書，p.99

【参考文献】
パーソンズ，T.，ベールズ，R.F.（橋爪貞雄他訳）『核家族と子どもの社会化（上）（下）』黎明書房，1971年
小山騰『国際結婚第一号』講談社，1995年
森岡清美・望月崇『新しい家族社会学』培風館，2007年
斉藤弘子・根元厚美『国際結婚100家族』明石書店，1998年
斉藤隆夫編著『農村と国際結婚』日本評論社，1989年
竹下修子『国際結婚の社会学』学文社，2000年
増子勝義『新世紀の家族さがし』学文社，2007年
ブレーガー，R.＆ヒル，R.（吉田正紀監訳）『異文化結婚―境界を越える試み』新泉社，2005年

第6章

出産・育児とパートナーシップ

第1節　出産をめぐる家族関係

　ベルスキーとケリーの『子供をもつと夫婦に何が起こるか』では，六組の夫婦の継続的な調査をもとに，夫婦の新婚期から子どもの養育期への移行期におこる重大な変化は，「子どもの誕生から1歳の誕生日までに起こる」としている。子産み，子育ての前段階としての妻の妊娠期と出産までの時期は，夫婦関係というパートナーシップを形成する重要な時期であるといえる[1]。

1．出産と立ち会い

　一組の男女から子どもが産まれるということは，その男女の法的な婚姻とは無関係に，父親と母親になるということである。生まれてくる子どもにとっては，両親の婚姻関係と自分の出生とは関係ない出来事ではあるが，親たちに望まれて生まれてくるのと望まれない場合とでは，その子の人生は大きく異なるものがあろう。多くの親たちは，子どもの出生を待ち望み，どのように子どもを受け入れようか，いろいろと準備や心構えをする。出産場所は，近代医療の発展とともに戦後大きく変化し，1948年では自宅が96.9％であったが，1960年には，自宅と病院などの施設がほぼ半数を占めるようになった。1970年代以降は，病院などの施設での出産が大半を占めるようになって日常生活とは切り離されるようになった。その背景には，性別役割分業観のもとで，夫は出産を経

済的に支える存在であり,出産の場への参加は,とくにタブー視されるような風潮があった。その一方で,1970年代後半からラマーズ法や自然分娩による男女共同による出産の動きもあり,その後に夫による立ち会い出産が一定の比率を占めるようになったとの報告もある[2]。

俳優の松山ケンイチと妻の小雪夫婦では,2012年の男子,2013年女子が誕生し,いずれも妻の出産に立ち会っている。著名なスポーツ選手では,アメリカ・メジャーリーガー・の当時はブリューワーズ所属の青木宣親（現在はロイヤルズ所属）と妻 佐知夫婦では,2013年6月20日,父親制度に登録して産休制度を利用して出産に立ち会ったとが報道されている[3]。

クーバード症候群（Couvade Syndrome）といわれる「夫のつわり」は,文化人類学や民族学の分野では世界の各地で報告されている。出産はひとにとっては生理現象であっても,家族の日常生活でとくに妻に過大な負担を強いる。夫にはこのような妻への一体化の現れとして,「共感妊娠」ともよばれるような症候がみられるという。生物学的父親と社会学的父親を認知させる仕組みとして,かつて日本でも,妻の出産を少しでも楽にし,生まれてくる子を周囲の社会に組み込ませるために,夫＝父親が出産に参加していたとも考えられる。社会の変化とともに,家族の性別分業固定化や,前述したような出産する場の施設化のように家族機能の社会への委譲によって,出産は個人や家族から離されていった。他方で,医療の近代化過程のなかで,出産を家族の手に取り戻そうという流れが最近みられるようになっている。

女性は,妊娠初期につわりなど母体の変化に気づき,妊娠の告知,母子手帳の取得,医師に受診するなどの過程を経験することにより,徐々に母親となる実感が芽生え,母性が形成されてゆくものとされている。それに対して男性が父親になると実感するのは,配偶者の変化を通して感じることがほとんどであり,妻との共感関係が強い場合には先に述べた「夫のつわり」がみられるといわれるが,むしろつぎに述べる出生にかかわる教育による部分が大きいと考えられる。子どもが生まれてくるまでの親の出産前教育は,保健所の「母親学

級」・「両親学級」や病院や地域での「親になるための学級」に参加して,具体的に親になる準備をする過程である。性別役割分業観の強い時期には,子産み・子育ての担い手である母親対象の「母親学級」であった。その後,両親による子育てが標榜されるようになると次第に「両親学級」と名称も変更された(以下,一般的な出生前教育を「両親学級」と総称しておく)。「両親学級」では,出産前の親になるための教育内容は,講義と実習とに大別される。かつては助産師による講義で母親を対象であったが,最近では両親揃っての実習型の教育内容に変化している。多くは30人程度の少人数の教室であり,参加型の場合に多い実習内容は,新生児をお風呂へ入れる練習(沐浴訓練),妊婦体験,おむつ交換の実習などが,ペアで実施される。また,最近ではファシリテーターがピアな関係でかかわる形態もみられるようになった。ただ,これらの「両親学級」では,父親が参加しない(というより,時間的に参加できない平日,昼間に学級開催時間が設定されている)場合も多く,父親の育児休業取得が奨励されていても「両親学級」にまで参加する父親はそれほど増加していない。

　ところで,分娩に立ち会う父親には,一定の出生前教育がなされることが条件であった病院が多かった。宗田哲男は,「『産婦』を患者として,分娩を医療行為,医療処置としてみないで,カップル(原文は夫婦)を中心として人間誕生のお手伝いをしているとの考えで,父親に分娩室まで入ってもらう」としている。ここで強調されるのは,両親のパートナーとしての絆の重要性である。高橋真理は,「夫立ち会い出産の心理的効果」のなかで,出産後にパートナーとのコミュニケーションがよくとれ,親密性,自尊感情(役割意識,自己確信)が高い傾向にあると述べている。また,カップル(原文は夫婦)が相互に向かい合い,相補的な関係になるとしている[4]。

2．出産をめぐる家族関係

　夫婦の「新婚期」から「育児期」への移行期は,親役割の取得期ととらえることができる。この過程においては,カップルの職業生活と家庭生活をどのよ

うに両立させてゆくのかが大きな課題となる。近代家族では子どもの誕生によってカップルの性別役割分業が進行し，妻は家事と育児，夫は職業に専念するという分業がなされてきた。このように就業継続と子育てが二者択一的な状況であったが，今日では妻も自分自身の望む生き方をしようとして，カップルで仕事を継続的に分配することが多くなってきている。「働き方をめぐるさまざまな課題」を解決する方策として「ワーク・ライフ・バランスの実現を目指した働き方の改革」がある。厚生労働省の「雇用均等基本調査」（平成24年度）によると，在職中出産した者のうち，配偶者が出産した者の育児休業取得者の割合は，女性83.6％，男性1.89％と極端に女性に偏っている。この理由として，家事・育児の役割が妻に偏り，夫は労働時間が長く育児参加時間が短いことがあげられている[5]。

　このような社会的状況は日本の少子化の背景にあり，労働力人口の減少に拍車をかけているため，女性労働力の参加を促進しようという試みでもある。少子化政策の一環として「ワーク・ライフ・バランス」が最近脚光を浴びるようになってきた。この考え方は，1980年代後半からアメリカやイギリスで生まれた育児と仕事の両立支援としてスタートし，子をもつ親だけでなく，だれもが働きやすいシステムとして発展してきた。2000年にイギリスでは企業に経済支援を行う施策として，オランダでは労働時間調整法の制定で労働時間の増減する権利を労働者に認めるなど，働き方の自由度を拡大させてきた。

第2節　しつけと家族関係

1．子どもを育てるということ—夫婦から両親へ：親役割の取得

　ひとは家族のなかで生まれ，育ってゆく。生まれた家族とも生み込まれた家族ともいい，これを定位家族（family of orientation）という。この家族は，子どもにとって運命的な家族である。子どもは親を選べない。大人になるとひと

は，結婚をするかしないかという選択をし，子どもを産むか産まないかという選択をして，夫や妻となり，父親や母親となる。この選択により親となる家族を生殖家族（family of procreation）といい，産む家族とも産み育てる家族ともいう。多くのひとたちがこのように結婚して親となり子どもを育ててきた。

　しかし，近年のひとのライフスタイルは多様化し，結婚しない選択，子どもをもたない選択，結婚しないで子どもをもつ選択もあり得るようになってきた。また，結婚して子どもをもっている夫婦でもライフコースの順序が妊娠先行で，その後入籍し結婚にいたる「授かり婚」がそれほど珍しいものでなくなっている。芸能人などの著名人のライフコース選択が一般の人にも大きな影響を与えている。恋人や夫婦という男女の結びつきにより，次世代を継承する子どもが誕生してゆくことは，社会の継承のためにも望まれる方向であり，少子対策が叫ばれる根底にある社会の存続・維持という流れにも沿っているといえる。とはいえ，日本において子どもは，結婚している夫婦から生まれてくるのが当然視されている。婚外子を法律上の夫婦の子（嫡出子）と相続上差別をしない改正民法が成立したのは，平成25年12月であり明治民法制定以来115年ぶりであった。しかし，婚外子は例外的に扱われてきており，スウェーデンのように，婚外子が多数派で子どもが生まれてから両親が結婚するライフスタイルとはなっていない。

　カップルとしての夫婦が親になる時，夫婦という家族の2人関係から子どもが生まれることによって3人関係となる。このことは，夫─妻という一対の関係であった夫婦関係が，この関係にプラスして，父親─子ども，母親─子ども，という3者の関係へ3倍に増加することにもなる。人数や関係性だけでなく，役割の点でも，夫─妻役割から父親─母親という役割の変化は夫婦関係に大きな変化をもたらす。さらに，父親─子，母親─子という親─子の関係は，家族を維持・存続させる次世代を育成する役割を担うばかりか，次世代の形成という社会存続の役割をも担うことにもなる。

　子どもが，生み込まれた社会で社会的・文化的価値体系を習得してゆくこと

を社会化という。子どもとして親家族のなかで生育してきたひとは，社会化の担い手としての両親や祖父母などの家族により第1次的な社会化の過程をたどる。さらに，近隣の人びと・友人・先生などの第2次的な社会化の担い手により，大人になってゆく過程で多くの手を経て社会化される。社会全体での大人としての役割取得が第2次的な社会化の担い手に任されるのに対して，子どもとして基本的な社会化は定位家族のなかで両親である父親・母親という近親者に委ねられている。また，いろいろな事情でシングルペアレントといわれる単親が社会化を担う場合，基本的な社会化は両親の役割を代行する親しい他者に期待されていることも多い。妊娠から出産までの間に夫が妻をサポートすることの重要性が認識されて，出産前の保健指導が母親学級から両親学級へ移行し，新しい命を迎える準備段階としてとらえられるようになってきた。子どもを出産することが妻だけの出来事でなく，家族のなかで，夫婦そろって新しい家族メンバーを迎えるステップとして考えられている。出産に立ち会う夫の増加は，夫にとって「父親としての実感が深まる」ばかりでなくパートナーとしての「妻を安心させる」行為でもある。さらに生まれてきた子どもの子育てについて，どのようにかかわってゆくのかが家族の方向を定める大きな課題となる。

　厚生労働省研究班の2005年の「産後1ヵ月の母親」に対する調査では，「夫が立ち会った人」が52.6％で，1999年の前回調査の36.9％と比べると大きな伸びがみられた。立ち会い可能な施設の増加が，この傾向を後押ししているようにみられる。出産後の夫のサポートに関しては，「育児や家事を主に手伝った夫」は，18.0％と前回の35.4％から半減しており，実家の母親が手伝っている[6]。

　北海道と愛知県とで「里帰り出産の研究調査」の比較調査を実施した森田せつ子の調査結果[7]では，里帰り出産は愛知県で90.6％，北海道では72.4％であった。出産後，実家から自分の家へ帰り日常生活に戻るまで，北海道で1ヵ月，愛知県では1ヵ月を超す日数を要している。里帰りをする理由は，「人手や精神的安心感があること」や「人手があり休養がとれること」があげられて

おり，地域での差はみられない。この研究で得られた知見は，妊娠・出産・子育てという親への移行過程において子を養育することが，子育てする親にとっても，またその両親（子からみた祖父母）においても社会化の一過程とみることができる。「育児」は親にとっては「育自」といわれるゆえんであろう。この移行の過程において母親は，娘の親への移行を手助けするための社会化の担い手となっている。このように，里帰り出産が親への移行過程においては情緒的な安定性をもたらすことが明らかにされている。逆に，里帰り出産をしない夫婦にとっては，出産後におけるさまざまな現実的問題解決を迫られる時期に夫婦として直面することによって，夫婦の絆をさらに高めることにつながっている。

2．親として子をどのように方向づけてゆくか

社会化過程のなかで親として子を方向づけてゆく場合，親と子の関係性に着目すると4つのパターンが考えられる。第1は，親が子に対して意図せずに方向づけ，子ども自身も意識しないで方向づけられる場合で，燻化という。燻化とは，燻製を作る時，肉や魚を木のチップ（きれはし）で長時間いぶすことによって木の煙の香りが染みこみ，保存性のある食品を作ることを意味する。深く染みこんだ香りは，食品の風味をよくするばかりでなく腐食を防ぐ。この意味から燻化は，子どもにとっては，親の方向づけが自然に身体のなかに染みこんで，思考や行動の様式は自分から自然に考え，動くことができるようになることである。第2は，親が子に対して意識的に方向づけるが，子どもは，意識しないで方向づけられる場合で，感化という。親の方向づけが意図的であることに子どもは気づいていないが，日常的に親の思考や行動様式にさらされるうちに親の意図的な方向づけを子どもが受け取ることを意味している。第3の模倣は，親の思考や行動様式を「まねること」，「にせること」をいう。親が意図しない場合でも，子どもは親を見ていて親をモデルとして思考や行動を取り込んでゆき，日常的な行動が次第に自然と子どもの身についてゆくのである。第

4のしつけは，躾と表記される。着物を仕立ててゆく際に縫い目を正しく整えて仮に縫うことの意味であり，稲作で田に苗を植えてゆく時に曲がらないように植え付けてゆくことの意味でもあった。やがて，ひとの成長については，礼儀作法を身につけさせることを意味することとなり，身を美しくするという漢字の表記は，その社会において社会の価値体系に一致する望ましいヒトの育成をねらいとする社会化の形式となった。それゆえ，いろいろな社会化のあり方で，親や家族に対して，第1に求められるのは「しつけ」であり，個人の思考や行動様式が社会の基準に反する場合，その個人の社会化の担い手が「あの子の親の躾はなっていない」などと批判される。

3．親性と次世代育成─性別役割分業観と母子・父子の関係

それでは，子どもを育ててゆく過程で親のもつ特質はどのようなものであろうか。性別役割分業が明確である社会では，父親は「きたえ，みちびく」父性原理の体現者として子どもに厳しく接して社会の善悪や厳しさを担当する。他方，母親は「いつくしみ，はぐくむ」母性原理の体現者として子どもを優しく暖かく包みこむ存在とされていた。しかし，性別分業が不明確であり，個人や家族によってかなり多様化してきている現在では，個別の家族のなかで夫-妻の価値観の葛藤や調整によって夫婦による子育てが行われるようになっている。また，家族を取り巻く地域社会や親族の価値観も子育てする夫婦に大きな影響を与える。とくに，夫婦がそれぞれ就業しながら子どもを育てている場合，祖父母からの支援の有無，子育てを支援する保育組織やサークル，地域での支援態勢が，夫-妻の次世代育成観に大きな影響を与える。

　性別にこだわらないジェンダーフリー（社会的文化的性差にこだわらない）の子育てが求められるようにもなってきている。このように，性別にこだわらないで，関係性としての親の子の養育にかかわる夫-妻の両親性を親性（ペアレントフッド）とよんでいる。若い世代の親たちの初歩的な育児・子育てをサポートする携帯サイトやウェップ上のサイトやメールマガジンも多数機能して

いる。NPO法人による育児支援事業では，役所や保育所と連携して若い世代の親たち支援がスタートしている。また，子育てパパの増加については，団塊世代の子どもたちが子育て中に夫婦で子育てすることを当然視するし，消費行動にも特色がみられるようになっている。親と子どもが共通のブランドを購入することがみられ，おもちゃショップでかなり高価な商品を求める消費行動など，また育児グッズやベビーカーの購入にも自分の趣味的な嗜好性がみられるという。仕事一筋でなく自分の生活の一部としての子育てという生活様式は，かつては，父親が誕生日やクリスマスなどのイベントのみにプレゼントを購入して子どもや妻の歓心をかう行動とはかなり様相が異なる。赤ちゃんの親向け雑誌でも，母親以上に子育て情報を求める父親を対象とした記事（おむつ換えなどのハウツーや子どもとの留守番体験記など）の掲載やパパ向け新商品・グッズの広告も増加している。子育て中の父親で組織するNPO法人では「父親力検定」も実施されている。

　母親と子どもをめぐる環境の変化によって，少子化対策の一環として保育政策が重視されるようになってきた。女性の労働力の質的・量的拡大は，日本の経済発展の基礎となっていることはいうまでもないが，女性は仕事も家庭もという二重の負担を強いられるようになったという側面もあった。夫婦共働き家族の増加は一般的となり，保育ニーズの高まりは，多様な形態の保育サポートが実施される要因ともなった。近年，ワーク・ライフ・バランスといわれるように仕事と家庭生活の両立がうたわれてきた。保育所，認定こども園などの施設の充実策や，地域との連携を念頭において地域子育て支援センターの整備や児童館・学童保育など，従来の枠組みでは想定されなかった施策が実施されている。これら子育ての社会化は，親たちの子育てを支援する方向ではあるが，子育てする当の親たちの意向が生かされなければ機能していかない。家族が子育て機能を充分発揮できずに児童虐待などの問題がある場合を除き，公的な機関の家族への介入は回避しなければならない。

4．子ども期の成立と長期化
　　―教育する家族・少子化と過熱化する受験

　家族の教育力が低下してしつけ機能が衰退したという言説は，1998年の中央教育審議会答申などに顕著にみられた。この時代には，世論調査などでも「家庭のしつけが低下している」との論調が多かった。それに対し，広田照幸は，『日本人のしつけは衰退したか』[8]で，1990年代以降にそれまでにあった学校不信の傾向はさらに増大し，社会全体に「教育する家族」が拡がったとしている。子どもの数が少なくなり，子どもの教育に大きな関心を払う母親が増え，さらに親の志向は，「少ない子どもを大事に育てる」ことにより，「人格も学力も」というパーフェクトチャイルドを親独自のサポートで育てようとする。それは子ども本人のためというよりは，むしろ子どものジェネラルマネージャーとしての両親（パーフェクトペアレンツ）のためともいうべきだとしている。広田は，教育の外部機能化が明治期以降継続的であった。それに対して，1990年代以降では，塾などの教育産業の隆盛や「お受験」にみられるような異常な教育熱の高まりは，一見すると極度の教育の外部化のようにみえるが，むしろ親たちが自己実現をはかる手段となってると指摘した。一方で，少年期から青年前期に，さらには青年後期にかけても「ひきこもり」や「ニート」などの問題が起きている。

　家庭における教育機能の低下については，2007年の国民生活選好度調査でも「昔と比べて子どもに対するしつけがあまりできていない」とデータを中心に紹介し，「親自身の基本的生活習慣が身についていない」ことや「親の責任感や心構えが弱い」のが主な理由という分析を示している[9]。親は仕事に忙しく，子どももまた塾へ通うことに忙しくて，家族が個別に行動するゆえに家族の一体感がもてない。また，家族のこのような変化が家族の教育力の低下を招いているとしている。

5．長期化する親子関係

　子どもは成長して，学業を終え，その後就業し，結婚し，定位家族から生殖家族へ移行する。このようなライフコースを考えた時に，最終学歴が中学校から高校へ，さらに専門学校・短大，4年制大学，大学院などに高学歴化するなかで，初職への就業開始年齢は次第に高くなる。就職までの年数の延長に加えて，どのような仕事について稼業するかという判断がなかなかつかず，先送りにする若年者も多い。自分にあった職業を見いだし，選択することが時代とともに困難になってきている。また，晩婚化の傾向が進展し，結婚する時期も次第に遅くなる。未婚化といわれるように，結婚をしないひとも増加している。初婚年齢の平均は，1975（昭和50年）に夫27.0歳，妻24.7歳であったが，2012（平成24）年には夫30.8歳，妻29.2歳と年齢が上昇している。晩婚化に加えて未婚者のあり方について山田昌弘は，「学卒後もなお親と同居し，基礎的生活条件を親に依存している未婚者」をパラサイト・シングルとよんだ[10]。パラサイトとは寄生することであり，シングルは独身者を意味し，未婚子が親に寄生し，独身の状態を続ける現象は未婚子の長期化を意味する言葉として急速に拡まった。この時期の親世代は比較的経済的に余裕があり，子世代が無理をして自立するよりも先送りにすることを推奨する風潮がみられた。その後，空白の10年といわれる経済的不況期を経て，親世代の加齢による身体的な衰えや経済的な不安定さが目立つ時期がくると，経済の再生産のみならず社会の再生産として少子高齢化現象は，解決すべき問題としてみられるようになった。未婚の子が老いた親をどのように扶養・介護してゆくのか。年金や介護保険など社会保障制度で，未婚状態が長期化した子とその親夫婦を支えきれるのかという課題が提起されるようになった。未婚の50歳代後半の子が，身体的衰退が進行し，経済的にも弱い立場に転化した70歳代後半の親世代を扶養・介護する役割を担う。中国でも，一人っ子政策とその後の親世代の急速な高齢化にともなう子世代の未婚・晩婚化により，親世代をどのようにサポートすべきかが論議さ

れている。

第3節　少子化対策の動向とパートナーシップ

1．少子化対策のながれ

　少子化とは，子どもの数が減少する傾向である。出生数が減少することに起因して，出生率の水準が特に人口置換水準以下にまで低下することにより社会の発展的な継続が望めない長期的な社会現象でもある。65歳以上の高齢者人口の総人口に対する比率が増加する高齢化に対比して，子どもの割合が低下することとしても考えられる。少子化が話題になってきたのは，1990年の1.57ショックを契機として社会で問題意識として持たれるようになり，政府の対策がとられるようになった。少子化対策の動向については、第7章で詳しく述べるが，一定の進展もみられたが実効では充分な成果をあげていない。この背景には人口減少社会を迎える企業の生産性をめぐる危機感と国の少子化対策の思惑の交錯がみられる。働く家族支援のひとつとしての「待機児童解消」については，地方自治体への取り組み支援が行われ，横浜市では待機児童ゼロが実現している。一方名古屋市では，特別地域としての指定をうけるような試みも実施されようとしているが，待機児童ゼロには至っていない。

2．密室化した子育てから地域やネットでつながる子育てへ

　子どもの誕生が期待される少子化社会で，子どもを産み，育てている親たちの子育ては，手探りで孤立している状況がある。自分の子どもを産むまでに，小さい子どもとの接触経験がまったくない状態で母親になる人が急増し，乳幼児の子育ての知識をもたずに子育てに入る母親も多い。さらに，父親が育児に直接かかわってこない状況のなかでは，育児は母親だけにゆだねられ密室化するといわれる。このように，知識がないことに加えて，子育てについて相談相

手がまったくいない母親が急増しており，子育て家庭の孤立化はますます深刻になっている。子育てについて日常的に話し合える子育て仲間の有無は，親の精神的安定にきわめて大きく影響する。子どもとのかかわり方にきわめて重要となる。「子どもと一緒にいると楽しい」「あかちゃん（子ども）は，かわいい」とほとんどの母親は答えるが，一方で「子育ての負担感」や「イライラ感」，育児不安を訴える母親が急増している。このように「子育ての困難さ」とは「子育てのしにくい社会」といえる。子育ての大変さはいろいろな要因があり，一般的に「子育て」の方法や「子育て」の大変さの中身は多種多様で，マニュアル化されているわけではない。一方で，情報は過剰に流されている。現在では，新聞，テレビ，ラジオ，子育て雑誌，市販の育児書等のマスコミに加えて，インターネットや携帯電話での情報提供サイト，国，自治体や保健所の広報，子育て支援のサークルやNPOなども活発な活動をしている。しかし，このようにさまざまな情報をいかに使いこなすかというノウハウが一般化されていない。地域では，直接的なひととひととのつながりに加えて，地域版のソーシャル・ネットワーキング・サービス（SNS）など，インターネットのサービスを活用することにより個別化・個人化している子育てをつなげてゆくことが，密室での子育てや孤立した家族での児童虐待などの問題の発生を防ぐひとつの要素となろう。

3．高齢者や多世代による子を育てる者への支援

　家族のなかでの祖父母による孫育ては，最近のトピックとなっている。団塊世代の退職後の社会参加の一次的な活動としての孫育ては，若い世代が仕事と家庭という二側面を円滑にするための支援となろう。祖父母世代が自分たちの孫だけでなく，地域の孫世代育ての支援が，地域での社会活動へのスタートにもなる。親世代では，若さゆえ人生経験が少なく，子どもを客観的にみることができないし，当事者意識が強すぎることが子どもへはプレッシャーとなる。子育てを祖父母世代が分担することにより，経験の豊かさと孫世代を客観的に

扱える利点がある。ただ，祖父母世代の子育ての育児知識が現在の親世代の育児知識とのずれがあり、対立を生みやすい。また、祖父母による、孫の教育資金の贈与について一人あたり，1,500万円まで非課税にするという優遇的制度が実施されるなかで祖父母世代が親世代にたいして子育てへの過剰な要求をする恐れがでてきている。祖父母世代と孫世代は直接的に利害関係が少ないことから孫に対して過保護気味となり，その点で親世代との意見の食い違いから葛藤が起こることも否めない。また，祖父母世代は保育園・幼稚園・小学校などの地域社会で行う遊びの指南・竹とんぼ教室・木工教室・お手玉・おもちゃ病院・学童保育などさまざまな仕掛けによる子育て支援を実践している。これは，多世代が結びつく契機となり，地域全体を結びつけるメリットがあると考えられる。

【注】

1 ）Jay Belsky, Ph. D. & J. Kelly, The *Transition To Parenthood*, Delacorte Press, 1994．（安次嶺佳子訳『子供をもつと夫婦に何が起こるか』草思社，1995年，p.18）
2 ）宗田哲男は，『立ち会い分娩にみる夫像』のなかで，「私たちの病院でも出産の50〜60％は夫の立ち会う分娩となっており」としている。『助産婦雑誌』Vol.44, No.1，1990年
3 ）『日刊スポーツ』2008年3月26日朝刊
http://www.sponichi.co.jp/baseball/news/2013/06/21/kiji/K20130621006063141.html
4 ）高橋真理「夫立ち会い出産の心理的効果」『Perinatal Care』Vol.13 春季増刊号，1994年，メディカ出版
5 ）厚生労働省「雇用均等基本調査」（平成24年度）
http://www.mhlw.go.jp/toukei/list/dl/71-24e.pdf#search='%E3%80%8C%E5%A5%B3%E6%80%A7%E9%9B%87%E7%94%A8%E8%80%85%E7%AE%A1%E7%90%86%E5%9F%BA%E6%9C%AC%E8%AA%BF%E6%9F%BB%E3%80%8D%EF%BC%88%E5%B9%B3%E6%88%9024%E5%B9%B4%E5%BA%A6%EF%BC%89'
6 ）『朝日新聞』2007年4月7日付朝刊，生活面
7 ）森田せつ子「里帰り出産が親への移行過程に及ぼす要因の検討─夫婦の実家との関係が家族形成過程に及ぼす影響─」金城学院大学大学院学位論文学術博士甲

第15号，2003年
8）広田照幸『「教育」する家族のゆくえ―日本人のしつけは衰退したか』講談社，1999年，p.63，pp.123-128
9）内閣府「国民生活選好度調査」
　　http://www5.cao.go.jp/seikatsu/senkoudo/senkoudo.html
10）山田昌弘『パラサイトシングルの時代』筑摩書房，1999年，p.11

【参考文献】

Cowan, C. P. & P. A. Cowan, *When Partners Become Parents*, Lawrence Erlbaum Associates , Inc., 2000．（山田昌弘・関内文乃訳『カップルが親になるとき』勁草書房，2007年）

『国民の福祉の動向　2007』厚生統計協会

内閣府『平成19年版　国民生活白書―つながりが築く豊かな国民生活』人事画報社，2007年

鯨岡峻『〈育てられる者〉から〈育てる者〉へ―関係発達の視点から』NHK出版，2002年

原田正文『子育ての変貌と次世代育成支援』名古屋大学出版会，2006年

宮本みち子・岩上真珠・山田昌弘『未婚化社会』有斐閣，1997年

森岡清美・望月嵩『新しい家族社会学　四訂版』培風館，1997年

湯沢雍彦・宮本みち子『新版　データで読む家族問題』NHK出版，2008年

第7章

子育て支援とパートナーシップ

第1節　子育て支援施策の変遷

1．「子育て支援」とは何か

　近年,「子育て支援」の必要性が叫ばれるようになった。子育て支援とは,「児童が生まれ,育ち,生活する基盤である親及び家庭における児童養育の機能に対し,家庭以外の私的,公的,社会的機能が支援的にかかわること」[1]であり,また「安心して子どもを産み育てる環境をつくるとともに,子どもの健やかな育ちを促すことを目的とする営みである」[2]とされる。つまり子育てする親や家庭に対して単に関わりながら直接支援するだけでなく,支援することを通して,子どもの健全育成をめざし,身近な地域や社会全体が子育て家庭にとってよりよい子育て環境となるよう,あるいはこれから親になっていく次世代が安心して子育てに取り組める社会環境が実現されるよう,さまざまに働きかけていく営みである。

　子育て支援は様々な場所や機関において実施されている。具体的には,保育所,幼稚園,地域子育て支援センター,役所,保健所・保健センター,児童相談所,子育てサロン,児童館,学童保育など,子ども・子育てに関わる機関だけでなく,直接子育てに関わらない企業においても雇用環境の整備という側面から計画的に行われている。すなわち,「子育て支援」とは,非常に幅の広い

包括的な概念であるととらえることができる。

2．抑制されていた子育て支援施策
―「保育問題をこう考える」より―

　現在，我が国では積極的な子育て支援施策が展開されている。しかし，この動向は決して恒常的なものではない。これまでの子育て支援施策を振り返ると，1990年に入るまで子育てに関わる施策はむしろ消極的であった。ではなぜ消極的であったのか，中央児童福祉審議会「保育問題をこう考える―中間報告―」（1963年）を例に，その社会背景をみてみよう。

　「保育問題をこう考える」は，社会状況と多様化する保育ニーズへの対応策具現化の社会的要請から審議されたものである。ここでは表7-1に示すような保育の七原則が提示されている。第1原則は「両親による愛情に満ちた家庭保育」と位置づけられ，「こどもの精神的，身体的発達にとっては，両親による愛情に満ちた家庭保育が，もっとも必要なもの」と記されている。第2原則は「母親の保育責任と父親の協力義務」とされ，「健全で，愛情の深い母親が，こどもの第1の保育適格者であり，また保育適格者になるように努力することを期待されている，…（略）。父親その他の家族は，母親が妊娠出産などの重要な役割を担っていることを考慮し，その保育責任を十分果たせるように協力し，保育適格者になろうと努力する母親を援助する義務があるのは当然である

表7-1　保育はいかにあるべきか

第1原則	両親による愛情に満ちた家庭保育
第2原則	母親の保育責任と父親の協力義務
第3原則	保育方法の選択の自由と，こどもの，母親に保育される権利
第4原則	家庭保育を守るための公的援助
第5原則	家庭以外の保育の家庭化
第6原則	年齢に応じた処遇
第7原則	集団保育

出所）中央児童福祉審議会保育制度特別部会「保育問題をこう考える―中間報告―」1963年，より一部抜粋

が，母親により大きい責任がある，と考えなければならない」（傍点筆者）と記された。育児は男女双方の責任というよりも，母親を第一の責任者と位置づけその責任が強調されている。うまく育児のできない母親は，「保育不適格者」とみなされ，多くのサンクション（制裁）[3]をこうむることもあったのではないか。

　こうした記述から，当時の政策がどのような家族モデルを想定していたか，また社会全体がどのような規範意識を支持していたかを知ることができる。ここでは，夫婦二人と子どもから成るいわゆる「標準世帯」，及び「男は仕事，女は家庭」といった性別役割分業体制が前提となっている。また，本来子どもの養育は家庭外の保育サービスを利用することなく，家庭のみで完結しなければならない性質のものであると考えられていたこと，特に母親がその責任者となるべきという価値意識，育児に関する父親への希薄な役割期待などが読み取れる。政策がこのような規範意識に基づいて立案されている以上，子育てに対する支援的な取り組みが積極的に推進されていくはずはない。子育てへの公的な支援は，家庭での育児が困難な場合においてのみ受けられる性質のものであったと考えられ，「安心して子どもを産み育てる環境づくり」といった現在の子育て支援の目的からは，まだまだ遠い時代であったことがうかがえる。

3．出生率低下と子育て支援施策の誕生

　子育て支援が必要とされるようになったのは，いつ頃だろうか。施策においては，合計特殊出生率が丙午（ひのえうま）を下回った，いわゆる「1.57ショック」が大きな契機となって子育て支援の必要性が議論されるようになった。1989年の合計特殊出生率の発表は，実際には1990年6月であったが，ちょうどその頃国会では老人福祉法の一部を改正する法律の審議中であり，そのニュースは国会の議論の場を震撼させたという[4]。1991年1月には急遽，関係省庁連絡会議「健やかに子どもを育てる環境づくりについて」がとりまとめられた。若い人々が家庭や子育てについて喜びや楽しみを感じられなくなってい

110

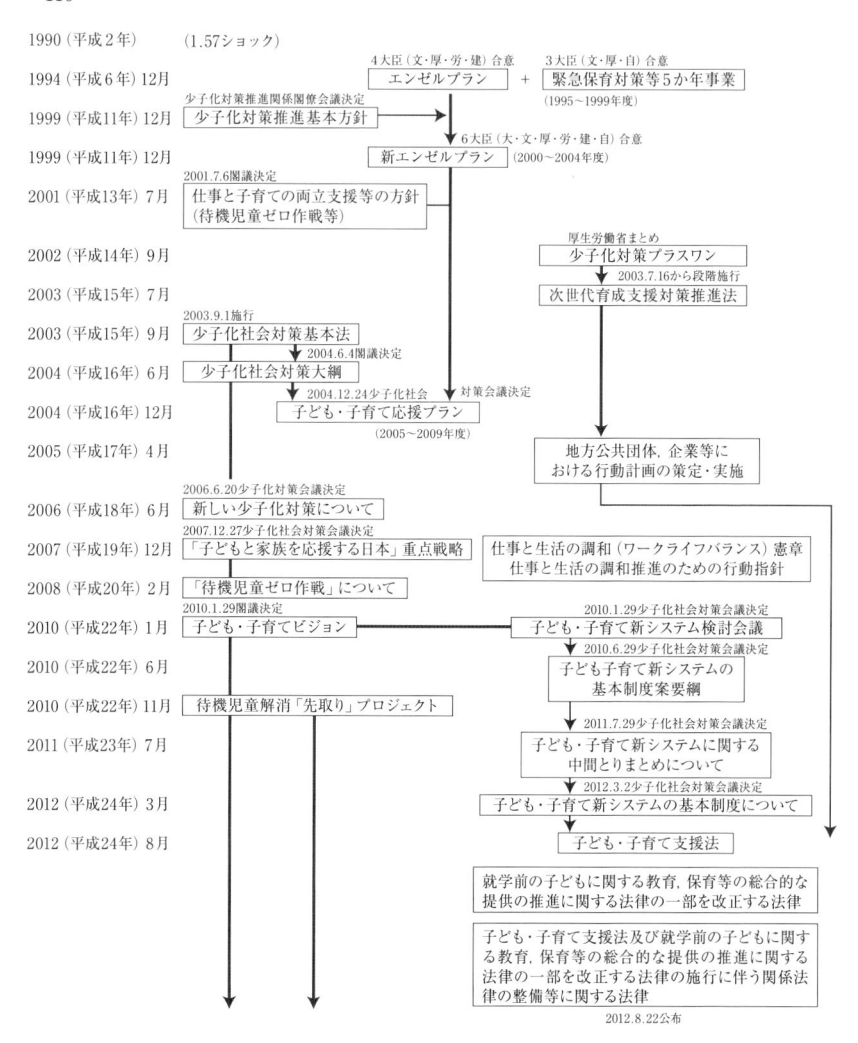

1990（平成2年）	（1.57ショック）
1994（平成6年）12月	4大臣（文・厚・労・建）合意 エンゼルプラン ＋ 3大臣（文・厚・自）合意 緊急保育対策等5か年事業（1995～1999年度）
1999（平成11年）12月	少子化対策推進関係閣僚会議決定 少子化対策推進基本方針
1999（平成11年）12月	6大臣（大・文・厚・労・建・自）合意 新エンゼルプラン（2000～2004年度）
2001（平成13年）7月	2001.7.6閣議決定 仕事と子育ての両立支援等の方針（待機児童ゼロ作戦等）
2002（平成14年）9月	厚生労働省まとめ 少子化対策プラスワン
2003（平成15年）7月	2003.7.16から段階施行 次世代育成支援対策推進法
2003（平成15年）9月	2003.9.1施行 少子化社会対策基本法
2004（平成16年）6月	2004.6.4閣議決定 少子化社会対策大綱
2004（平成16年）12月	2004.12.24少子化社会対策会議決定 子ども・子育て応援プラン（2005～2009年度）
2005（平成17年）4月	地方公共団体，企業等における行動計画の策定・実施
2006（平成18年）6月	2006.6.20少子化社会会議決定 新しい少子化対策について
2007（平成19年）12月	2007.12.27少子化社会対策会議決定「子どもと家族を応援する日本」重点戦略
	仕事と生活の調和（ワークライフバランス）憲章 仕事と生活の調和推進のための行動指針
2008（平成20年）2月	「待機児童ゼロ作戦」について
2010（平成22年）1月	2010.1.29閣議決定 子ども・子育てビジョン ← 2010.1.29少子化社会対策会議決定 子ども・子育て新システム検討会議
2010（平成22年）6月	2010.6.29少子化社会対策会議決定 子ども子育て新システムの基本制度案要綱
2010（平成22年）11月	待機児童解消「先取り」プロジェクト
2011（平成23年）7月	2011.7.29少子化社会対策会議決定 子ども・子育て新システムに関する中間とりまとめについて
2012（平成24年）3月	2012.3.2少子化社会対策会議決定 子ども・子育て新システムの基本制度について
2012（平成24年）8月	子ども・子育て支援法
	就学前の子どもに関する教育，保育等の総合的な提供の推進に関する法律の一部を改正する法律
	子ども・子育て支援法及び就学前の子どもに関する教育，保育等の総合的な提供の推進に関する法律の一部を改正する法律の施行に伴う関係法律の整備等に関する法律 2012.8.22公布

図7-1　子育て支援施策の変遷（1990年以降）

出所）内閣府『平成25年版　少子化社会対策白書』p.26をもとに作成

ることが懸念されるようになり，「政府としては健やかに子どもを育てる環境づくりに向け，なお一層の努力を行う必要がある」と子育て支援に向けての基

本的な考え方を呈するに至っている。政府の施策として「子育て支援」という言葉が使われるようになったのも，この頃からである。その後，「エンゼルプラン」(1994年)，「新エンゼルプラン」(1999年)を初めとする子育て支援施策が次々に打ち出されるようになった（図7-1）。

4．直接的支援の多様化—「エンゼルプラン」の成果と限界—

1994年に四大臣合意で策定されたいわゆる「エンゼルプラン」（今後の子育て支援のための施策の基本的方向について）は，概ね10年を目途として策定されたはじめての国家的な子育て総合計画である。女性の職場進出が進み仕事と子育ての両立が難しいこと，育児の心理的・肉体的負担の大きさ，大都市を中心に住宅事情が厳しいこと，教育費などの子育てコストが増大していることなどが少子化の要因としてあげられ，子育ての制約要因を除去していくことが国や地方自治体の役割であるとされた。

「エンゼルプラン」具体化の一環として打ち出された「緊急保育対策5か年事業」では，多様な保育サービスの促進に関する予算措置はなされたが，雇用などの環境整備については何の展開もなされなかった。女性に付随するものとしての育児に対しては，何らかの手立てを対処療法的に講じたのであるが，男性が置かれている雇用環境，労働条件等には社会的規制力を強化しようとはしておらず，男性の位置づけそのものを疑問視する視点の欠如した施策であった

表7-2 緊急保育対策5か年事業の目標値（厚生省1994）

	(95年度現在)		(99年度目標)
○低年齢児（0〜2歳児）保育	45万人	→	60万人
○時間延長型保育	2,230ヶ所	→	7,000ヶ所
○一時的保育	450ヶ所	→	3,000ヶ所
○放課後児童クラブ	4,520ヶ所	→	9,000ヶ所
○多機能型保育所の整備	5年間で1,500ヶ所		
○地域子育て支援センター	236ヶ所	→	3,000ヶ所
○乳幼児健康支援デイサービス	30カ所	→	500ヶ所

といえる[6]。「多様な保育サービスメニューの提示だけで，基本的に子どもを生み育てる責任を女性に帰着させている社会構造を問わず，またその転換を提示していない」[7]と指摘されるように性別役割分業体制の根深さと政策推進の遅れがみてとれる。

5．拡大する子育て支援施策

「エンゼルプラン」策定後，5年が経過しても少子化は留まることはなかった。政府は1999年「新エンゼルプラン（重点的に推進すべき少子化対策の具体的実施計画について）」を打ち出し，"少子化対策"として様々な計画を推進するようになった。保育サービス等の拡充のみならず，雇用環境の整備，育児休業中の給付水準の引き上げ，ファミリーフレンドリー企業の表彰と，女性を取り巻く労働環境にも目が向けられた。

それにもかかわらず合計特殊出生率は1.36（2000年），1.33（2001年），1.29（2002年）と下げ止まらない状況をみせた。厚生労働省は2002年，急速な少子化の進行を受けもう一段の少子化対策として「少子化対策プラスワン」を策定し，男性を含めた働き方の見直し，男女の育児休業取得率の目標値の設定など，男女共同参画社会を目指す子育て支援施策を展開した。2003年には「次世代育成支援推進対策法」が制定され，地方公共団体及び事業主は，国が策定する行動計画策定指針に基づき次世代育成支援対策の実施により達成しようとする目標，実施しようとする対策の内容及びその実施時期等を定めた行動計画を策定することが求められるようになった。

同年7月「少子化社会対策基本法」が制定され，それを受けて2004年には「少子化社会対策大綱」が閣議決定され，その重点施策として「子ども・子育て応援プラン」が策定された。少子化の流れを変えるための施策を強力に推進していくことを目指し，2005年度から2009年度にかけての重点施策が計画されている。

このようにわが国の子育て支援施策は，「少子化対策」としてその時代の出

生率と呼応するかのように展開されてきた。この時期いわゆる「少子化対策」では真の子育て支援にはなりえないとして様々な論者からの批判もみられている[8]。

6．「少子化対策」から「子ども・子育て支援」へ

　2009年には，内閣府に「ゼロから考える少子化対策プロジェクトチーム」が発足，少子化対策担当大臣のもと全10回の会合，地方での懇談，大学生との公開討論会が開催され「"みんなの"少子化対策」が提言された。ここでは「家庭」「地域」「職域」によって従来担われてきたとされる結婚促進機能や子育て支援機能の低下が指摘され，子育てセーフティネットの強化・再構築の必要性が示された。

　2010年には「少子化社会対策基本法」に基づく新たな大綱として「子ども・子育てビジョン」が閣議決定された。「少子化対策」の視点から策定されたこれまでの政策では，真に子ども・若者のニーズや不安，将来への希望に応えるものにはなりえなかったとして，「子どもが主人公」（チルドレン・ファースト），生活と仕事と子育ての調和，当事者の目線からの子育て支援の必要性が提唱された。

　「エンゼルプラン」と比較しても明らかなように，「子ども・子育てビジョン」における施策展開は，もはや保育サービスの拡充といった限定された直接支援ではない。子どもの教育機会の確保，自立支援，家庭を築いていく男女の働き方や職場環境への視座，妊娠・出産への支援，保育制度改革，ひとり親家庭や障がい児などへの支援拡大，地域ネットワーク化への取り組みなどが盛り込まれ，地域社会や社会全体での展開が求められている。これら施策は，子どもたちが健やかに育つこと，身近な地域や社会全体がよりよい子育て環境となることを目指し，さまざまに働きかけていく営みである。こうした「少子化対策」から「子ども・子育て支援」への転換，人の成長や生活をライフサイクル全体から施策を捉える視点，日々の生活者として仕事も生活も子育ても切り離

少子化社会対策基本法第七条に基づく大綱「子ども・子育てビジョン」(平成22年1月29日閣議決定)

子どもと子育てを応援する社会	家族や親が子育てを担う <個人に過重な負担> ● 子どもが主人公(チルドレン・ファースト) ● 生活と仕事と子育ての調和	社会全体で子育てを支える <個人の希望の実現> ● 「少子化対策」から「子ども・子育て支援」へ
基本的考え方	1 社会全体で子育てを支える ○ 子どもを大切にする ○ ライフサイクル全体を通じて社会的に支える ○ 地域のネットワークで支える	2 「希望」がかなえられる ○ 生活,仕事,子育てを総合的に支える ○ 格差や貧困を解消する ○ 持続可能で活力ある経済社会が実現する
3つの大切な姿勢	◎ 生命(いのち)と育ちを大切にする　◎ 困っている声に応える　◎ 生活(くらし)を支える	

目指すべき社会への政策4本柱と12の主要施策

1. 子どもの育ちを支え、若者が安心して成長できる社会へ
  (1) 子どもを社会全体で支えるとともに、教育機会の確保を
    ・子ども手当の創設
    ・高校の実質無償化、奨学金の充実等、学校の教育環境の整備
  (2) 意欲を持って就業と自立に向かえるように
    ・非正規雇用対策の推進、若者の就労支援(キャリア教育・ジョブ・カード等)
  (3) 社会生活に必要なことを学ぶ機会を
    ・学校・家庭・地域の取組、地域ぐるみで子どもの教育に取り組む環境整備

2. 妊娠,出産,子育ての希望が実現できる社会へ
  (4) 安心して妊娠・出産できるように
    ・早期の妊娠届出の勧奨、妊婦健診の公費負担
    ・相談支援体制の整備(妊娠・出産、人工妊娠中絶等)
    ・不妊治療に関する相談や経済的負担の軽減
  (5) 誰もが希望する幼児教育と保育サービスを受けられるように
    ・潜在的な保育ニーズの充足も視野に入れた保育所待機児童の解消(余裕教室の活用等)
    ・新たな次世代育成支援のための包括的
    ・一元的な制度の構築に向けた検討・幼児教育と保育の総合的な提供(幼保一体化)
    ・放課後子どもプランの推進、放課後児童クラブの充実
  (6) 子どもの健康と安全を守り、安心して医療にかかれるように
    ・小児医療の体制の確保
  (7) ひとり親家庭の子どもが困らないように
    ・児童扶養手当を父子家庭にも支給、生活保護の母子加算
  (8) 特に支援が必要な子どもが健やかに育つように
    ・障害のある子どもへのライフステージに応じた一貫した支援の強化
    ・児童虐待の防止、家庭的養護の推進(ファミリーホームの拡充等)

3. 多様なネットワークで子育て力のある地域社会へ
  (9) 子育て支援の拠点やネットワークの充実が図られるように
    ・乳児の全戸訪問等(こんにちは赤ちゃん事業等)
    ・地域子育て支援拠点の設置促進・ファミリー・サポート・センターの普及促進
    ・商店街の空き店舗や学校の余裕教室・幼稚園の活用
    ・NPO法人等の地域子育て活動の支援
  (10) 子どもも住まいやまちの中で安全・安心にくらせるように
    ・良質なファミリー向け賃貸住宅の供給促進・子育てバリアフリーの推進(段差の解消、子育て世帯にやさしいトイレの整備等)

4. 男性も女性も仕事と生活が調和する社会へ(ワーク・ライフ・バランスの実現)
  (11) 働き方の見直しを
    ・「仕事と生活の調和(ワーク・ライフ・バランス)憲章」及び「行動指針」に基づく取組の推進
    ・長時間労働の抑制及び年次有給休暇の取得促進
    ・テレワークの推進
    ・男性の育児休業の取得促進(パパ・ママ育休プラス)
  (12) 仕事と家庭が両立できる職場環境の実現を
    ・育児休業や短時間勤務等の両立支援制度の定着
    ・一般事業主行動計画(次世代育成支援対策推進法)の策定
    ・公表の促進・次世代認定マーク(くるみん)の周知

図7-2　子ども・子育てビジョンの概要

出所)　内閣府『平成25年版　少子化社会対策白書』p.29をもとに作成

せないものと位置づける視点は,これまでのパラダイムを大きくシフトするものとして高く評価されるものと思われる。今後は,施策の具体的な評価が求められる。単なる出生率の変動だけでなく,それぞれの当事者がどのような生活を送り,その生活実感を受け止めているのか,すべての子どもたちの健やかな

第2節　子育ての社会化と子育て支援

1.「子育ての社会化」とは何か

「子育ての社会化」とはどのようなことを指すのであろうか。

相馬直子は,「育児の社会化」という軸が「育児を家族内にとどめるのか,多様な育児支援制度を形成するのか」という意味で用いられていることを踏まえ,「社会化」と「家族化」概念が対概念として用いられていることを指摘する[8]。「家族化」概念と対になった「社会化」概念においては,孤立した家族から子育てをいかに外へ出していくか（外部化）,いかにして家族以外の人々や機関が子育てに関与し,社会全体で子育てを支援していく可能性を考えるか（共同化）という枠組みが想定される。松木もまた「「育児の社会化」とは,典型的には,これまで家族によって担われることが前提とされてきた子どもへのケア提供の内実や責任を,部分的であれ,外部化,共同化することを意味するもの」と同様の見解を示している[9]。ここでいう子育ての社会化には,子育てを外部化する主体としての家族と共同化しようとする主体としての人や場所,機関,制度などが必要であると考えられる。

社会教育の分野からは,井上・河野・沢村らの見解がある。そこでは子育ての社会化とは「あらゆる親の子育て,生活課題の解決のために社会的資源が活用できる状態」と示された。それを実現するためには,「親」を地域で共に子育てをする担い手として位置づけ,行政が施設の設置・運営,専門職の配置を総合的に実施する「公共化」と,住民が親の子育て観を理解しながら協働する「共同化」という2つのプロセスをすすめていくことが必要ではないかと提言されている[10]。

子ども家庭福祉分野では,近年の「子育ての社会化」という概念には,これ

まで議論されてきた「育児機能の代替」「保育の社会化」「育児の社会化」といった概念とは異なる意味が包含されているという指摘もなされている。森田明美は、現代社会は親と家庭が存在しさえすれば子どもの育つ環境として十分とされる時代ではなくなったとし、近年の「子育ての社会化」という概念には、単に育児を代替するのではなく、その行為をどこまで社会で共有し、子育てを個別化、個人化、私有化させずに、集団化あるいは公然化させるかということが含まれるようになったとする。親としての知識や技術が不足していたとしても親を責めたりせず、みんなで学び、支え、育ち合う場を地域の中につくり出すことがそこには求められている[11]。

つまり、家族化概念と対になったものとしての「子育ての社会化」は、「外部化」「共同化」のプロセスをたどるものと捉えられ、さらにそこで外部化・共同化されるものは育児機能の代替だけでなく、むしろ、学び、支え、育ち合うといった共同的な育児機能にも関心が向けられている。さらに「共同化」は、制度や政策などの公的な側面からアプローチする「公共化」と、相互理解や仲

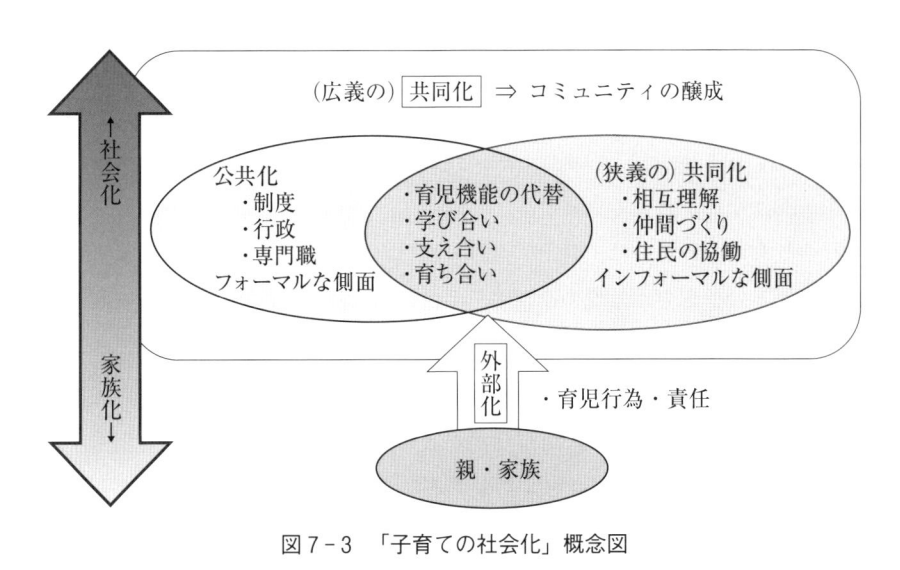

図7-3 「子育ての社会化」概念図

出所）筆者作成

間づくりを通して住民の協働が図られていくインフォーマルな側面からみた狭義の「共同化」から構成される。「公共化」と「(狭義の)共同化」の両者が相互に影響を及ぼし合い,親を主体としてとらえ親の育児を側面から支援していくことで,地域社会の育児機能そのものも向上すると思われる。そうした子育て環境としてのコミュニティの醸成が,より育児機能の外部化を促進させていくものと考えられる。

子育ての社会化とは,それぞれの家族において個別化,個人化,私有化されてきた子育て機能を外部化・共同化する営みであり,地域の子育てにおける「共同化」の一主体としてそれぞれの子育て家庭や親を組み込んでいく過程であるともいえる。その過程の中で,親や家庭は地域にあるさまざまな社会資源にアクセスする手段を習得し,生活課題や子育て困難の解決のためにそれらを活用するようになっていく。このように考えると先述した子どもの健全育成をめざし,身近な地域や社会全体が子育て家庭にとってよりよい子育て環境となるようさまざまに働きかけていくことを目的とした子育て支援は,広義の共同化やコミュニティの醸成が実現されるよう取り組まれる一つの方策であり,子育ての社会化を進めるための手段であるととらえられる。

2.「子育ての社会化」のもう一つの側面

しかし相馬は「『社会化』とはここで終わりではない」とする。外部化・共同化が行われた先の場でどのような事態が起こっているのか,どのような社会編成が行われているのかといった「再〈社会化〉[12]」を含めた一連のプロセスを「子育ての社会化」と考えていく必要があるとして既存の概念解釈を拡大する論を展開している[13]。相馬によれば,ここでいう〈社会化〉とは「これまで社会学で主に使われてきた〈社会化〉概念,すなわち『個人が他者との相互行為を通して,諸資源を獲得し,その社会(集団)に適合的な行動パターンを発達させる過程』[14]と個人が社会の中で適合した行動様式を学習し(役割や規範の内面化),社会関係に組み込まれていく過程」であるとする。つまり,外

部化と共同化の「接点」となる地域社会や保育施設，子育て支援等のそれぞれの場面で，いかなる機能が果たされ，親自身がその社会や地域に適合した役割，規範をどのように内面化し行動化していくのかといったところにまで目を向ける必要があるというものである。身を置く集団や社会において他者の異なる意識に直面したとき，人は自らの規範意識や役割認識を現状に応じて強化・変容させ，次の行動選択に反映させていく。それぞれの「接点」で何が起こっているかを知ることは，子育ての社会化が，進展と後退のどちらの方向へ向かっていくのかを予測する重要な手掛かりにもなる。

3．根強い母親規範意識—保育者と父親・母親の意識調査から—

子育て支援場面での「接点」で何が起こっているかを考える前に，子育てに関する性別役割分業意識（＝母親規範意識）について確認しておこう。井上は，戦後から高度経済成長にかけて「母親の手によるケアをもっとも望ましい」という近代的母親規範が広く浸透してきたことを指摘し，それゆえケアの外部化は規範からの逸脱とみなされるとした[15]。井上のいう近代的母親規範は「子育ての社会化」を志向するものではなく，むしろ「家族化」を強化するものである。本論では井上のいう近代的母親規範が内在化された意識のことを「母親規範意識」と呼ぶこととする。

では，保育者や親たちの母親規範意識の現状はどのようになっているのだろうか。神田直子・神谷哲司は，保育施設を利用する父親・母親と保育者に対する大規模な「保育・子育て意識調査」[16]の結果からそれぞれの意識の違いを浮き彫りにした。図7-4～図7-6では，一般的な性別役割分業意識と母親規範意識に関する項目（育児子育ては母親，3歳児神話）が示されている。保育者データからは「男女の性別役割分業については反対だが，子育て，特に3歳未満児の育児はやはり母親が行うべき」と考えているものが多いことが読み取れる。また保育園を利用する母親たちには性別役割分業意識に反対するものが多く，育児の責任も母親が中心的となるべきとは捉えていない。幼稚園を利用す

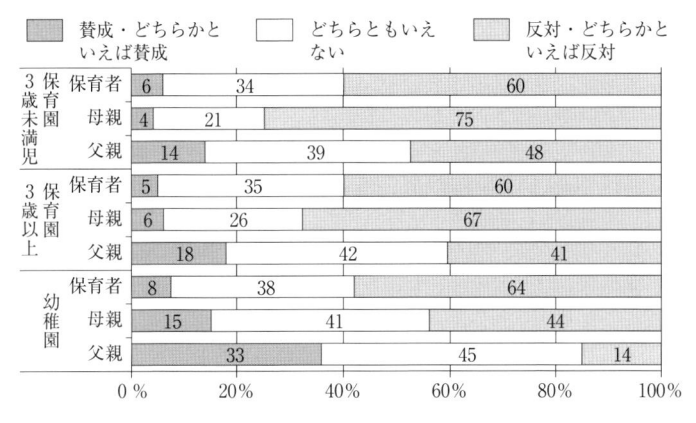

図7-4　男女役割分業意識
「男は仕事に，女は家事や育児に専念すべきである」

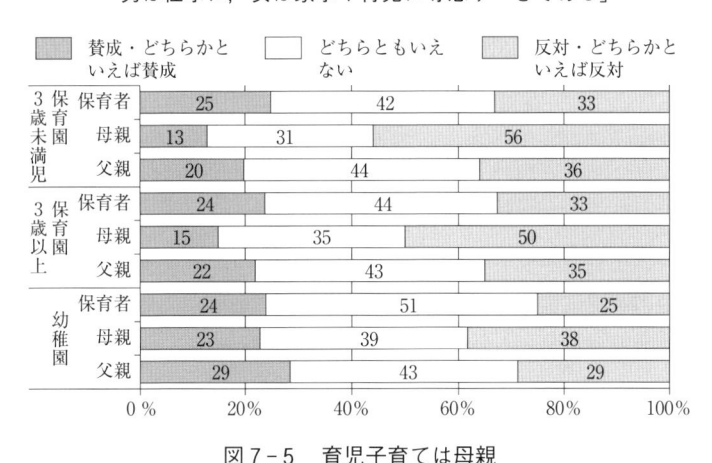

		賛成・どちらかといえば賛成	どちらともいえない	反対・どちらかといえば反対
3歳未満児	保育園 保育者	6	34	60
	母親	4	21	75
	父親	14	39	48
3歳以上	保育園 保育者	5	35	60
	母親	6	26	67
	父親	18	42	41
幼稚園	保育者	8	38	64
	母親	15	41	44
	父親	33	45	14

図7-5　育児子育ては母親
「育児・子育ての責任は母親が中心的に担うべきである」

		賛成・どちらかといえば賛成	どちらともいえない	反対・どちらかといえば反対
3歳未満児	保育園 保育者	25	42	33
	母親	13	31	56
	父親	20	44	36
3歳以上	保育園 保育者	24	44	33
	母親	15	35	50
	父親	22	43	35
幼稚園	保育者	24	51	25
	母親	23	39	38
	父親	29	43	29

る母親に関しては，積極的に性別役割分業を肯定するわけではないが，子どもが3歳になるまでは母親が育児に専念すべきであると考える割合が高い。父親についても同様に，幼稚園利用の父親の方が，保育園利用の父親よりも性別役割分業意識や3歳児神話に対して肯定的な傾向にある。

　保育園は原則として親の就労支援を目的とする児童福祉施設であり，夫婦は

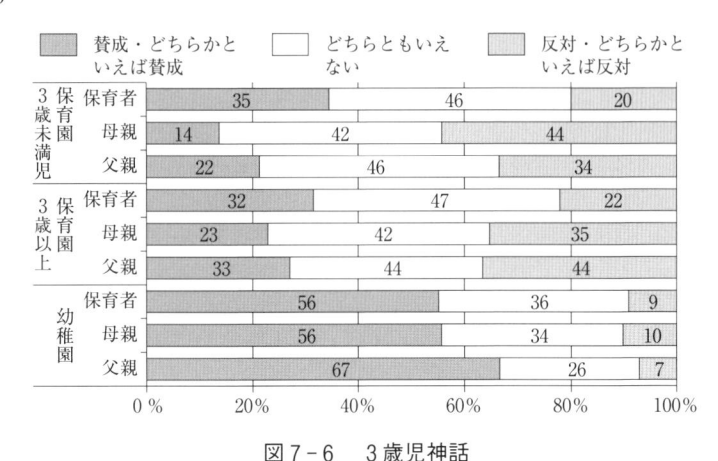

図7-6 3歳児神話
「子どもが3歳になるまで，母親は育児に専念すべきである」

		賛成・どちらかといえば賛成	どちらともいえない	反対・どちらかといえば反対
3歳未満児	保育園 保育者	35	46	20
	母親	14	42	44
	父親	22	46	34
3歳以上	保育園 保育者	32	47	22
	母親	23	42	35
	父親	33	44	44
幼稚園	保育者	56	36	9
	母親	56	34	10
	父親	67	26	7

出所）神田直子・神谷哲司「保育者は子育て中の父母にどう寄り添えているか」『発達』29(114)，2008，pp.3-10より一部抜粋し加筆作成

共働きであることを前提とする。幼稚園は4時間の保育時間を標準とする満3歳以上の子どもの教育機関であり，保育時間の前後に保護者の送迎を必要とし，実際には専業主婦家庭の子どもが対象となる。利用する保育施設によって母親の背景や親の意識に違いが生じることは予想されよう。

ではこうした意識のずれは，外部化と共同化の「接点」となるそれぞれの場面でどのように受け止められていくのだろうか。幼稚園の親と保育者の意識分布は比較的似通っており，幼稚園において意識の違いを実感することは少ないものと思われる。一方，保育園の母親と保育者では3歳児神話に関する意識で大きな開きがみられており，特に3歳未満児の保育を利用する母親とその保育者間のずれは深刻なものとなる。なぜならこの両者は実際に「子どもが3歳になる以前も育児に専念していない母親」と「その子どもを保育園で保育する保育者」たちであり，3歳未満児の母親からすれば，自分自身の生活スタイルを否定的に受け止められることにもなり，結果として自分の生き方に疑問を抱き始めることになるかもしれない。両者の意識のずれの複雑な交錯が「働いてい

るために子どもに十分なことがしてやれない」などと母親の不必要な罪悪感や[17]，就業断念への思いに帰着してしまうことも考えられる。

4．随伴する母親規範意識と「再〈社会化〉」のゆくえ

　さらに神田直子・戸田有一らは，同一の保育園における保育者と父親・母親の母親規範意識[18]が互いに影響を及ぼし合っていることを明らかにした（表7-3）。家庭との緊密な連携のもと子どもが毎日過ごす保育園は，父母と保育者との共同や学び合いをつくり，類似の育児観を育む基礎的条件を備えている場であるといえる。また保育者と父親より，保育者と母親の意識間で相関が高く，特に3歳児神話に関する意識については他の項目よりも相関係数が高いことも示された。幼少期から親と保育者が協力し合い，母親以外の多様な他者が関わり合う子育て生活を通して，「3歳までは…」という意識は次第に薄れていくものと思われる。また母親と保育者との類似性が父親より高いことは，送迎や行事への参観，必要な連絡事項の伝達など，母親の方が多くの子育てを担っている現状にも関連すると考えられる。

　さらに神田ほかは「当初，共同的育児観については保育者から親への影響のみを予想していたが，前述のように親，特に母親の方が保育者よりも共同的育

表7-3　保育園ごとの母親規範意識の相関（ピアソン相関係数）

	母と父	保育者と母	保育者と父
育児子育ては母親	.360(***)	.296(**)	.209(*)
3歳児神話	.688(***)	.457(***)	.292(**)
性別役割分業意識	.648(***)	.255(**)	.259(**)
出産後母親は仕事をやめるべき	.667(***)	.314(***)	.295(**)

$*p<.05$，$**p<.01$，$***p<.001$

備考）保育園ごとに保育者・母親・父親の各質問への平均点をだし，保育者と父母との間の相関係数を求めている。
出所）神田直子・戸田有一ほか「保育園ではぐくまれる共同的育児観」『保育学研究』45(2)，2007，p.64より抜粋し加筆作成

児観が高いことから,親から保育者へという方向の影響もあると思われる」と,親から保育者への「再〈社会化〉」の可能性を示した。親の労働条件の大変さから,「せめて3歳までは」という思いを強くしてしまう保育者もあれば,大変ながらも生き生きと子育てに取り組む親の姿を見て新しい価値観を形成していく保育者の存在もあるだろう[19]。外部化と共同化の「接点」では,親や家庭だけでなく,支援に携わるものにとっても,自らの規範意識や役割認識を強化したり変容させたりといった「再〈社会化〉」が行われている。

地域の子育て支援の場でも,母親規範意識が利用者に影響を及ぼしていることが明らかになっている。中谷は,地域子育て支援に携わる支援者の母親規範

表7-4 支援者の母親規範意識と母親の変化

支援者の母親規範意識		度数	自己への意識化と社会変革 (母親)[21]		F値
			平均値	標準偏差	
拠点の中では子どもから目を離してもよい	そう思う・やや思う	28	.388	.829	3.251*
	あまり思わない	114	-.110	.989	
	全く思わない	94	.021	.893	

†p＜0.1, *;p＜0.05, **;p＜0.01

備考) 因子分析を用いて分析を行った結果,「母親の変化」は,「育児負担の軽減と資源の活用」「社会関係の広がり」「自己への意識化と社会変革」に,「支援者の支援観」は,「育児負担の軽減」「資源の活用」「社会関係の広がり」「自己への意識化と社会変革」に分類された。
出所) 中谷奈津子「地域子育て支援拠点事業利用による母親の変化」『保育学研究』52(3)2014(刊行予定)より作成

表7-5 支援者の母親規範意識と支援者の支援観

支援者の母親規範意識		度数	育児負担の軽減 (支援者)[22]			自己への意識化と社会変革 (支援者)[23]		
			平均値	標準偏差	F値	平均値	標準偏差	F値
拠点の中では子どもから目を離してもよい	そう思う・やや思う	29	.393	.451	4.350*	.325	.855	2.421†
	あまり思わない	111	.014	.834		-.007	.864	
	全く思わない	90	-.154	1.016		-.118	1.057	
母親はもっと子どもから離れる時間を持った方がよい	そう思う・やや思う	84	.286	.575	8.265**	.168	.951	3.929*
	あまり思わない	125	-.141	.914		-.051	.901	
	全く思わない	21	-.370	1.362		-.447	1.092	

†p＜0.1, *;p＜0.05, **;p＜0.01

出所) 中谷奈津子「地域子育て支援拠点事業利用による母親の変化」『保育学研究』52(3)2014(刊行予定)より作成

意識や支援観が，利用者である母親の変化にどう影響を及ぼしているのかエンパワーメント理論を用いて検討した。支援者がもつ支援観と母親たちの変化には関連がみられず，むしろ母親たちは支援者の母親規範意識に影響を受けている姿がみられた。さらに，支援者の母親規範意識は支援者自らの支援観にも大きく関連しており，支援者自身の母親規範意識の問い直しが大きな課題として示唆されている[20]。

5．子育て支援とパートナーシップ

これまで「母親規範意識」をキーワードに，子育て支援施策と子育ての社会化について考えてきた。政策面では，非常に強い母親への役割期待から子育てへの公的支援が進展しない時代もみられたが，出生率低下を契機に子育て支援施策が積極的に推進されるようになった。「子育て」のみに着目した限定的，対処療法的な支援から，子どもが生まれ，育ち，次の子育ての担い手となるように生活全体を見据えたビジョンへと施策は転換しつつある。しかし，実際の子育て現場での母親規範意識は未だ根強く，子育ての外部化・共同化の「接点」となる幼稚園や保育園では，概して親よりも保育者の方で母親規範意識が高く，それぞれの子育て支援の現場では相互に価値観が揺らぎ合う現状がうかがえた。

ただ，その揺らぎは決して子育ての社会化の後退の兆しといえるものではなかった。揺らぎ合いながらも，子どもの育ちを共に見つめるまなざしが，母親規範意識を緩和させ「再〈社会化〉」を果たしていると思われた。たとえ大多数の意識が母親による子育てを支持していたとしても，日々関わるその子どもが母親以外の他者をも必要とする表情やしぐさを示すことによって，あるいは多様な他者が関わるからこそ得られる深い子どもの育ちを大人側が実感していくことよって，私たちは自らの規範意識や役割認識を変容させていくものと思われる。

子育て支援に携わる支援者の母親規範意識からの解放は，そこを利用する母

親たちの生き方を見つめる機会につながり，さまざまな社会活動に参加しようとする意欲をも引き出している。「あるべき」規範や役割から親や家庭をとらえるのではなく，まずはその人らしさを受け止め，多様性を認め合うことが求められている。そしてその人らしい役割をそれぞれの地域や社会で担えることが，親や子育て家庭を地域の一主体として組み込んでいく過程ともいえ，地域全体の子育て機能向上につながるものと考えられる。

【注】
1) 柏女霊峰『子育て支援と保育者の役割』フレーベル館，2003，pp.28-29
2) 大豆生田啓友「子育て支援」森上史朗・柏女霊峰編『保育用語辞典第6版』2010，p.347
3) 山田昌弘『近代家族のゆくえ』新曜社，1994，pp.65-68
4) 柏女霊峰「子ども家庭施策の潮流」『別冊発達21 子ども家庭施策の動向』ミネルヴァ書房，p.8
5) 中谷奈津子『地域子育て支援と母親のエンパワーメント―内発的発展の可能性』大学教育出版，2008，p.41
6) 岡崎祐司「保育政策と子育て支援(1)」『部落』52(1)，2000，p.88
7) 例えば，阿藤誠・赤池麻由子「日本の少子化と家族政策:国際比較の視点から」『人口問題研究』59(1)，2003，pp.27-48，渡邉彩「子育て支援における優先的課題の検討―少子化対策・労働人口減少対策からの脱却」『現代社会文化研究』(45)，2009，pp.1-18，元木久男「少子化対策に志向する今の子育て支援の問題点」九州保健福祉大学研究紀要11，2010，pp.73-84 など
8) 相馬直子「子育ての社会化のゆくえ」『社会福祉学』45(2)，2004，pp.35-36
9) 松木洋人「子育てを支援することのジレンマとその回避技法」『家族社会学研究』19(1)，2007，p.19
10) 井上大樹・河野和枝・沢村紀子ほか「子育て支援センターの機能と地域子育て協同への可能性」『北海道大学大学院教育学研究院紀要(105)，2008，pp.113-115
11) 森田明美「子育ての社会化～今，これから」『子ども家庭福祉情報』(16)，2000，pp.50-54
12) ここでは，「子育ての社会化」における"社会化"と区別するために〈社会化〉と表記する。
13) 相馬直子，同上，pp.35-36
14) 濱嶋朗ほか編『社会学小辞典［新版増補版］』有斐閣，2005，pp.246-247

15) 井上清美「母親規範・母親意識の現在」『川口短期大学紀要』(25)，2011，p.109
16) この調査は2002〜2005年度科学研究費助成事業「男女共同参画社会を支える地域子育て支援ネットワークに関する学際的基礎研究」（代表：村山祐一）の一部として行われ，保育施設を利用する保護者，保育者，施設長のそれぞれを対象とし約3万人からの回収を得たものである（施設：発送199票・回収181票（以下同順），保育者：4,008票・2,827票，母親：23,797票・15,055票，父親：23,797票・12,310票）。村山祐一・杉山隆一ほか「日本の子育て実態と子育て支援の課題」『月刊保育情報』(352)，2006，pp.51-56
17) 神田直子・神谷哲司「保育者は子育て中の父母にどう寄り添えているか」『発達』29(114)，2008，pp.3-10
18) 神田・戸田ほかは，「分業的育児観」と対峙するものとして「共同的育児観」を位置づけている。この「分業的育児観」は，本論でいうところの「母親規範意識」とほぼ同義のものと考えられ，本論では文脈の関係から「母親規範意識」という用語を採用した。
19) 神田直子・戸田有一ほか「保育園ではぐくまれる共同的育児観」『保育学研究』45(2)，2007，pp.58-68
20) 中谷奈津子「地域子育て支援拠点事業利用による母親の変化」『保育学研究』52(3)，2014（刊行予定）
21) 「自己への意識化と社会変革（母親）」因子は，「自分も様々な社会活動に参加し，意味のある生活が出来ていると思えるようになった」「自分たちの現状や意見を社会に伝えていく方法がわかるようになった」「自分自身が目標を持って，地域や社会での活動に参加するようになった」などという6項目から成る。
22) 「育児負担の軽減（支援者）」因子は，「子育ての疲れを軽減していくこと」「子育てについて精神的な負担を減らしていくこと」「ほっと一息つく時間を持てるようになること」の3項目から成る。
23) 「自己への意識と社会変革（支援者）」因子は，「自分も様々な社会活動に参加し，意味のある生活が出来ていると思えるようになること」「自分自身が目標を持って，地域や社会での活動に参加するようになること」「自分たちの現状や意見を社会に伝えていく方法がわかるようになること」「自分らしい生き方をするために，今の状況からどうしたらよいか考えるようになること」など6項目から成る。

【参考文献】
大豆生田啓友ほか編『よくわかる子育て支援・家族援助論』ミネルヴァ書房，2008
横山文野『戦後日本の女性政策』勁草書房，2002

第8章

高齢者家族とパートナーシップ

第1節　高齢者家族の増加と生活構造

1．人口構造の高齢化と世帯規模の縮小

　人口を3区分すると，0〜14歳を幼少年人口（子ども），15〜64歳を生産年齢人口（大人），65歳以上を高齢者人口（老年）という。全人口のなかで高齢者人口の比率が7％を越え，増え続ける社会を高齢化社会，14％になった社会を高齢社会，21％になった社会を超高齢化社会という。また，高齢者比率が増加することを高齢化が進行するという。日本では，1960年頃までの高齢者人口比率は5％程度であったが，次第に高齢化が進行し1970年に7.1％，1995年に14.5％となり高齢社会に到達した。高齢化社会から高齢社会への移行に要した年数（倍加年数）は24年である。日本の高齢化の速度は，欧米と比較するとかなり早い。フランスでは115年，スウェーデンは85年であった。これらの国は，高齢化に対して準備する時間的余裕があったのに対して，日本は急速に高齢社会に到達し，社会的な準備期間が短かった。また，日本よりも遅れて産業化を達成させた韓国，タイ，シンガポールなどのアジアの諸国や，急速に産業発展をとげている中国では高齢化のスピードはさらに速く，社会基盤の整備が追いつかないなど大きな問題となっている。

　日本における高齢化の展開を『平成25年版　高齢社会白書』でみると，2013

年には高齢化率（65歳以上の人口比率）25.1％で4人に1人が高齢者であったが，50年後の2060年には39.9％を超えて2.5人に1人になると推計している。2005年に現役世代3.3人が高齢者1人を支えていたのに対して，2060年には1.3人で1人を支えなければならなくなる。この白書では，これからは高齢者が支えられるだけでなく同じ世代のなかで相互に支え合う必要性があると指摘している[1]。高齢者政策は高齢者の就労推進，高齢期へ向かう世代の50歳代からの人生設計を進めることによって高齢社会の活性化を図ろうとする。この背景には，団塊の世代といわれる1947～49年生まれのおおよそ700万人の人びとが退職し，年金受給者となる一方で，高齢者間の所得格差が生じ，高齢者のみ世帯の増加が生活に大きな課題をもたらすと考えられる。75歳以上の後期高齢者といわれる高齢者は，2013（平成25）年11月20日の推計人口（概算値）で1,563万人，総人口1億2,729万人の12.3％となり，総人口の1割を超える数値となった。この後期高齢者の増加傾向を踏まえて，老人保健の医療が廃止され，2008年4月から後期高齢者医療制度が創設された。一方で，14歳未満の幼少年人口は，1,638万人で前年より15万人減少しており，少子高齢化の一層の進行が示されている。

　高齢者の家族をめぐるもう1つの問題は，世帯規模の縮小と，高齢者のみの世帯や高齢者の単独世帯の増加である。このことについては、戦後の家族の日本的特徴で既述している[2]。

2．高齢者核家族の増加とひとり暮らしの高齢者世帯の増加

　「日本の世帯数の将来推計」（2013年1月）では、世帯主が65歳以上の高齢者世帯は，2010年の1,620万世帯から2035年の2,012万世帯へと増加とする。単独世帯の増加は，498万世帯が1.53倍の762万世帯へ，「ひとり親と子どもから成る世帯」では1.52倍で201万世帯へ，「夫婦のみの世帯」では，1.16倍で625万世帯へ，「夫婦と子から成る世帯」が1.06倍で256万世帯とわずかにと増加するが，「その他の一般世帯」では減少する。また，75歳以上の後期高齢者の世帯

では，2010年には730万世帯であったが，2035年には1,173万世帯になるとされる。世帯主が65歳以上の核家族的世帯は，2010年に758万世帯で，65歳以上の一般世帯の56.0%であったが，そのうち夫婦のみの世帯は34.3%で，単独世帯の28.5%よりも割合が高い。しかしその比率は減少傾向にあり，2030年には夫婦のみの世帯が29.9%になるとされ，単独世帯は37.7%に増加する。2025年以降，65歳以上の高齢者世帯は夫婦のみの世帯より単独世帯の割合が高くなるとされている。後期高齢者の世帯では，2005年時点でも夫婦のみの世帯よりも単独世帯の方が4.7%多いが，この傾向はもっと顕著になり，その差が2030年には8.2%に拡大すると推計されている。このように高齢者の単独世帯の割合は増加がいちじるしく，2005年の197万世帯が2030年には429万世帯とほぼ2倍になると推定されている。高齢化の進行に伴って世帯規模の縮小だけでなく，より高齢化した単独世帯の増加傾向がみられる。家族を離れたひとり暮らし高齢者の生活は，加齢とともに生活・健康の両面から困難さが増すことから，今後どのようにしてこれら後期高齢者を支援してゆくのか，その方法が模索されている。

3．高齢化の地域格差と高齢化速度

総務省の「人口推計」と社会保障・人口問題研究所の「都道府県別将来推計人口」（2007年）によれば，65歳以上の高齢者人口の比率は，全国平均で20.2%である。2005年では高齢化率の高い上位5県は，島根県27.1%，秋田県26.9%，高知県25.9%，山形県25.5%，山口県25.0%，鹿児島県24.8%で，人口のおよそ4分の1がすでに高齢者となっている[3]。逆に高齢化率の低い自治体は，沖縄県16.1%，埼玉県16.4%，神奈川県16.9%，愛知県17.3%，千葉県17.6%，滋賀県18.1%であり，これに次いで東京都18.5%，大阪府18.7%となっている。高齢化の地域差は，高度経済成長期前後に地方から大都市圏への若年層の大量の移動とその後に移動地での家族形成や家族の成長が大きな要因となっている。この時点では，戦後生まれのいわゆる団塊の世代が高齢期に入

る直前であるためこのような地域差があると考えられる。

　30年後の2035年における高齢化率は，全国平均で33.7％になると推計される。高齢化率の高い秋田県41.0％，和歌山県38.6％，青森県38.2％，岩手県37.5％，長崎県，高知県，山口県，北海道のいずれも37.4％となり，地方の県で高齢化が一段と進行するように思われる。高齢化率の低い自治体は，沖縄県27.7％，愛知県29.7％，滋賀県29.9％，東京都30.7％，神奈川県31.9％，京都府32.3％であり，都市的地域では高齢化の進行が緩やかであるようにみられる（表8-1，図8-1）。人口の減少傾向と高齢化を関連づけて考えると，日本の諸地域は，大きく4区分される（図8-2）。① 神奈川，千葉，埼玉のように首都圏の地域は，急速に高齢化し，人口は維持される。② 愛知，三重などの中部地域と滋賀や京都府は，緩やかに高齢化が進行し人口は維持される。③ 北海道，青森などの北日本地域は，急速に高齢化し人口は緩やかに減少する。④ 島根，高知，山口，鳥取，鹿児島は，緩やかに高齢化し，人口は緩やかに減少する。2005年の時点ですでに高齢化の進行に地域差が現れている。

　人口減少と高齢化現象の地域差の背景には経済成長や生産力など産業構造の差異だけでなく，人口移動，家族構造の違いも考えられる。農業中心の時代では，米作中心の東北日本と畑作中心の西南日本とでは，家族のあり方が異なるといわれていた。東北日本では，米作に適した集約的な農作業のため家長を中

表8-1　老年人口割合の将来見通し

(％)

順位	2005年		2020年		2045年	
	全国	20.2	全国	29.2	全国	33.7
1	島根県	27.1	秋田県	36.5	秋田県	41.0
2	秋田県	26.9	島根県	34.9	和歌山県	38.6
3	高知県	25.9	山口県	34.9	青森県	38.2
4	山形県	25.5	鳥取県	34.6	岩手県	37.5
	……		……		……	

出所)「日本の都道府県別将来推計人口（平成19年5月推計）」国立社会保障・人口問題研究所

心とした農家経営で家族員が多く，代々「あとつぎ」1人に農地が譲られた。子どもは親の農地を引き継ぎ，老いた親の扶養をすることによって世代をつないでゆき，高齢者の介護が可能であった。この時代では親の寿命は短く，実際に親の介護をするあとつぎは少なく，介護をしてもその期間は短かった。あとつぎ以外の子どもは家族の周辺で働くか，大都市など他の地域で従業者となっていった。都市圏への移動がみられ，盆や正月に生家や出身地への帰省がみられた。一方，西南日本では，畑作地が多く米作地域よりも生産性は低く，子どもは大きくなると生家を離れて次々と周辺地域や大都市など他の地域へ出郷し，商業や工業など農業以外の産業の従業者となった。生家では，最後に残った子（末の子）が親と一時は同居するが，親は，やがて屋敷内に隠居し，残った子が畑地を引き継ぐようになった。このように東北日本と西南日本では，親—子と老親—子の関係は異なった形態がみられた。戦前の民法では，1人のあとつ

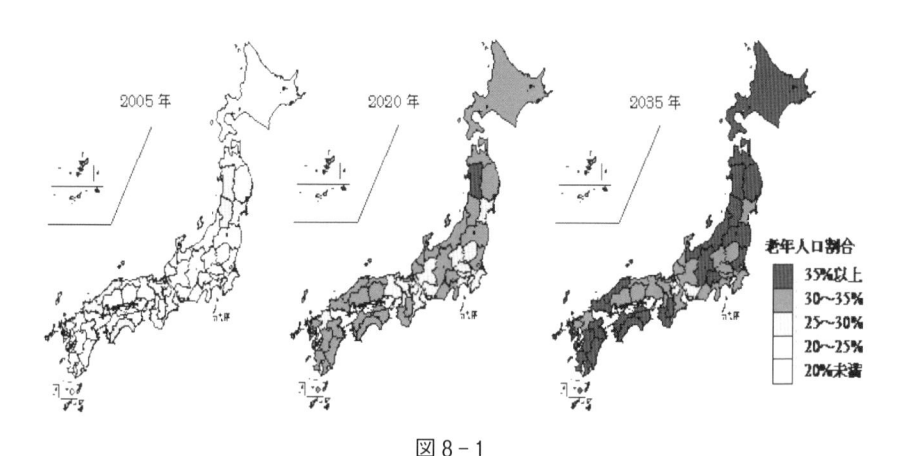

図 8-1

後期老年人口は2030年まで全県で増加、以降は減少県も出現

　後期老年人口（75歳以上人口）は2030年まで全都道府県で増加する。しかし後期老年人口の増加率はおおむね縮小傾向にあり，2030年以降は後期老年人口の減少県が現れる。2030年から2035年にかけては35都道府県で後期老年人口が減少する。2035年の段階で後期老年人口数が多いのは，東京都，神奈川県，大阪府，埼玉県，愛知県など大都市圏に属する都府県である。また増加率でみると，2005年から2035年にかけて後期老年人口が150％以上の増加になるのは埼玉県，千葉県，神奈川県であり，そのほか茨城県，東京都，愛知県，滋賀県，大阪府，沖縄県については100％以上の増加となる。

出所）日本の都道府県別将来推計人口（平成19年5月推計）国立社会保障・人口問題研究所

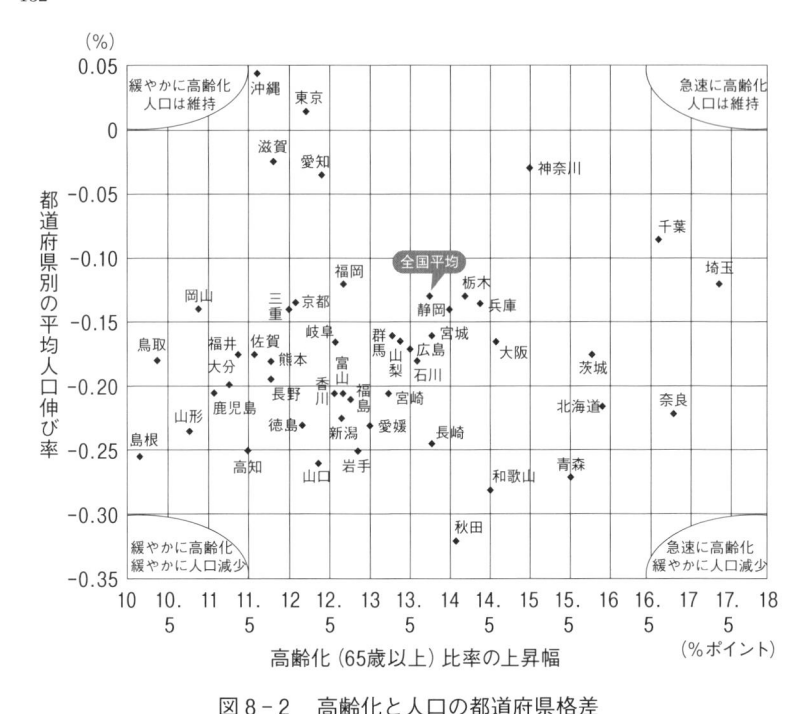

図8-2 高齢化と人口の都道府県格差

出所) 国立社会保障・人口問題研究所「日本の都道府県別将来推計人口2007」のデータによる新聞記事により作成

ぎの子が親の扶養をすることが義務づけられており，長男が継子で親の扶養をし，家督が引き継がれる家制度的な意識をもつようになった。この意識は戦後も残った。戦後民法が改正され，夫婦家族制のもとで夫婦と未婚の子どもが2世代の家族を形成し，子どもが結婚すると家を離れて別の家族を形成するようになった。しかし，現在でも結婚や葬式などの儀式で家名が使われることが多いなど，戦前の意識が残っている。

4．高齢者支援の制度的変化

高齢者は，家族内での扶養が求められていた。高齢者数が急速に増加し，他

方でその高齢者を家族内で扶養するという家族機能は，直系家族制から夫婦家族制へ移行する過程で弱くなっていった。日本においては，理念的に長子の相続や家族内扶養が「含み資産」としてみなされてきた。それが，核家族化と高齢者の長寿化の進行とによって次第に稼働しなくなってきた。さらに女性の雇用機会の拡大，扶養意識の変化により家族内の介護力が低下してきた。介護の社会化（ここでは私的・個別的行為を協同的・集団的行為としてゆく過程を意味する）が進み，その受け皿として公的な介護保険制度が導入された。

　2000（平成12）年4月1日に施行された介護保険制度は，それまでの老人福祉と老人保健の2つの制度の介護部分を再編成して社会保険方式とし，社会全体で高齢者の介護を支援するものである。それ以前のサービスの供給は自己選択の余地のない「措置」としてなされていたが，介護保険制度の発足により利用者が自己選択し，保健・医療・福祉の総合的なサービスを享受できるようになった。少数の高齢者が長寿であった時代から大衆長寿の時代となり，だれもが安心して生涯を送れるような長寿福祉社会を構築することが求められている。かつて老後の生活保障は家族によってなされていたために，同居する家族や他出した子どもが介護を担うために介護者は自己実現を図れず，女性介護者の場合は退職を余儀なくされる者も多くみられた。そうした家族介護が，個人の生涯を通してその労働に応じて保険料を納付し介護サービスを受ける保険制度に転換した。

　介護保険によるサービスは，高齢者が可能な限り住み慣れた自宅や地域で暮らし続けられるような訪問介護（ホームヘルプサービス）に代表される居宅福祉サービスと，居宅で常時介護を受けることが困難な高齢者に対する特別養護老人ホームなどの施設サービスに二分される。後期高齢者の増加で加齢とともに身体的機能が衰退し，精神機能の低下により出現しやすい認知症高齢者への対応などは，居宅での支援が困難な場合が多く，グループホーム・ケアハウス・小規模多機能型居宅介護の整備などが進められている。高齢者が高齢者を介護する老々介護も問題視されてきた。

介護保険制度の施行と同時に，判断能力が十分でない高齢者の財産や権利を保護する成年後見制度が2000（平成12）年から施行された。また，高齢者が虐待の被害者とならないように「高齢者虐待防止法」が2006（平成18）年4月から施行されて，介護者や保護者に対する支援の措置を定めている。この点は，第10章を参照されたい。

5．高齢者家族の生活構造と親族ネットワーク

人生において，人は成長し，成熟し，衰退してゆくというライフコースは避けられない。大人になり，結婚し，子どもを設け，子どもが成長し，離家し，やがてパートナーとの生活に戻り，その後どちらかが死亡するまで家族は続く。パートナーを亡くした後のひとり暮らしとその後の本人の死亡までは，個人のたどるライフコースである。教育を受け，仕事に就き，その後引退し，年金生活に入るといった経済獲得のライフコースも考えられる。いつから高齢者になるかを考えると，家族のライフコースでの子ども・夫─妻・父親─母親，祖父母─孫，という家族内での地位の変化や，学生─就業者─年金生活者という就業上の地位の変化も考えられるが，個人により，時代により，ライフコースのたどる道すじが異なるので，一般化することは難しい。ここでは，年齢を基準として65歳を区切りとする一般的な考え方をとる。落語に出てくるご隠居さんや相撲界での年寄りの年齢は，現在では壮青年期にあたる。かつて，老年期は人生の仕上げの時期と考えられていた。時代により加齢の考え方や社会における高齢者の位置づけは大きく異なる。現在使用されている長寿儀礼を考えると古稀は，「人生七十古来稀」というように，70歳は古来稀な様子を示していた。ところが，現在75歳以上の後期高齢者が総人口の1割を占めている。高齢者が偏在していた時代から，高齢者は当たり前であり，大衆長寿の時代となってきた。このような時代における高齢者家族のあり方も，ライフコースの多様化とともに変化してきている。

『平成19年版　国民生活白書』では，家族のつながりの再構築という表現で

生活費の獲得のための労働中心の生活から家族を中心とした環境の整備が，人びとのつながりを強調することによって可能になるのではないかという提言をしている。人びとのつながりは，家族・地域・職場のそれぞれの領域で必要とされる。経済・社会環境の変化は，さまざまな要因から生起したものである。高齢者をめぐる環境の変化では，単身者世帯の増加や社会自体の高齢化は，大きな要素であろう。人びとの紐帯の弱化は，家族・親族のつながり，地域の人びとのつながりに顕著であり，これらの再構築が期待されるゆえんとなろう[4]。

第2節　高齢者家族と役割

1．夫の退職と役割の逆転

　子どもが比較的早く離家し，パートナーと老後を過ごす夫婦では，夫婦だけの生活時間はかなり長いものとなる。2012（平成24）年の人口動態統計月報年計[5]によれば，平均初婚年齢は，夫30.8歳，妻29.2歳であった。『平成25年版高齢社会白書』によると，2011（平成23）年65歳の平均余命（その年齢の人が平均であと何年生きられるかという数値）は，男18.69年（83.69歳），女23.66年（88.66歳）であった[6]。90歳までの生存率では男20.6％，女43.9％であり，大まかに算出しても30歳で結婚した夫は，離婚をしなければ53年間，28歳で結婚した妻は60年間の結婚生活を送ることになるが，実際は，夫が先立つことが多く，離婚をする場合もある。晩婚化が進み，高齢化の進行により，結婚生活は夫婦が健在で50年間程度続くと考えられる。人生のほぼ3分の2をパートナーと過ごすことになるために，65歳以降の高齢期における夫婦のパートナーシップが重視される。健康で退職金や年金などの収入があり経済的憂いがない場合，老後に備えての生活設計は，退職以前から考えることができる。逆に健康を害したり，経済的な目途がつかない場合や子どもが晩婚や未婚であったりした場合は，多くの課題をかかえる更年期となる。

経済的に安定したセカンドライフを考える時，ファイナンシャルプランナーなどの専門家を利用した退職前セミナーが，大手の企業などではかなり一般化してきている。海外での老後生活を計画する退職予定者も多い。2度目，3度目の仕事を現役時代の延長ととらえないで異業種や自分やパートナーの志向に応じて地方や郊外へ移り，いわゆるスローライフを志す人びともみられる。既婚子との関係もつかず離れずで，近隣に子ども夫婦が居住している場合でも生活基盤が別であり，孫との交流など情緒的な交流が主である。子に経済的な依存をする家族生活，あるいは経済的に補助を求められない独立した家族生活もみられる。子ども夫婦や自身の老親が健在で遠方居住の場合には，通信手段，とくに，電話・メールやパソコン通信などの発達は，離れた家族を結びつける方法として利便性が向上してきている。他方，高齢期の収入の不安定さや健康を害した場合には，子どもや家族のサポートのみならず社会的な支援も必要となる。高齢期は社会的経済的に格差が生じやすいのが現代社会の特質ともいえる。

2．高齢者の性—生殖のための性から人間関係としての性

アメリカでは，2007年にシカゴ大学研究チームが65〜74歳の高齢者の3人に1人が毎月2回以上の性交をしているとのデータを発表している。全米の人口構成を反映して，57歳以上の男女3万5,500人を対象に対面調査で高齢者の性生活や健康状態の実態を研究した結果である。このデータによれば，自分が健康であると感じている人ほどセックスをしている割合が高く，セックスをしなくなった理由として「男性の健康上の問題」をあげる男女が最も多くみられた。また，このデータの解説には，バイアグラなどの性機能の改善薬や栄養補助食品が貢献していると述べている。このニュースでは，性行動も高齢者の健康と密接に関連する出来事としてとらえられており，健康なひとは青年期からの延長として高齢期においても生活の一面としての性行動がみられると指摘している。女性の場合，閉経により生殖機能として出産の場面からは引退する一方で，

男性の場合，性の欲求のみならず生殖能力は維持されるので，夫婦において調整が必要とされる。高齢者男性の場合の性行動の問題として，高齢者の施設や自宅での介護の場で，介護者や看護者がセクシャルハラスメントの被害者になることがあげられる。施設での介護スタッフの多くを若い女性に頼っていることや，病院や老人健康施設でも介護士の多数を若い女性の労働力に頼っている点が，根本的な問題であろう。今後，介護や医療介護の現場においても両性と年齢層に幅があるスタッフが従事することにより，施設でのセクシャルハラスメントは，改善が進む方向になるであろう。しかし，自宅においての男性高齢者から自分の娘や息子の配偶者へのセクシャルハラスメントは，家族外から可視しにくいゆえ立場が逆転し，男性高齢者が介護に頼らなければならなくなった時点から，高齢者への報復として虐待につながりやすい。家族のなかだけでの介護は，いずれかの時点で限界に達することが予見できるゆえに，今後一層介護の社会化が望まれる。

3．高齢者の役割―親役割から祖父母役割へ

　内閣府の『平成19年度　国民生活選好度調査』では，結婚した子どもが親の近くにすむ「近居」の増加を指摘している[7]。20歳代既婚者が「敷地内別居」や「親世代との距離が1時間以内」は，78.4%，30歳代既婚者で82.2%であった。子ども夫婦が働いていて，子育てのサポートをし，食事の準備や買い物を親世代が担当して，食事を一緒にとる共同での生活部分がある。孫が小さい場合，育て方をめぐって親世代と子世代間での方針や方法の相違がしばしば争点となる。親世代の経験が子世代の現実と一致しないことも多い。ただ，他人でないだけに遠慮もなく直接的な葛藤となるが，孫の存在が親世代と子世代を結びつけることになり，解決への糸口となろう。その一方，親―子といっても成人間の関係でもあり，個人のプライバシーを尊重するように一定の距離を置く生活様式もみられる。季節の模様替えや家屋の修繕・修理，植木の手入れなど親の世代では加齢により実施困難な家事を子の世代が担当することにより，生

活の利便性が向上する。病気の看護や介護の面では，介護保険に該当する介護の専門職に依頼する以前には子の世代が担当し，介護保険を利用するようになってからも見守りなど専門職の補間的な介護を担うようにもなっている。介護の社会化が進む一方で，家族の介護力も求められている。

第3節　介護・扶養意識と変化

1．女性の社会進出と扶養意識の変化

　女性の労働力率はこの20年間で大きく上昇し，40～59歳までは中高年齢層ほど上昇幅が大きい。また，55～64歳では上昇幅は最大であり，中高年女性の働き方は家族従業者から雇用者へシフトをしている[8]。この年代層は介護を行う世代であり，男女とも介護・看護を行う有業者の割合が多い。雇用者で家族介護を経験した者の比率は，女性23.5％，男性11.1％と女性の割合が倍であるが，介護に費やす時間は，男女とも1時間50分程度で有意の差はみられない。しかし，介護を理由に退職したいとする割合は，女性36.0％，男性15.7％である。さらに介護のために退職した比率は，女性6.6％，男性1.0％と性別による有意の差がみられる。厚生労働省の『平成24年　雇用動向調査』では，介護を理由に離職した女性は4万800人で，男性は1万800人であった[9]。ただし，介護保険が施行され，介護休業制度が法制化されてから，介護による離職者数の増加は若干鈍化してきている。また，2000年以降は，成年後見制度による高齢者への社会的支援の拡大など高齢者自身に対するサポート態勢もとられるようになってきた。

2．高齢者の社会的入院の要因

　人は，加齢により精神的身体的な衰退がみられるのが普通の現象である。このような衰退現象を緩やかに受け入れることを念頭に，介護保険制度では介護

予防が提唱されている[10]。日本では，平均寿命の延びに加えて健康寿命も長い[11]。また，高齢者が医療サービスを利用する割合も高い。ところが，介護の側面で高齢の要介護者をとらえると後期の高齢者でとくに増加がみられる。『平成25年版　高齢社会白書』で要介護者数をみると，前期高齢者では64万1,000人（4.3％）であったが，後期高齢者では426万6,000人（29.9％）と大きく増加している。また，家族のなかでの介護者は，6割以上が同居者であり，配偶者が25.7％，子が20.9％，子の配偶者が，15.2％で男性30.6％，女性が69.4％と女性が多い。介護者の年齢は，男性で64.8％，女性で60.9％が60歳以上の老老介護といわれる形態である[12]。

　介護保険制度が導入される以前には，介護の長期化に対して，家族の経済的負担や介護負担を軽減するために，社会的入院として，介護を要する高齢者を長期に入院させたままにしておくことでしのいでいた。しかし，医療費の増大が社会的入院の問題点としてとりあげられるようになった。それまで一部の医療機関では，入院費収入が確実に見込めることから社会的入院者を積極的に受け入れることもあった。身体の機能を維持し，身体的精神的衰退を防止する介護行為が，医療や治療を目的とした医療機関で代替的に行われてきたことに対して，近年，本来的に福祉の分野で実施する方向に是正されてきている。

【注】
1）内閣府『平成25年版　高齢社会白書』ぎょうせい，2013年
2）国立社会保障・人口問題研究所「日本の世帯数の将来推計」2013年
　　http://www.ipss.go.jp/pp-ajsetai/j/HPRJ2013/hhprj2013_honbun.pdf　2013年12月15日閲覧
3）国立社会保障・人口問題研究所「平成19年　日本の将来推計人口」2007年
　　http://www.ipss.go.jp/pp-fuken/j/fuken2007/gaiyo.pdf　2013年12月15日閲覧
4）内閣府『平成19年版　国民生活白書』人事画報，2007年
5）厚生労働省統計調査結果
　　http://www.mhlw.go.jp/toukei/saikin/hw/jinkou/geppo/nengai12/index.html
6）内閣府『平成25年版　高齢社会白書』
7）内閣府『平成17年度　国民生活選好度調査』2007年

http://www5.cao.go.jp/seikatsu/senkoudo/senkoudo.html
8 ）厚生労働省『平成24年版　働く女性の実情』2012年
　　http://www.mhlw.go.jp/bunya/koyoukintou/josei-jitsujo/12.html
9 ）厚生労働省『平成24年　雇用動向調査』
　　http://www.mhlw.go.jp/toukei/itiran/roudou/koyou/doukou/13-2/
10）介護を要する状態の軽減または悪化の防止に資するよう行われる支援。
11）平均で何歳まで健康に生きられるかを示す国別の「健康寿命」について，世界保健機関（WHO）の発表では，191ヵ国中日本は74.5歳（男71.9歳，女77.2歳）で，世界で最も健康に長生きできる国と位置づけられた。
12）内閣府『平成25年版　高齢社会白書』ぎょうせい，2013年

【参考文献】
大泉啓一郎『老いてゆくアジア繁栄の構図が変わるとき』中央公論社，2007年
川村匡由編著『市町村合併と地域福祉「平成大合併」全国実態調査からみた課題』
　ミネルヴァ書房，2007年
原田正文『子育ての変貌と次世代育成支援』名古屋大学出版会，2006年
宮本みち子・岩上真珠・山田昌弘『未婚化社会の親子関係』有斐閣，1997年
湯沢雍彦『データで読む家族問題』NHK出版，2004年

第9章

高齢者家族の支援とパートナーシップ

第1節　介護をめぐる高齢者家族の変化

1．家族介護はどのように変わってきたか

(1)　法と家族介護

　かつての家族制度のもとでは，血族，姻族の結束が固く，民法の扶養義務が当然のように家族によって果たされていた。1970年代前半頃まで，介護は家族の手によって担われることが多く，1980年代頃より家族の介護力が低下する中で，家族による介護が「当たり前の義務」から「仕方がない」とする意識に変化した。1980年代後半には，家庭を基盤とした「日本型福祉社会」が一部見直され，高齢社会対策は家族による介護を前提としての在宅生活の支援が中心となった。親の扶養，介護は伝統的な慣習や考え方を温存しながらの政策転換である。

　人口の高齢化に伴う要介護高齢者の増加や重度化，介護期間の長期化が進むなか，介護者の高齢化（老老介護）や女性の社会進出などにより要介護高齢者を抱える家族の介護能力が低下していった。要介護者をかかえている家族だけでは対処しきれない状態が多数発生し，高齢者介護を社会全体で支える「介護の社会化」が強く要請され，2000年4月に介護保険制度が施行された。家族だけが介護の重荷を負い，女性のみが介護を担当することを当然視する風潮が変

わると考えられた。介護保険制度の実施によっても社会や個人のライフスタイルは変わらず介護保険制度の導入後もいまだに家族介護を中心とする状況にあり，高齢者介護は女性の家族介護に依存している傾向にある。『平成25年版高齢社会白書』（以下，『高齢社会白書』とする。）[1]によれば，要介護者等からみた主な介護者の続柄は，配偶者25.7％，子20.9％，子の配偶者15.2％である。性別では，男性30.6％，女性69.4％で，女性が多い。わが国の高齢者介護は，私的介護から公的介護へと移行しているが，現段階においても私的介護（特に女性）への依存度が強い。

(2) 経済情勢と家族介護

世界経済的な情勢（グローバリゼーション）は，家族のあり方に変化をもたらした。「女性が社会的に自立できるようになったこと，日本経済が悪化して男性の収入が落ちたこと，得失感情や価値観の多様性」などが影響し，未婚化・晩婚化が進行した。未婚子との同居も年々増加の傾向にある。シングルと同居する高齢者世帯の場合，親子ともに元気な間は，生活・経済の両面で親が子を援助し保護する形の生活維持が可能である。親の加齢，病気に伴い要介護状態に陥ると親子の双方が危機に陥る。子世代に無職や非正規雇用の場合，親の要介護が進むにつれて，親の経済力にカバーされて見えなかった子世代の貧困問題が顕在化した。経済的な苦境が高齢者への虐待に結びつく要因ともなる。介護と仕事を両立することが困難で，介護を優先すれば解雇につながるような不安定な雇用条件下で働かざるを得ない現状の変更が必要であろう。

(3) 地域社会と家族介護

地域社会の変容が進み，個人主義が拡大するなかで都市的生活様式がひろがり，生活スタイルの多様化進展し，流動性も増大し地域コミュニティの衰退がみられる。核家族，独居，夫婦二人暮らしの高齢者が増加，個人と地域の関わりも薄れるなか，介護が必要な世帯の孤立化・貧困化が進んだ。地域機能の低

下や隣人への関心の希薄さ，介護形態が施設から在宅への移行などによって，さらなる孤立化・貧困化が懸念される。平成17（2005）年9月24日にNHKスペシャルで千葉県松戸市の常盤平団地における孤独死の問題が放映されたときは大きな反響を呼び，孤独死問題の社会的関心も高まってきた。

⑷　介護者の多様化と家族介護

　社会の高齢化が急速に進む今日「老老介護」はすべての日本人にとってきわめて身近な問題となっている。

　老々介護は多くの場合介護される側と介護する側は，親子関係や親と嫁との関係である。『高齢社会白書』[2]によれば，要介護者等からみた主な介護者の続柄は，6割以上が同居している人が主な介護者であった。主な介護者の年齢は，男性では64.8％，女性では60.9％が60歳以上である。「老老介護」のケースも相当数存在していた。80代の夫を80代の妻が介護せざるを得ないといったケースも多くみられ，個人の生活能力を超える負担が生じている。今後団塊の世代が高齢化するにつれ「老老介護」はさらに増えるであろう。『高齢社会白書』[3]によれば，65歳時の平均余命は昭和30（1955）年には男性が11.82年，女性が14.13年であったものが，平成23（2011）年には男性が18.69年，女性が23.66年，男性，女性とも高齢期が長くなった。65歳時の平均余命について今後の推移は，平成72（2060）年には男性22.33年，女性27.72年となり高齢期はさらに伸びる予測である。

　嫁の介護に代わって男性の介護者が増えている。「高齢期の妻の介護─夫」と「親を介護─息子」する男性介護者である。背景には，平成12（2000）年の介護保険制度導入での「家族による介護」から「介護の社会化」への政策転換，核家族化・少子化傾向などの要因による家族介護者モデルの変容である。『国民生活調査』によれば，平成10（1998）年には，夫の割合は11.3％，息子は6.4％であったが，平成16（2004）年には夫の割合は13.2％，息子は12.2％で，夫は微増，息子は倍増している。こうした家族介護の変化で，仕事と介護の両

方を担う人が増えている。総務省『平成24年就業構造基本調査』[4]によれば，介護をしている者の男女別の有業率は，男性が65.3％，女性が44.9％であり，介護と仕事の両立の困難さがうかがえる。男性は，女性に比べて介護の負担やつらさを周囲に相談しにくく，介護を自分ひとりで抱え込み過ぎて孤立しやすい。それが男性の介護を苦労多いものにし，介護心中や殺人という悲劇を引き起こすひとつの要因になっている。厚生労働省[5)6)]によれば，家庭内で65歳以上の高齢者に対する虐待者に最も多い続柄は2010年度〜2011年度まで連続して「息子」であり，次が「夫」で，被害者の約8割は女性となっている。同様なことが介護心中や殺人でも見られる。

2．変化した家族における介護問題

(1) シングル介護の孤立と孤独

晩婚化や非婚化が進むなか，独身の娘や息子が親の介護を担う「シングル介護」が増えている。65歳以上の高齢者の子どもとの同居率は，未婚化・晩婚化に伴って未婚子との同居が年々増加の傾向にある。厚生労働省の『国民生活基礎調査』[7]によれば平成22年は約383万7千世帯で，高齢者のいる世帯の2割近くを占める。「認知症の人と家族の会」東京都支部の調査データで昭和57年度と平成24年度を比較すると，介護をしている相談者の割合は，「嫁」が43％から9％に減る一方で，娘・息子は27％から40％に増えた。

シングル介護は，介護との両立ができずに仕事を辞めざるを得なくなるケースもあってストレスをため込む人は少なくない。総務省の『就業構造基本調査』[8]によると，平成18年10月〜平成19年9月の1年間に「介護・看護を理由に離職・転職した人」は約14万5千人で，平成17年10月〜平成18年9月に比べ1.39倍に急増した。女性は約11万9千人で全体の8割以上を占めており，現役世代が仕事と介護を両立させる難しさがうかがえる。男女・年齢別にみると男性は50代・60代，女性は40代・50代の離職・転職がそれぞれ約6割を占めている。

朝日新聞[9)]によれば，介護問題を長年取材している作家の遠藤典子さんは「結局，家族の負担が増える方向に揺り戻されている」と言う。「介護保険の創設で，『介護は嫁がやるもの』から『プロを活用した方がいい』という意識に変わったはずだった。それが今，未来ある子や孫に負担が移り仕事を辞める人までいる。それでは介護される人もいたたまれない。国は家族間の愛情を利用すべきではない」と話す。親の介護のために，仕事や結婚をあきらめた女性のケースを紹介している。「重度の知的障害のある弟を世話する母が倒れ，その母と，もちろん弟も介護する女性。しかも，最近はそこに祖母の認知症も進む……。使える制度はすべて使っても，働きながらの3人の介護は並大抵ではなく，毎朝，3人の身支度に2時間半かかる。」恋人とのデート中でもデイサービスの職員の電話が入ったり，デート中も途中で介護の食事作りに帰るなどして結局，恋人とは別れることになる。

多くの人が介護のために自分の暮らしや恋愛を犠牲にして追い込まれている。介護財政も逼迫するなか「施設から在宅へ」が今の行政の流れである。そこに輪をかけて，生活保護バッシングに見られたように「家族で扶助しろ，それが当たり前だ」という圧力が強まりつつある。

(2) 一人暮らし高齢者の孤立死（孤独死）

急速な高齢化の進展や高齢者の単身・夫婦世帯の増加など，高齢者を取り巻く社会環境が大きく変わる中で，孤立死は増加傾向にある。誰にも看取られることなく息を引き取り，その後，相当期間放置されるような悲惨な「孤立死（孤独死）」の事例が頻繁に報道されている。これは社会的に孤立してしまった結果，住居内で死亡して死後しばらく周囲の社会に気付かれず放置されていた状況を指す。『高齢社会白書 平成24年度』[10)]によると，死因不明の急性死や事故で亡くなった人の検案，解剖を行っている東京都監察医務院が公表している平成22年のデータで，東京23区内における一人暮らしで65歳以上の人の自宅での死亡者数は2,913人である。㈱都市再生機構が運営管理する賃貸住宅約76

万戸において，単身の居住者で死亡から相当期間経過後（1週間を超えて）に発見された件数（自殺や他殺などを除く）は，平成22年度に184件，65歳以上に限ると132件となり，平成20年度に比べ全体で約2割，65歳以上では約5割の増加で，特に高齢者に急増傾向である。誰にも看取られることなく，亡くなったあとに発見されるような孤立死（孤独死）を身近な問題だと感じる（「非常に感じる」と「まあまあ感じる」の合計）人の割合は，60歳以上の高齢者で4割を超え，単身世帯では6割を超えている。多くの単身高齢者が心配事を抱えながらも誰にも相談できず，ひっそりと孤独死におびえながら生きているということがうかがえる。孤独死の原因は急性疾患，慢性疾患，自殺，突然死などさまざまであるが，誰かと一緒に暮らしていれば死は避けられたのではないだろうか。読売新聞[11]によると，北海道釧路市では，昨年1月に老夫婦が自宅で亡くなっているのが発見された。72歳の妻が病死し，残された84歳の認知症の夫が助けを求められず凍死したとみられている。夫は介護認定の更新をしておらず，発見が遅れたらしい。

(3) 老老介護の介護力の低下

高齢者夫婦間では双方とも介護能力がない場合が多い。高齢者は，病気が慢性期にあり，長期化している。介護者も高齢であることから，食事，入浴，排泄の世話による疲労や睡眠不足，時間的拘束などの介護負担が増大し，心身ともに不健康な状態に陥っている場合が多い。介護家族は先の見えない介護に嫌気をさし，死にたいと思ったり軽度のうつ状態になったりすることも少なくない。無理に介護すれば共倒れになる，高齢者虐待や介護心中・殺人に発展する危険性さえある。経済面をみても施設入所できる人びとに比べ重い負担となっている。こうしたことにより，家族間の人間関係そのものが損なわれるような状況も見られる。老老介護など介護に困難を抱える世帯をどう支えるかは今後の重要な政策課題となっている。『高齢社会白書』で自分が介護が必要になった場合，誰に介護を頼みたいかをみると男女とも「配偶者」が最も多いが，男

性54.7％，女性26.6％で，男性の方が配偶者を希望する割合が高い。

　立澤芳男[12]によれば，新しい家族の関係として「インビジブル・ファミリー」（親世帯と子世帯が同居ではなく，近距離で別々に住み経済的・精神的に支えあう形態「見えない家族」）という関係が注目されているという。『国民生活白書　平成19年版』[13]によれば，「近居による新しい家族のつながり」として，①親世代とは近居がよい。結婚した人が親と別居する割合が増加し続ける一方で，若い世代を中心として自分や配偶者の親の近くに住む「近居」が増えている。平成6年と平成19年を比べ既婚者が親世代と二世帯住宅や同じ敷地内に住んでいる割合は3.4％から8.5％へ，時間以内の距離に住んでいる割合は51.6％から67.5％へとそれぞれ高まっている，②この傾向は，若年層で特に強く見られ「敷地内別居」と「親世代の距離が1時間以内」を合わせた割合は20歳代既婚者の78.4％，30代既婚者では82.2％にも達している。近居により親世代と適度な距離感とプライバシーを保ちながらも，困った時には助け合ったり，機会があるごとに一緒に行事を楽しんだりするような関係が，今後どんどん増加していくであろうという。それぞれの生活を楽しみながら，家族のきずなも大切にしたいと考える人々の意識に合ったつながりの形であると考えられる。

(4) 男性介護者の孤立と孤独

　男性介護者の困難の第一は，仕事と介護の両立があげられる。総務省の『就業構造基本調査』（2013年[14]）によると，過去1年以内（平成23年10月～24年9月）に介護・看護のため前職を離職した者は10万1千人であり，過去5年間に離職した者は48万7千人（男性は9万8千人，女性は38万9千人）である。このうち現在の就業状態が有業である者は12万3千人，無業である者は36万4千人である。男性が主たる稼ぎ手である場合，介護離職が家計に及ぼす影響は深刻で，仕事を安定的に続けられないことは，介護を終えた後の介護者の生活再建にも深刻な影響を及ぼす。津止[14]は離職→収入にひびく，生活苦→孤立→不

幸な事件へ発展する危険性もあると指摘している。「仕事と介護のは両立を可能にする社会的な仕組みはまだまだ整っていない。短時間労働など「働き方が多様化してきた」とはいうものの，それは非正規雇用などの"不安定さ"と引き替えになっているのが現状である。「介護しながらでも，いかに安定した働き方を継続できるか」ということが社会的な課題となっている。親や配偶者の介護が始まることで仕事と介護の板ばさみになり，結局退職に追い込まれてしまう人は全国で年間10万人にのぼる。退職してしまう前に男性も女性もSOSを発して，仕事と介護の両立を続けてほしいと思う。介護による退職は介護者の経済的安定を奪うばかりでなく，同僚や友人という親しい関係をも奪っていく。地域コミュニティとの関係（縁）を作ってこなかった男性介護者の孤立は，虐待などの不幸な事件につながることもある。介護は誰もが直面する可能性がある。介護はつらくて大変であるが，それまで見えなかったものが見えるようになったり，自分の生き方を見つめ直す機会となるものであって人生の中で排除すべきものではない。

　男性にとっての困難の第二は，地域・友人・社会関係の希薄化である。斎藤真緒[15]は，男性介護者は「地域などの仕事以外のネットワークが女性と比較して乏しい」，「SOSのサインを他人に出すのは苦手である」さまざまな困難は表面化しにくいと指摘している。読売新聞[16]によると，「米が3日分しかないんです」。Aさん（63）が，町内会長のBさん（71）に打ち明けたのは昨秋のこと。Aさんは高齢の父親と2人暮らしで，定年後は仕事がなく，主に父の年金に頼って生活していた。父が昨夏，88歳で亡くなると，生活が困窮。相談時点で持っていた現金は80円。貯金も480円しかなかった。「近所の人たちと交流がなく，部屋に閉じこもった生活を送っていた。父の死後，なるようにしかならない，死ぬなら死んでもいいと自暴自棄の毎日だった」とAさん。孤立死を予防するには，行政や地域の取り組みに加え，困った時に「助けて」と言える相手を見つけるなど，当事者の自助努力も求められる。自立した暮らしを基本としつつ介護者，何かあったときの見守りや日常生活のちょっとしたサポー

トをどうするか，プライバシーに配慮しつつ高齢者の孤立をどのように防ぐかなど，住み慣れた地域で長く暮らすためのさまざまな知恵を出していく必要がある。制度や行政の仕組みだけでなく高齢者の暮らしに密接に関わる小売・サービス業や交通に関わる企業なども含め，高齢者の暮らしに対する発想の転換が求められている。

第2節　家族は介護が不能か

1.「所在不明高齢者」と「社会的ネグレクト」

　長寿社会の到来により，高齢者は家族のケアに依存しなければ生きられない期間が長期化した。同居家族は自分の生活を成りたたせるだけでなく，家族規模が縮小したなかで老親のケアに向き合うことになった。

　斎藤[17]によるとメディアで取り上げられている「消えた高齢者」問題の背景には，親の年金に依存して暮らさざるを得ない独身の成人子が多数存在すること—年金依存親子問題—がある。介護殺人・心中の問題からも介護を契機とする貧困化，介護者を含む家族の精神的安定を脅かしている。「市営団地の一室で腐敗した80代男性の死体が見つかり，同居していた独身の子Aが親の年金を不正に受給している事件では，Aが父親の骨折入院を契機に，病弱な母親の世話するため勤めていた宿泊施設を辞め母親の介護を始めた。母親の認知症の症状が進んだ結果，母親は特別養護老人ホームに入所することになったが，父親も寝込みがちになり今度は父親の世話をするようになる。経済的に苦しく父親の年金の約20万円から母親の入院費用12万円を払うと生活費にも困るようになり家賃滞納が始まり，父親死亡後の年金不正受給に至った」[18]。親子関係が悪くなかったにもかかわらず，息子が事件を起こしてしまったシングル介護の例である。

　副田あけみ[19]は，次のように指摘する。自分の仕事や自分の生活よりも親

の介護を選んだのは彼ら自身である。そうするしかないと思い込み，介護サービスを使わずに年齢的に再就職は困難となり経済的に困窮する。その結果として，親の死体遺棄という究極のネグレクトをした。独身であっても介護と仕事を両立できるような仕組みを社会が用意せず，介護に関する情報提供や相談援助をはじめとする支援のサービスを高齢者と介護する家族に届けなかったという「社会的ネグレクト」がある。

　未婚者，離婚者も含み，日本では結婚をしない男女が増え，晩婚化も進んでいることからシングル介護は増加している。死体遺棄や年金不正受給は今後も発生する恐れもある。

2．「高齢者虐待」

　長寿化は高齢者と家族の関係について，新たな問題を提起しつつある。家族による介護放棄や虐待の問題が指摘されてきている。日本の要介護高齢者をめぐる状況を考えるとき，問題は単に子どもの数が減って一人暮らしや高齢者夫婦が増大したというだけではない。夫や息子が介護するケースが増大してきた。家族の「共同性」を支えていた生活基盤の劣化や崩壊によって，要介護高齢者を守る「セーフティネット」としての役割を家族が担うことが困難になり，日常生活の場で大きな変化をもたらした。家族内の葛藤や家族崩壊，ネグレクトや暴力といった高齢者への虐待問題として生じている。

　高齢者虐待は，介護する，されるという中で生じるが，そこに至る過程には他人にはわからない家族の歴史がある。被害者，加害者という構図では単純にとらえられない。1990年代に行われた高齢者虐待の調査では要介護者との続柄で虐待者としてもっとも多い続柄は「嫁」であった。厚生労働省の『高齢者虐待の実態調査』によれば，虐待者に最も多い続柄は平成18（2006年）度～平成20（2008年）度まで連続して「息子」であり次が「夫」である。

　朝日新聞[20]によると，平成18（2006年）京都で認知症の86歳の母親を54歳の息子が介護疲れで殺害するという事件が起こり，大きな反響を呼んだ。高齢者

介護の現場をよく知る竹村[21]は，「男性は仕事など『自分自身の生活』と『親の介護』という両輪のバランスが崩れたときに虐待に走ることが多い。介護に頑張りすぎて息抜きの下手な男性ほど危険をはらむ」と述べている。年老いた母親一人，息子一人の家族，逃げ場のない環境で，ストレスをためている」「認知症の進行によって肉親が心身ともに変貌していくことを受け入れられない男性が多い」と説明している。

息子が介護している場合には，介護知識が乏しいこと，多くが仕事をもっている年齢層であること，高齢者と2人暮らしの場合には他の家族の身体的・精神的な支えが得られにくいなどが背景にあり，これらを配慮した援助が必要になる。多くは孤立した状態で，福祉関係機関に相談，連絡することすらできない。

平成18（2006）年4月高齢者虐待防止法では，高齢者のみならず養護者も視野に入れた支援が展開されつつある。厚生労働省調査[22]によると，在宅で介護を担う家族・親族からの虐待が平成21年度に15,615件，平成22年度は16,668件にのぼり，前年度より1,050件（6.7%）と増加し，今後もその傾向が続くと考えられる。

高齢者虐待のこれまでの研究により，高齢者虐待の現状や虐待の要因などに関しては一定の成果を見ることができる。高齢者虐待の背景や要因は，養護者に重い介護の負担やそれに対する周囲の無関心，養護者と要介護高齢者の人間関係，養護者本人の問題（心身や経済面等）など多種多様である。筆者の研究（柴田2009）[23]においても同様な結果であった。これらの背景や要因は複雑に関連しあい虐待に発展していくものである。単一の要因を解消することでは根本的な解決には結びつかない。虐待の可能性を秘めた潜在因子や兆候をもつ家族，すなわち虐待予備群を早期にキャッチし，虐待が深刻化することを防ぐ必要がある。

3.「夫婦間介護の危機」

【ケース】 老老介護の地獄，最期の会話　83歳妻が84歳夫を刺した瞬間[24] 2012年9月27日

「あんただけ先には行かせへんで。私もすぐに行くよ」。今年2月，寝たきりの夫＝当時（84）＝の腹に深々と包丁を突き立てた妻（83）は静かにつぶやいた。大阪府枚方市の自宅で介護していた夫を刺殺したとして殺人罪に問われた妻に，大阪地裁は裁判員裁判の判決公判で，懲役3年執行猶予5年（求刑懲役5年）の温情判決を言い渡した。結婚以来60年間，仲むつまじく連れ添った夫婦の運命は一体，どこで狂ったのか。夫婦は昭和24年に結婚。時には無理難題を言い出す夫を妻は献身的に支えてきた。夫も妻を愛し，しばしば2人で旅行に出かけたという。夫は平成3年に膀胱（ぼうこう）がんで手術をしたころから体調を崩しがちだった。22年12月には自宅で転倒したことにより完全な寝たきり状態となった。苛酷な介護の日々は続いた。昼夜を問わず，2時間ごとのおむつ交換。妻1人で寝たきりの夫のおむつを交換し，足を持ち上げてズボンをはかせるなどの作業は，1回で1時間ほどかかる。ほとんど夜も眠れない生活で，妻は心身ともに極度の疲労を抱えるに至った。「おむつ交換は大変やから，他の人にはさせられへん。おじいちゃんも私にしてほしいと思っている」。妻は周囲に助けを求めず，弱音を吐くこともなかった。近くに住む長男夫婦は，平気な顔で介護にあたる様子を見て「おばあちゃんなら大丈夫」と思っていたという。妻は最後まで「若い人には迷惑かけられへん。自分さえ我慢すればいい」との姿勢を崩さなかった。

　2月28日未明。この日も一晩中おむつ交換を繰り返しながら朝を迎えた妻は，寝不足でフラフラの状態だった午前6時ごろ，交換した直後に夫が排泄したため妻が思わず「またかい」とつぶやいたところ気を悪くしたの

> か，夫はおむつを交換しやすいように足を曲げるなどの協力をせず，妻を困らせた。妻の頭の中で何かが弾けた。「こんなに尽くしているのに，なぜ意地悪をするのか」「夫を残して私が先に死んだら，息子たちが苦労する」…。さまざまな思いが駆け巡り，とっさに台所へ走って包丁（刃渡り約18センチ）を手にした。寝室に戻った妻は，目を閉じてベッドに横たわる夫の腹に，右手で握った包丁を突き刺した。「なにすんねん」。目を開いて驚く夫に，妻は「あんただけ先には行かせへんで。私もすぐに行くよ」と語りかけた。すると，夫は抵抗せず，「お茶ちょうだい」といった。妻が慌てて2，3口を飲ませると，夫は「もういい」と言って目を閉じた。それが最後の言葉だった。

　老老介護における夫婦間の介護に対する考え方は75歳以上の世代は，どんなに高齢になっても夫婦でいる限りは二人で頑張り，子どもに面倒はかけられないという意識が強い。せっぱ詰まるまで，子どもたちや社会的支援に頼ろうとしない世代的特徴とも考えられる。認知症の配偶者を抱えていても，自分のみで対応しようとするケースも見られた。介護の困難さを抱えながら外部に相談はしない，生活や身体的に余裕がなく相談できないというケースもある。こうしたケースに適切な支援が行なわれることが必要である。

　要介護者がいる65歳以上の高齢者世帯の20.6％が介護サービスを「利用しなかった」と回答。訪問サービスや短期入所を利用しなかった理由では，半数以上の世帯が「家族介護で何とかやっていける」と答え，「他人を家に入れたくない」「利用者負担が払えない」などの理由もあった。「ひとりで抱え込まない」ことが老老介護を続けていく上で一番大切である。デイサービスやショートステイを利用して心身ともにリラックスするなど，共倒れにならないような工夫が必要である。

　高齢になるにつれ，若い頃に関わっていた近隣や友人といったネットワークは薄れ，さまざまな介護情報の入手や必要な機関へのアクセスも不慣れとなる。

「サービス」の手が届かない社会のすき間には，老いた体で懸命に配偶者を介護する人たちがいる。そのすき間を埋められるもの，それは「人との繋がり」である。家族の繋がりはもちろん地域の繋がりがあれば，たとえ公的な介護サービスが受けられない場合でも介護の負担を一人で負う必要がなくなる。「老老介護」の裏側には家族と地域の繋がりの希薄さといった要因も隠されている。今一度自分と自分を取り巻く人たちを見つめ直し，よりよい関係を築く努力を怠らなければ，私たちが介護する側もしくはされる側になったときにこのような事案は減っていくであろう。この事案からは「懸命に介護をしていた」という家族像が浮かび上がる。一生懸命介護をする家族ほど介護によって精神的・肉体的に追い詰められやすい。「老老介護」の現実はきびしい。

第3節　高齢者家族の支援

1．公的介護保険制度

(1) 介護保険制度と支援

　介護保険制度は，国民の共同連帯の理念と利用者個人の尊厳を保持し，自立した日常生活を支援する目的で創設された新たな制度である。介護保険制度には「介護の社会化」と「在宅の介護環境を整備する」という狙いがあった。現実の介護保険は，在宅高齢者の家族介護を一部社会化にしたに止まっている。特に低所得者では介護保険サービスを控えようとする傾向があるため，家族の負担は依然として大きい。その負担を期待されるはずの家族は小規模化が進んでおり，介護のための余力を失っている。介護環境が整うことによって在宅介護期間が長期化し，要介護者と介護者の双方の高齢化，重度化が進む。家族間の葛藤が深まり，より複雑になっている。そうした家族に今後も介護の少なからぬ部分を委ね続けるなら，社会は介護を担い続ける家族高齢者をこれまで以上にさまざまな形で支援する必要がある。

『高齢社会白書 平成24年度』[25]によると，高齢者の心の支えとなっている人は「配偶者あるいはパートナー」が3分の2以上（65.3％）おり，子どもは6割近く（57.4％）となっている。夫婦二人で暮らす世帯は配偶者に対する期待が高い。妻が夫より先に倒れた場合には，夫が介護を担う割合も多い。2010年，新聞等で「所在不明高齢者」の問題が報じられた。高齢者と家族を孤立状態に置き，そうした事態が起きる以前から高齢者と同居家族へ届くべき支援が届き，事態を少しでも防ぐ方法を検討する必要がある。イギリス，ドイツ，スウェーデンでは，介護者と要介護者との関係は家族・親族に限定されずその範囲が広い。介護関係を家庭内のみで形成せず，友人・隣人などを含めたコミュニティーにおける介護関係を形成できるシステムになっている。家族と地域をパートナーとする関係づくりである。

(2) 専門職と家族介護者の関係

専門職と介護者との関係性は，家族をどう理解するかが重要である。家族介護者は，利用者のニーズをもっともよく知るひとりである。特に家族は介護を自らの責任として，その役割に心血を注ぐことがある。その背景には愛情や恩返し，血縁の家族のために頑張らなければならないという義務感など，家族特有の感情的なつながりがある。しかし介護は，「やりがい」があると同時に「つらい」労働でもある。こうした家族の感情には常に不安や絶望が伴っている。家族という小さな共同体にとっては先の見えない介護である。家族外の第三者に相談できれば，心理的な負担はかなり楽になる。家族は家族なりのケアの「あうんの呼吸」があるので，専門職は，介護者を利用者に対するケアの対等なパートナーとしてそのあり方を尊重し，協力体制を敷くことが重要である。

(3) 家族介護者のアセスメントと支援サービス
　　　―生活の質 quality of life（QOL）―

家族介護者の生活の質を保障することも重要である。家族介護者は介護しな

がらも，自分なりに介護から一時的に離れ，自らの好きな趣味的な余暇を過ごすことも大事であるし，それを妨げることは誰にもできない。家族介護者も人生を楽しむ権利がある。ケアマネジャーは介護者に対する介護能力や社会的な立場を細かく聞き取り，その介護者のニーズを理解して，負担軽減を考慮すべきであろう。介護者が自らの生活や人間関係を続け，介護の役割を担えるようになるための支援計画が重要であろう。

2．行政主導の高齢者家族支援の例

ここでは，行政主導で高齢者家族を支援している例を紹介したい。名古屋市では，高齢者家族が地域で安心して暮らすための支援体制の充実を目標として以下の活動を進めている。名古屋市高齢者保健福祉計画・介護保険事業計画「はつらつ長寿プランなごや」(2012) がそれである[26]。その中の「地域の見守り体制の充実　～孤立死の防止～」を紹介しよう。

① 高齢者の孤立死防止事業：高齢者の孤立死が深刻な社会問題となったことを契機に，平成20年度から高齢者の孤立死防止事業に取り組んでいる。各区で行政機関や地域の関係者，事業者で構成する「地域支援ネットワーク運営協議会」を立ち上げ，地域住民の協力を得て地域の方が地域で高齢者を見守る地域支援ネットワークづくりを進めている。25年度から，市内すべての新聞販売店と協定を締結し，日々の新聞配達業務の中で高齢者の見守り活動，市内29ヶ所ある「いきいき支援センター（地域包括支援センター）」に見守り支援員を配置し，個別のケースの対応する電話による見守り活動を開始している（市民の声25年7月）。

② ひとり暮らし高齢者や高齢者のみの世帯の見守り活動：各区に配置した高齢者福祉相談員が，ひとり暮らし高齢者や高齢者のみの世帯を訪問して各種の相談・支援を行い，安否確認や孤独感の解消に努めている。民生委員や老人クラブ，地域委員会による自主的な見守り・訪問活動も行われている。

③ 新しい見守りの担い手：今後，ひとり暮らし高齢者や高齢者のみ世帯が増加することが見込まれる中，見守る側の担い手不足が課題となっている。地域で安心して暮らすために，地域住民同士の助け合いが必要となる。地域で見守り活動を行う意識の醸成するとともに，地域住民や事業者を含めた地域全体で支える仕組みづくりや，新しい見守りの担い手の育成に努める。

住民組織に任された見守り活動への不安と組織維持の難しさを耳にする。住民が見守ることができる対象範囲を明確にすることである。住民の見守り範囲を限定して責任の軽減を図り見守り活動への不安感を取り除くことである。今後は，住民組織による見守り活動の限界を踏まえ，専門家による見守り組織が受け皿となる仕組みが必要になるのではないか。つぎに，地域の最も身近な福祉の担い手としての民生委員という立場に立って意見を述べる。民生委員の役割に「地域の把握と奉仕」「地域の助け合い」などがあり，この活動を生かしながら一人も見逃さないネットワークづくりが必要である。一人暮らしの高齢者などへの支援システムをつくりあげていく方策として，定期的な見守り活動や訪問活動を行い，住民自らが地域に関心を持ち，人と人とのつながりを作っていくことが重要であり，孤立死の早期発見，防止につなげることである。民生委員の定数に対する欠員が問題とされている。また，適任者が民生委員に推薦されているかが問題である。現状では，形だけの民生委員を生む事につながるのではないか。

3．住民相互の支え合いの促進を目指す地域コミュニティ計画の例

高齢者家族に限定しているものではないが，住民相互の支え合いを促進するための仕掛けを多数用意している点が注目されるので，紹介したい。

誰もが誰かの力になれる地域を実現するために名古屋市昭和区社会福祉協議会[27]では ① 双方向の支え合いのネットワークづくり，② 身近な地域でつながるための場づくり（たまり場づくり，たまり場世話人交流会・研修会など），③ 地

誰もが誰かの力になれる地域を実現するために！

重点項目①　双方向の支えあいのネットワークづくり

近隣の支えあいのつながりと福祉推進協議会や専門職などが連携しあう「こころん支えあいネット」をつくることで、制度やサービスでは補えないことを支えあいます。
双方向に誰もが誰かの力になれるような関係をめざし、孤立することなく安心して暮らすことのできる地域づくりをめざします。

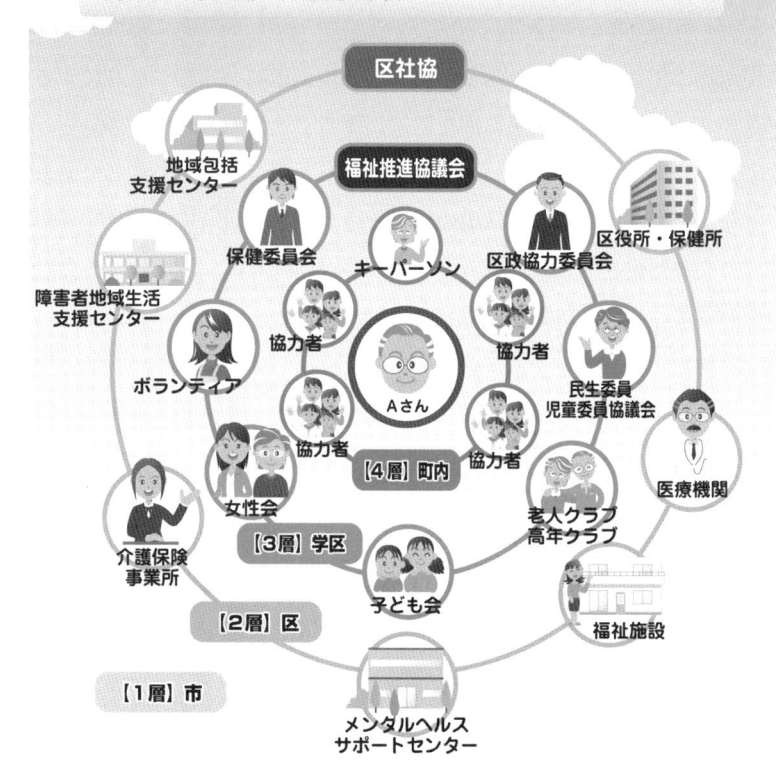

区社協
福祉推進協議会
地域包括支援センター
保健委員会
キーパーソン
区政協力委員会
区役所・保健所
障害者地域生活支援センター
協力者
協力者
ボランティア
Aさん
民生委員児童委員協議会
協力者
協力者
医療機関
女性会
【4層】町内
老人クラブ高年クラブ
介護保険事業所
【3層】学区
子ども会
福祉施設
【2層】区
【1層】市
メンタルヘルスサポートセンター

重点項目②　身近な地域でつながるための場づくり

歩いて行けるような身近な地域の中に、いつでも、誰でも気軽に集まることのできる「たまり場」をつくります。
　　➡　★たまり場づくり　★たまり場世話人交流会・研修会　など

図9-1

重点項目③　地域の中での支えあいの風土づくり

　学区などの身近な地域の中に住む様々な立場の人同士が継続的に交流する中で、自然と認めあい理解しあえる機会をつくり、誰もがお互いに支えあえる福祉意識づくりをめざします。

→ ★子どもふくし体験教室　★福祉教育セミナー　など

重点項目④　福祉推進協議会の充実・発展

　学区の中の地域福祉を推進していく福祉推進協議会がますます発展し、地域くるみの福祉活動を進めていけるよう、学区ごとの特色や課題に応じたとりくみを提案し、つくっていきます。

→ ★学区福祉活動計画づくり　★研修会の開催
　★モデル事業の支援(近隣の支えあい活動など)　など

重点項目⑤　分野を超えた保健・医療・福祉の連携

　区内の児童・障がい・高齢の分野を超えた保健・医療・福祉の専門職の連携を図り、困った人のニーズを受け止め、きちんとつなぐ仕組みづくりを推進します。また、専門職と住民をつなげていきます。

→ ★セーフティネット委員会の設置　★身近な相談窓口の設置　など

重点項目⑥　総合支援型社協

　昭和区社協の中の「在宅サービス」「包括支援」「地域づくり支援」の3つの機能を担う職員が一体となり、連携して「総合的な支援体制」をつくり、地域づくりを支えていきます。

→ ★こころん支えあいネットの推進　など

包括支援
地域包括支援部門

訪問介護部門・居宅介護支援部門・通所介護部門　　地域づくり支援部門

在宅サービス　　**地域づくり支援**

これらの事業を進めていくために…

　計画づくりに携わっていただいた方々を中心に以下の推進チームを結成し、事業の企画・実施などを区民の皆さんや専門職の方々と相談しながら進めていきます。

○福祉教育推進プロジェクトチーム
○たまり場プロジェクトチーム
○相談窓口プロジェクトチーム、
○情報冊子作成プロジェクトチーム
○セーフティネット委員会

域の中での支え合いの風土づくり（子ども福祉体験教室，福祉教育セミナーなど），④ 福祉推進協議会の充実・発展（学区福祉活動計画づくり，研修会の開催，モデル事業の支援（近隣の支え合い活動など）），⑤ 分野を超えた保健・医療・福祉の連携（セーフティネット委員会の設置，身近な相談窓口の設置など），⑥ 総合支援型社協（こころん支えあいネットの推進など）。これらの事業を進めていくために福祉教育推進プロジェクトチーム，たまり場プロジェクトチーム，相談窓口プロジェクトチーム，情報冊子作成プロジェクトチーム，セーフティネット委員会の推進チームを結成し，事業の企画・実施などを区民の皆さんや専門職の方々と相談しながら進めている（図9-1）。

こういった試みが，住民や組織の力を引き出して，コミュニティケアを地域に根付かせるきっかけとなることを期待する。

それぞれの地域特性に対応した，多世代による「まちづくり」活動をめざして，世代間交流を通じた高齢者の生き方・暮らし方が課題である。さまざまなプロジェクトチームのような住民サークルが積極的に結合して，一緒に考えたり，企画したり，執行したりするきっかけが必要である。

【注】
1）内閣府『平成25年版　高齢社会白書』p.25
2）前掲書，p.25
3）前掲書，p.6
4）総務省統計局『平成24年就業構造基礎調査』2013年7月12日
5）厚生労働省『平成22年高齢者虐待の防止，高齢者の養護者に対する支援に案する法律に基づく対応状況に関する調査結果』
　http://www.mhlw.go.jp/stf/houdou/2r9852000001wdhq.html
6）厚生労働省『平成23年高齢者虐待の防止，高齢者の養護者に対する支援等に関する法律に基づく対応状況等に関する調査結果』
　http://www.mhlw.go.jp/stf/houdou/2r9852000002rd8k.html
7）厚生労働省『平成22年　国民生活基礎調査』
　http://www.mhlw.go.jp/toukei/saikin/hw/k-tyosa/k-tyosa10/
8）総務省統計局『平成24年就業構造基礎調査』2013年7月12日

http://www.stat.go.jp/data/shugyou/2012/pdf/kgaiyou.pdf#search
9）『朝日新聞』「親の介護に縛られる娘たち」の特集ニュース，2013年7月21日付
  http://www.asahi.com/shimen/articles/TKY201307170805.html
10）内閣府『平成24年版　高齢社会白書』
  http://www8.cao.go.jp/kourei/whitepaper/w-2012/zenbun/s1_2_6_05.html
11）『読売新聞』「世帯の『孤立死』地域で防ぐ」2013年7月30日付
  http://www.yomidr.yomiuri.co.jp/page.jsp?id＝82052
12）立澤芳男「生活・社会総括レポート」Newジャパン　これからの日本社会
13）内閣府『国民生活白書　平成19年版』
  http://www5.cao.go.jp/seikatsu/whitepaper/h19/01_honpen/html/07sh010301.html
14）滋賀広報誌「特集3　ふれあいプラスワン（一人ひとりの人権を大切に）」介護退職ゼロ！仕事と介護が両立できる社会へ（2013年11月1日）：津止正敏講演
15）斎藤真緒「男性介護者調査研究から見えてきたこと―家族介護支援とのかかわりを中心に」『認知症ケア最前線』24：pp.36-41，2010年
16）前掲11）に同じ
17）斎藤真緒，前掲書
18）副田あけみ「『所在不明高齢者』と『社会ネグレクト』」『高齢者虐待防止研究』Vol.7，pp.10-11，2011年
19）同上書
20）『朝日新聞』2006年7月24日付
  http://www.asahi.com/kansai/news/OSK200607210026.html
21）「現場ルポ：ケアマネが経験した息子の虐待；周囲の支援少なく孤軍奮闘」『月刊ケアマネジメント』1：19-21，2007年
22）厚生労働省『平成23年高齢者虐待の防止，高齢者の養護者に対する支援等に関する法律に基づく対応状況に関する調査結果』
23）柴田益江「在宅における高齢者虐待防止のための基礎的研究―Ｉ市の介護支援専門員に対するアンケート調査の分析を通して」『金城学院大学大学院人間生活研究科論集第9号』pp.15-22，2009年
24）産経ニュース　2012年9月17日付
  http://sankei.jp.msn.com/west/west_affairs/news/120917/waf12091718000015-n1.htm
25）『平成24年版　高齢社会白書』
  http://www8.cao.go.jp/kourei/whitepaper/w-2012/zenbun/pdf/1s2s_1_2.pdf
26）『名古屋市高齢者保健福祉計画・介護保険事業計画　はつらつ長寿プランなごや2012』p.78
27）名古屋市昭和区社会福祉法人『第2次昭和区社会福祉協議会　地域福祉活動計画（概要版）平成21年度～25年度』

第10章

家族危機への対処とパートナーシップ

第1節　家族危機への対応

1．家族危機とは

　家族危機とはどのようなことを意味するのだろうか。「危機」という言葉が用いられていることの意味を素朴にとらえれば、家族が何かしら切羽詰まった状況に置かれていることを指している。確かに、家族に関する言説のなかには「家族が危ない」「家族が崩壊する」などといった、親子関係や夫婦関係の変化や「問題」を例としてあげながら家族の現状を嘆き、不安をかき立てるような内容のものが見受けられる。こうした「危機」に対する認識は、家族がもはや以前のように「安全地帯」ではないという、家族についてのネガティブなイメージを与えるという意味で大きなインパクトと説得力をもって受け入れられている。

　しかし、家族危機の理解は多様である。望月嵩は、家族危機を2つの意味で用いられると指摘している。1つには「現代の家族が危機に瀕している」という場合で、現代の家族に夫婦の不和や離婚、親子の世代対立や家庭内暴力、子捨て・子殺し、家出・蒸発、非行、老後の生活不安などの家族病理現象が多発している状況を指している[1]。このような家族危機の理解は、上述のような出来事を家族病理としてとらえる社会学の立場（あるいは社会病理学の立場）にみ

られたものである。このような立場では、家族病理とは「家族生活や家族関係にみられる異常・逸脱的な現象と、その発生条件」を意味して用いられるもので、3つに大別される。①家族解体（family disorganization）や家族緊張（family tension）ないし家族葛藤（family conflict）とよばれる家族内関係の混乱，②家族の形態面での異常・逸脱と機能遂行上の不利条件にかかわるもの，③家族員の異常・逸脱の行動にかかわるものとされる[2]。2つ目の家族危機は，家族病理として立ち現れるような状況認識の背景には，個々の具体的家族の存続が困難になるという問題状況を指している。家族危機とは「ある家族あるいはその成員が，生活を維持するためにのりこえなければならない事態に当面し，それを克服できなければその存続が不可能となるような状況にあること」である[3]。

また，加藤正明は，家族危機を①家父長的拡大家族から核家族への分化に関する，つまり都市化，産業化によって起こった家族の変化に起因し，日本では戦後みられた家制度に基づく家族からの「解放」によって生じるもの，②多世代同居が一般的でなくなってきたことから育児ノイローゼ，ひいては児童虐待に至るケースなど，個人のライフサイクルと並行した家族サイクルの変化による危機，③非行，自殺，児童の問題行動，精神分裂病を含む精神障害に至る発症が家族のダイナミックスを中心とする家族員によって生ずる家族因としての家族危機という3つの意味をもつものとする[4]。加藤の家族危機の理解においては，家族の変化を視野に入れつつ，望月の1つ目の家族病理としての家族危機をベースにしていると考えられ，具体的な問題状況の要因別に家族危機を分類している。このなかで特徴的なのは③であり，「障害」や「病い」の発生において家族（家族成員）が原因となっている場合をも家族危機として理解されており，家族危機が医学モデルのなかに位置づけられる方向性を示している。

一方，清水新二は，システム論の立場からシステムの変化における危機的移行の現象であり，変化，移行を要請されているにもかかわらず，そうした状況

に対応できずに対処指針さえも喪失している状況を家族危機としてとらえる。望月の家族危機のとらえ方における家族病理的な要素を除いて,あくまでも家族というシステムとそれを取り巻くシステム(社会システム,家族制度システム,個体システムなど)に焦点化し,システムの変化と移行から家族危機をとらえようとする[5]。

2．家族危機論の検討

(1) 家族危機論の展開

　家族危機の理論的枠組の代表的なものは,ヒル(Hill, R.)のABC-Xモデルがある。このモデルにおいて家族の危機の発生は「A(家族のストレス源となる出来事)は,B(家族の危機対応資源)と相互作用をするとともに,C(家族がその出来事に対して持つ意味づけ)とも相互作用して,X(危機)をもたらす」という命題によって説明される。たとえば「家族員の死」という出来事(A)が起こったとき,家族資源(B)が多ければ危機に陥ることを防ぐこと,あるいは危機の程度を軽減することができる。たとえばその出来事に接する家族員の健康状態が良好であるか否か,経済的な余裕があるかないか,亡くなった家族員と情緒的つながりの深さ,家族員以外に頼ることができる友人がいるかどうか,あるいは出来事に接する家族員がどのような対処(coping)をするのかによって危機が発生するかどうか,あるいは危機の程度に差が現れると考えられる。また,家族成員が他の「家族員の死」をどのような出来事として理解するか,あるいはどう受け取るか,つまり意味づけ(C)も家族危機の現れ方に影響すると考えられる。このように,ABC-Xモデルによって,家族にとって同じ出来事が起こっても,家族資源(B)の量や質,意味づけ(C)の内容によって危機に陥るか否か,あるいは危機に陥ったとしてもその程度が異なることがわかる。またヒルは,危機に陥った家族の辿るプロセスをジェット・コースター・モデルによって説明し,家族が解体した後回復し,再組織化される過程ととらえた。

ヒルの家族危機論は二重 ABC-X モデルに引き継がれた。このモデルでは家族危機の時間的経過とそれにともなう変化を取り入れることによって，ABC-X モデルを改良した。ストレス源（a）は危機を経て時間的経過とともに，他の出来事も重なり，それがストレス源として元のストレス源とともに累積される（aA）。この蓄積は，①最初の出来事自体，②家族のライフサイクルの移行期であること，③家族危機への対処行動自体がストレス源となる場合などに起こると考えられる[6]。

これらの理論的枠組を踏まえた家族危機論においては（望月），家族のライフサイクル（婚前期，新婚期，養育期，教育期，排出期，老年期，孤老期）においては各々家族の発達課題があり，個人の発達課題の達成を支援する形で達成されるものと位置づける。家族危機はこのライフサイクルの達成度合いの問題として発生すると考えられる。たとえば，教育期から子どもが親元を離れていく排出期への移行において，子を欠いた夫婦が危機に陥ることが考えられ，こうしたライフサイクルの段階的移行時は危機に陥る可能性がある。

(2) 家族危機論再考

このような家族危機論はどれも構造－機能主義の考え方に基づいたものであり，家族をシステムとしてとらえる。その点も含め家族危機論の課題，問題点について主なものについて考えておこう。

第1に，家族危機論では危機の判断基準や対処責任者が不明確であるとする批判がある。神原文子はこの点に関して危機の類型化を試みている（図10-1）。対外的―対内的，個別レベル――一般レベルという2つの軸を設定し，Ⅰ～Ⅳの4つの類型を作成した。Ⅰは個別的家族の対内的危機であり，家族成員の欲求充足によって安定を失った場合に生じる危機で，その危機を認知するのは家族であり，対処するのも家族である。Ⅱは個別的家族の対外的危機であり，社会が家族一般に期待している機能を家族が遂行できない場合，第三者によってそのように認知された場合，国家などの政策主体が危機対処を行う。Ⅲは家族一

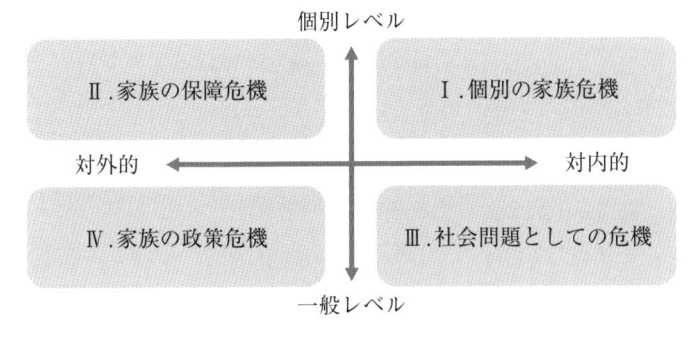

```
                    個別レベル
                       ↑
┌─────────────────┐    │    ┌─────────────────┐
│ Ⅱ.家族の保障危機 │    │    │ Ⅰ.個別の家族危機 │
└─────────────────┘    │    └─────────────────┘
  対外的           ←───┼───→           対内的
┌─────────────────┐    │    ┌─────────────────┐
│ Ⅳ.家族の政策危機 │    │    │Ⅲ.社会問題としての危機│
└─────────────────┘    │    └─────────────────┘
                       ↓
                    一般レベル
```

図10-1　家族危機の類型化

般の対内的危機であり，個別の家族によって認知された危機が，家族と政策主体が対処する危機で，家族の認知が専門家やマスコミによって第三者へ伝えられ一般化する場合を指している。Ⅳは家族一般の対外的危機であり，社会が家族に期待している機能が遂行できない場合，危機が政策主体によって認知・判断され，対処が講じられる場合を指している[7]。

　第2に，家族危機論では「家族としての望ましさ」が設定されていることである。意味としては区分されてはいるものの，これまで「家族病理」として位置づけられた内容が家族危機として読みかえられる（たとえば離婚だけでなく，結婚に関する新しい動向）のだとしたら，危機への対応によって逸脱行動が発生し，家族崩壊へつながるという考え方にあらわれているように「家族危機」としてみなされる出来事は，家族危機論の枠組みにあてはめられた時，必然的に「望ましくない」出来事とみなされることになる（「逸脱行動」の認定にも同様のことがいえるが）。つまり，研究者側が設定した「望ましさ」を含んだ考え方を家族危機論はもっている。家族の発達課題についても同様のことがいえる。発達課題の設定自体が家族としての「望ましさ」が反映したものであり，「家族」の標準的な姿を想定してしまうことにもなる。たとえば，養育期や排出期などは夫婦の間に子がいるということを前提として設定されており，核家族モデルによってとらえられる「夫婦とその子ども」という家族の姿を自明として

いる。先の神原は，家族の「危機」というセンセーショナルなよび方がされていること自体に，家族システムは安定的な構造を維持することが望ましいとみる研究者の価値観として見て取ることができると述べている[8]。

　第3に，家族が集団・組織化されたものとしてとらえられていることの限界性である。現代の家族をとらえるキーワードのひとつに「家族の個人化」がある。家族成員個々人が自分の，そして他の家族成員個人の意志や選択を重視する傾向がみられるなかで，集団や組織としての凝集性や組織化の程度に焦点化してしまうことは，個人化によって生じている出来事が「危機」として位置づけられてしまう可能性につながる。この点についても神原は離婚を例にあげて，離婚が個人の欲求充足を期して行われることは個人にとって危機でも病理でもない，と主張する。また家族を集団とすることによって家族成員の意思が統一的・一体的なものとみなされることの限界についても指摘する[9]。

　これらの家族危機論の課題，問題点は，ほぼ構造－機能主義による分析の課題や問題点ということができるものを含んでおり，これらを検討していくことは家族の社会学的研究上の課題，問題点でもあり十分検討する必要がある。また，それは何より「多様化」「個人化」「脱制度化」などと評されるようになっている家族の動向に即して検討される必要がある。

第2節　離　　婚

1．離婚の動向

　これまで「離婚は増える一方だ」ということがしきりにいわれ続けてきた。しかし，現在の離婚の動向をみるとそうともいえないことがわかる。厚生労働省の人口動態調査（2006年）によると，確かに離婚件数はこれまで増え続けてきた。1964年から増加しはじめ，1983年においてピークに達した後，一度減少するが，1991年以降増加し続けてきた。しかし，2002年に最高の離婚件数（28

万9,836組）に達すると，2012年（23万5,406組）まで10年間減少を続けている。長期的にみれば，わが国の離婚件数は増加し続けてきたが，この10年間をみると減少傾向にあることがわかる。つまり統計上からみても，「離婚は増える一方」というわけではない。

　その理由として年金分割制度の開始があげられる。離婚後の年金受給額における男女間の開きを是正することを目的として始まった制度で，2007年4月から厚生年金の分割制度がすでに始まっており，2008年4月から施行後は第3号保険者期間の厚生年金納付記録を自動的に2分の1に分割することができるようになった。この年金分割制度はいわゆる「熟年離婚」とよばれる，中高年の離婚を念頭に置いた制度であり，中高年の妻にとって，老後の蓄えを考えてこの制度の施行を待つことは離婚のタイミングをはかる重要な要件となる。とくに扶養枠内で，パートなど非正規雇用で働く妻や，専業主婦の人たちにとって，2008年から始まる施行日以降の第3号保険期間の自動分割は考慮に入れたい条件であり，少なくともこの制度の施行を待った上で離婚を考える妻たちも多かったのではないか。離婚件数をみると，2007～2010年は平均251,378件，2011～2012年は234,563件で，この2年は減少傾向である。

　しかし一方で，離婚に対する意識の変化も見過ごせない。内閣府の世論調査において「結婚しても相手に満足できないときは離婚すればよい」という考え方について，「賛成」とする人は1997年の調査以降，過半数を占めてきた。2009年は「賛成」が50.1％，「反対」が44.8％である。こ世代別にみると「賛成」と答える割合は60歳代以降で少ない傾向はあるが，20～30歳代に比べ40～50歳代に「賛成」と答える割合が多い。

　同居期間別に離婚件数の割合（2011年）をみてみると，「5年未満」（7万6,897件）が最も多く，つぎに「5～10年未満」（4万9,220件）が多い。このようにみると離婚をするカップルは比較的同居期間の短いカップルに多いという傾向がみて取れる。またその推移をみてみると類似した増加傾向にある。これらのカップルは比較的若い世代が多いと推測でき（もちろんそうでないケースも

含まれているが），現代では親のいる実家へ帰ることに社会的に抵抗感が少なく，また子がいる場合にも親世代が孫の面倒をみてくれることを期待できる。つまり，離婚後親世代をあてにできる「安心感」がある。一方で同居期間が「20年以上」（37,791件）は3番目に多い。いわゆる「熟年離婚」は，男女の平均寿命の伸長によって「人生80年時代」に突入し，定年を迎えたあと，あるいは子育て解放期の約20年以上の期間をどう生きるかを考える猶予や選択肢をもつことができる時代になってきた。そのなかで結婚生活に区切りをつけて「再スタート」を考える人びとが増えているということが指摘されてきた。とくに高度経済成長期に確立されてきた性別役割分業のなかで，専業主婦としてシャドウ・ワークに忍従してきた妻たちにとって夫の定年退職を契機に「再スタート」のための離婚が選択されることになる。

　離婚の方法はおもに夫婦の間で協議し，同意に至った場合は届け出を行うことによって成立する協議離婚，家庭裁判所において調停を行い合意に至った場合に成立する調停離婚，調停によって合意が得られなかった場合に裁判所の判決によって成立する裁判離婚がある。これまで離婚において有責配偶者からの離婚請求は，相手方や子の福祉を考慮して否定するという法理が確立，採用されてきた（有責主義）。しかし，実際に夫と妻のどちらが有責者であるのかを確定することが困難なケースもあり，また実質的に別居期間が長く，もはや夫婦として破綻しているケースもあり，責任の所在が明らかでなくとも，「破綻している」という事実を重視する（破綻主義）という考え方が裁判において採用される傾向にある。また民法を改正し，破綻主義を民法上に盛り込むことが議論されてきた。

　離婚後の人生の選択肢のひとつとして再婚がある。2012年の全婚姻件数のうち夫で再婚件数の割合（人口動態統計）は2割弱（夫19.0%，妻16.4%）である。1975年からの年次推移をみると，その割合は増加傾向で，2005年から安定的に夫18%台，妻16%台を維持してきた。離婚の割合が増加しているなかで，離婚を経験した人びとが新しい選択として再婚するケースが増えてきた。また平均

寿命が延び，再び結婚してパートナーシップを築こうと考える中高年層の存在も増えてきている。

2．家族史にみる離婚

　離婚のあり方，動向は，必然的に結婚のあり方と密接に関連している。わが国において10世紀ごろ，貴族や豪族たちを中心に「家」を形成する，家制度が始まったといわれている。この家制度の始まりは，これまでの結婚とは大きく異なった意味をもつようになった。それまで結婚は恋愛の延長上に位置づけられ，結婚の儀式（結婚式・披露宴）も存在していなかった。そのために結婚した夫婦の関係は愛情，性関係において自由であり（夫婦の間に限定されない愛と性），結婚・離婚や財産等に関する決定権は男女対等にもつことができた。

　しかし，家制度の成立とともにこうした自由で対等な夫婦関係は姿を消し，一対一の夫婦関係を形成（単婚）し，結婚・離婚や財産等に関しても家長（主として男性）が裁量権を握る形が規範化されるようになった。離婚に関していえば，夫から妻への離婚の申し渡しという形で離婚について決定することは許されるが，妻が夫との離婚を求めるということは許されない。家制度の成立によって求められるようになった一夫一婦制という夫婦関係のあり方に関する倫理性，道徳観，そしてそれに付随する男性（夫）優位という序列化が，離婚観や離婚の制度化に大きく影響するようになった。

　家制度のもとで妻から離婚を求めることは許されなかったかというと必ずしもそうではない，ということが近年の家族史の研究によって明らかにされるようになっている。たとえば，江戸時代において庶民の間の離婚はいわゆる離婚届の意味をもつ「三行半」を夫から妻へ渡すことによって離婚が成立することになっていた。この「三行半」はこれまで家制度における女性の地位の低さを象徴するものであり，離婚における「夫の専権」を意味するものと理解されてきた。しかし「三行半」は，あくまで夫婦の協議の結果として書かれたものであって，夫が一方的に突きつけたものではないという説[10]や，「三行半」は妻

にとって夫と別れてつぎの相手と再婚するための「再婚証明書」を意味するものであり，比較的女性の発言権が強かった江戸において，妻が夫に求めて「三行半」を書かせて，再婚のためのつぎのステップとして利用したということもいわれている[11]。

このように，家制度に基づいた画一的な離婚観には留意しなければならない。しかし，明治期には明治民法のもとに家制度が法制化されるが，そのなかで妻の「姦通の事実」を離婚の理由とする一方で，夫の場合には「姦淫罪」に値しなければ，離婚の理由とはならないという内容（813条）が民法に盛り込まれたように，法制上において男女の対等な離婚が認められているわけではなく，家制度における女性（妻）の地位はそのまま，それも法において規定されていた（むしろそれが強化されたといってもいい）事実は見逃せない（もちろん妻側から求める離婚が全く認められなかったというとそうではないが）。法制上は，男女が対等に離婚について決定できるようになるのは戦後の日本国憲法と民法の改正を待たなければならなかったのである。

戦後顕著となった離婚件数の増加や離婚率の上昇についてはすでにみてきた。しかし「離婚の多さ」は現代社会に特有の現象ではない。江戸時代の武家の中で大名や旗本は10組に1組が離婚しており，離婚女性の5～6割が再婚している。江戸時代の武家は離婚・再婚が比較的多いことであった。落合恵美子は，平均離婚率が4.8であった村もあり，庶民（とくに農民）の間でも頻繁に離婚が経験されていたと述べている[12]。

また，このような「離婚の多さ」は明治，大正期にも同様にいえる。早川紀代は，明治前期において離婚，再婚が多く，離婚を5～6回繰り返す女性もみられたという[13]。また落合は，1899年の離婚率は現在に近い1.53であり，その後，徐々に減少し，戦後再び上昇したのであって，戸田貞三の研究を引きながら，明治，大正期の日本は世界有数の離婚大国であったと述べている。このようにみれば，「離婚の多さ」は現代社会に特有の現象とみなしてしまうことは注意が必要である。

3．離婚とジェンダー―女性にとっての離婚・男性にとっての離婚―

(1) 女性にとっての離婚

　離婚とその背景について考えてみる場合，現代社会におけるジェンダーのあり方と関連づけて理解することは重要である。離婚調停において妻の申し立て理由のうち夫が「生活費を入れない」は全体のなかで4位（夫妻ともに共通に1位の「性格が合わない」を除いた順位。以下同様）を占めている[14]。これは，女性がこれまで「男は仕事」「女は家事・育児」という性別役割分業観のなかで夫婦関係，家族関係を築いてきたという背景が考えられる。男性（夫／父）が有償労働に従事し，家計を支える責任を全うするという役割期待が女性（妻／母）によって強く寄せられれば，仕事をしないことや収入を家計に入れない場合の失望感や不信感も強くなる。逆に，性別役割分業観に縛られない場合，女性が経済的に自立していれば，男性の経済力に期待せずとも家計を維持できる。一方で，調停における妻の申し立て理由には「暴力をふるう」「精神的に虐待する」など家庭内でのドメスティック・バイオレンス（DV）をあげる妻は全体のなかでそれぞれ1位，3位を占めている。女性が社会進出して，社会的地位を得ることができるようになり，活躍の場を広げるなかで，性別役割分業観の見直しが叫ばれ，変化しつつあるジェンダーのあり方は，家庭内での夫婦（男女）の関係性に変化をもたらすことが考えられる。これらを家父長的な位置づけによる夫の「暴力」という視点でとらえるだけでは不十分である。性別役割分業をはじめ，「男らしさ」「女らしさ」の内容が変化していこうとするなかで，実際に「自分たち夫婦は」どのような夫婦関係を築いていけばよいのか，それぞれが悩み，戸惑い，双方が日々試行錯誤していかなくてはならない状況に置かれている。そのような，葛藤のなかで現れた「歪み」として「暴力」をとらえる必要がある（4節参照）。

　女性にとって離婚後の「問題」も同様に，ジェンダーの視点と関連づけて理解することができる。性別役割分業に基づいて生活を築いてきた夫婦が離婚し

た場合，離婚後は配偶者がこれまで分担してきた役割を自分で引き受けなくてはならなくなる。とくに経済的損失の部分が大きい。離婚時に財産分与を受けたとしても，収入面での見通しは厳しくなる。扶養する子がいる場合，各種手当や養育費を受けることができるとはいえ母子家庭世帯はとくに厳しくなる。当然損失を補うために職を探さなければならなくなる。専業主婦であった場合は最初から仕事を探さなければならないし，それまで外で働いた経験がほとんどない，あるいは以前働いていたことがあったとしても，経験や能力面（資格等含め）が考慮される就職において給与や待遇面で不利になることも考えられる。離婚までパートなど補助的に就業していた場合に，より多くの収入を得るために転職をせざるを得なくなる場合もある。こうした就労に関して離婚時の女性の結婚期間の長さや年齢とも大きく影響する。離婚によって氏の変更をはじめとして，住居や仕事を始めたり，転職したり，夫婦関係の解消という変化だけでなく，女性自身の社会生活，環境を大きく変化させることになる。

(2) 男性にとっての離婚

離婚調停においては，申し立てられた件数のうち約7割が妻側から申し立てられている[15]。調停に限らず，一般に離婚は女性側から，女性の「問題」として考えられる傾向がある。つまり離婚は「女性が言い出すもの，望むもの」であって，「男性は離婚を切り出されるもの」というステレオタイプ化されたイメージが形成されている。有責主義の考え方においてその責任は主に男性に求められる。異性関係や暴力，酒やギャンブル，浪費などは男性を「有責」とする離婚の典型とされてきた。しかし，このようなステレオタイプ化されたイメージは払拭される必要がある。夫が申告人の場合の調停への申し立て理由のなかで1番目に多いのは妻の「異性関係」である（妻と同様一番多い「性格が合わない」は除いた場合）。

理由の2位は「家族親族との折り合いが悪い」となっている。1つには，妻が「夫の家族親族との折り合いが悪い」ことが考えられる。たとえば嫁と姑と

いう典型的なトラブルなどがあげられる。一方で夫が「妻の家族親族との折り合いが悪い」と理解することもできる。パラサイト・シングルといわれるように独身時代に子として親元で暮らす期間が長期化しただけでなく，近代家族として集中的に，しかも深い愛情，関心をもって育てられた世代の人たちにとって，自分にとって親世代は結婚したからといって容易に切り離せる存在ではなくなっている。妻にとっては結婚は「嫁に行く」（相手の家に入る）ことではなく，そのような意識はほとんど失われている（といっても全く失われているわけではない）。そのようななかで結婚する妻の意識は，実家は出ていくものではなく，実家の延長線上に結婚して新たに築く家庭を位置づけている。それは妻の実家への依存を招き，同時に夫が妻の家族員との間にトラブルをかかえる可能性を高める。

　ある時妻から突然離婚を切り出されるというケースもある。男性が語る離婚に注目した亀山は，男性にとって「妻」は「家庭」というもののなかにあいまいに組みこまれたものとなっており，妻が「家庭」の象徴として男性にとらえられているという特徴を指摘している[16]。女性は変化に適応し，「妻」や「母」だけでなくトータルな「私」を模索しようとする。そしてその過程のなかで離婚がひとつの選択肢となるのに対して，男性はその変化を理解できない。亀山ははっきりとした輪郭をもった個人として，妻を見ることができなくなってしまった結果，いつのまにか離婚を切り出され，それもなぜ離婚を切り出されたのかわからないまま離婚をし，離婚後もその理由がわからず逡巡してしまうと述べている。また，亀山は男性は離婚について人に話すことができない人が多いという。つまり離婚を「みっともない」と考えたり，自分を責めたりして親しい人にも話せず，胸に秘めている。男性にとって家庭を築くということが一人前である証であり，「男として」の信頼を獲得するひとつの手段だとするならば，離婚は「男として」の社会的評価に影響を及ぼしかねない。それだけでなく，弱音を吐くのは「男らしくない」ことであり，「みっともない」ことであるとすれば，ますます話せなくなる。

(3) 「離婚の理由」を問うということの意味

　ここで取り上げた離婚理由は，あくまで調停に関するものであり，離婚調停の申告人側が家庭裁判所に提出する書類上選択，記入した内容にすぎない。つまり申告人が一方的に，それも選択肢に理由をあてはめた結果にすぎないのであり，これらによって離婚の理由や背景のすべてと考えることは慎まなくてはならない。むしろ離婚の理由とはそれほど明確で単純なものでなく，さらに「離婚の理由」を問うこと自体の意味について考える必要がある。たとえば，亀山は女性にとって離婚理由は明確でないものが多いという。つまり「なんとなく離婚」する。先にあげたように，相手に異性関係の問題や経済的問題があるなどはっきりした理由があるわけではない。相手が嫌いだとか否定する大きな理由もない。しかし「何かおかしい」「満足できない」「自分が自分でいられない」，そのために離婚したいと考える。女性にとって結婚は「心の満足」だと亀山はいう。それが満たされなければ離婚を望む。一方，男性にとって結婚は「責任」であってそれを果たそうとする。つまり，相手に非があるなどの理由で離婚を望むのではなく，離婚はあくまでも女性自身，「自分」の人生を中心に据えたなかで選択されるひとつの選択肢に他ならない。これは必ずしも「身勝手」とはいえない。家族の個人化が進むなかで，家族員である「私」が個人の人生を第一に考えることが重視されるのであれば，離婚もその一部として理解しなければならない。また，離婚理由を問うことの意味という点についていえば，このようなことは女性だけに当てはまるわけではない。先に指摘したように，日々模索しつづける夫婦にとって，離婚は夫婦として過ごした時間の中でそれぞれ相手について，今の生活について，自分の人生について考えたり，感じたりすることの積み重ねとその結果であるという場合もある。このように考えれば絵に描いたようなもっともらしい離婚の理由があるというほうが不自然である。また孤立・内閉化した近代家族的な夫婦であれば，夫婦の関係性，生活のなかで蓄積されてきたさまざまな思いや葛藤を他人（それは親であっても，子どもであっても）も正確に把握することがなかなかできない。仮に

できたとしても介入することはままならない。「問題」は「離婚理由がないこと」なのではなく，そのように夫婦が孤立・内閉化していることによって，抱えた状況に手を差し伸べてもらいにくいことだ。それが離婚という選択肢を早める結果につながる可能性を示している。つまり「はっきりした理由がない離婚」は，現代における家族，夫婦の抱えるこのような「問題」状況を，示唆している。

第3節　障がい・自殺と家族関係

1．障がいと家族関係

(1)　障がい者観の変遷

歴史的にみると障がい者は長い間，社会から迫害され，蔑みや憐れみの対象とされてきた。

古代ギリシャのスパルタでは重度障がい者は社会の重荷とみなされ，故意に遺棄することが合法的行為であった。障がい者は生きることを許されない時代であった。中世になると宗教の広まりとともに障がい者への慈悲意識がうまれ，貴族のお抱え道化師として保護された。障がい者は嘲笑の対象であり，差異を誇張して見世物にされた時代であった。

19世紀に入ると医療の発達にともない，障がいは予防，治療の対象とみなされるようになる。19世紀初頭にはイタール博士（Itard, J. M. G.）が『アヴェロンの野生児』を著し，知的障がい者に教育効果のあることを科学的に証明した。しかし障がい者が教育される対象となるのは，19世紀半ば以降まで待たねばならなかった。

第2次世界大戦中，ヒトラーによって民族改良の名の下に障がい者は廃絶すべきものとして粛正の対象とされた。わが国でも戦後長く障がいは遺伝すると考えられ，隔離収容され優生手術が施された時代が続いた。

1950年代にデンマークの知的障がい者の親の会の運動からノーマライゼーションの思想がうまれた。提唱者はバンク-ミケルセン（Bank-Mikkelsen, N. E.）という行政官であった。彼は「異常という分類に入れられた人びと（障がい者）は，権利と可能性の点で差別を受けてきた」[17]ことを指摘し「障がい者に障がいのない人びとと同等のチャンスと可能性を保障すること」[18]を，社会が目標とするべきだと主張した。障がい者を施設に隔離してきた保護的処遇を是正し，住み慣れた地域社会で，市民として当たり前の生活を送れるように物心両面で整えていくべきだという主張は「障がい者とラベリングされた人びとは特別な存在ではなく，障がいという個性をもった市民である」という新しい障がい者観を導き出していった。

(2) 障がい者福祉制度にみる家族の位置づけ

明治維新後の近代日本の社会保障制度は恤救規則（じゅきゅう）（1874年）が始まりである。貧困は個人的問題とされ一次的には血縁者が，二次的には「隣保相扶の情誼（じょうぎ）」によって近隣が救貧すべしとするものであった。公的責任を認めず相互扶助を前提とした救貧制度は，救護法（1929年）を経て現在の生活保護法に至るまで続く。この時代，家族や地域社会は救貧の役割を担う存在として制度のなかに位置づけられていた。

こうした歴史的な背景をもちながら戦後の障がい者福祉制度は，障がい児・者の養育，介護，扶養を家族に担わせ自助努力することを前提として展開されてきたのである。

2006年に施行された障害者自立支援法の第1条には「障害の有無にかかわらず国民が相互に人格と個性を尊重し安心して暮らすことのできる地域社会の実現に寄与することを目的とする」と述べられている。この法律によって重度障がい者の社会参加や介護等を支援する包括的サービス制度が創設され在宅支援の強化が図られた。しかし，当事者から利用料の定率負担による経済的圧迫や程度区分によるサービス抑制など制度の不備を指摘する声が上がり，負担上限

額の引下げが実施された。また介護サービスを利用している母親たちからは「利用料は減額されたが，サービス提供事業所にしわ寄せがいって職員の給与が減額されていると聞いている。とくに男性職員は生活が成り立たないとの理由で退職者が相次ぎ，利用したいサービスが受けられなくなってきている。減額を喜んでばかりはいられない」と，先行きの不安を訴える人も多いという。今まで利用していたサービスを断られたり，中間施設を利用する上で不可分の送迎サービスを受けられない制度では，残念ながら法の目的にあるような安心して暮らすことのできる地域社会とはほど遠いのではないだろうか。障がい者の世話や介護で家族が疲弊し孤立化することが，障がい者の自立を困難にするという認識を明確にもつ必要があろう。

　障がい者の人格的自立[19]を可能とする支援体制の確立，家族への支援サービスの補完的役割期待の是正など，暗に家族の自助努力を前提とした制度からの脱却という今後の課題が残されている。

(3) 障がい児の子育てと家族問題

　家族の性別分業のなかで，子育てや介護の役割を母親が，経済的に支える役割を父親が担うこととなる。家族や地域社会の変貌とも相まって，とりわけ母親はさまざまな問題を抱えていくこととなっていく。

　子どもに障がいがあるとわかったとき母親はショックを受け混乱する。母親自身にもスティグマ[20]があり子どもの障がいを受け入れられずに苦悶する。子育てに対する先の見えない不安感がのしかかってくる。その一方で，養育や介護の役割から逃れられず，家族のなかでも孤軍奮闘し孤立感を深めていく。

　父親は仕事中心の生活を強いられることが多く，育児に参加する割合は低い。障がい児がいる家庭でもその生活パターンを変えることは困難な場合が多い。障がいへの理解や対処，治療や教育をどうするかなどさまざまな問題が次から次へと押し寄せてくるなかで，母親ひとりがその問題の解決に向かっていかなければならなくなる。母親が障がい児を抱え込むことになっても援助するかた

ちを取りにくく，夫婦のズレが生じやすくなってくる。夫婦間での連携が求められるが，父親は仕事に追われ育児に参加したり，母親を支えるだけの時間的余裕をもちにくいのも現実である。父親が子どもにかかわらないことが日常化することによって母親に任せっきりというかたちでの責任転嫁になっていく。そして父親は母親によりいっそう養育，訓練，世話の負担を強いることに加担することとなる。母親は家族のなかでも孤立を深め，母子心中，虐待，離婚などの社会問題が引き起こされることも少なくない。

(4) 障がい児ときょうだい

障がい児の養育や訓練，介護に追われる母親は，心身ともにきょうだいの面倒をみる余裕がない。ときには感情のはけ口にされることすらある。三浦博光[21]はつぎのように指摘している。きょうだいが年下の場合は十分な注目や関心が得られず辛い思いをしてきた者がいる。それに加えて障がいについてなかなか理解できないこともあり，その後遺症として，社会不適応を起こしやすくなる。また障がい児の家族のなかでも，長女が，障がい児の世話をすることをとくに期待されているということがある。女性の方が大人になってからも面倒を見続けるという傾向がみられるという。実際，男性は女性に比べてかかわりが少ないという報告もあり，きょうだいにおいても性差による役割期待の差異がみてとれる。

子どもの障がいを受け入れられない両親にとって，きょうだいの成長は希望であり支えである。そのため過度の期待をかけ過ぎたり，両親亡き後には保護者としての役割を期待するなど，役割の世代間移譲の対象として位置づけられている場合も多い。

(5) 家族援助の視点

障がい児の母親は「がんばるお母さん」役割を果たすことを社会や家族から期待される存在であり，その役割を生きるなかで「障がい児の母親」としての

アイデンティティを獲得していく。「なんとしてもこの子を救いたい。世間の荒波からこの子を守るのは自分しかいない」と思いつめる。自分の仕事も夢もすべてを投げうって，子どものために生きることを決心し，少しでも普通の子に近づけたいと訓練に励むようになる。その役割に満足しきれない母親は閉塞状況に追い込まれ葛藤する。子どもの障がいが思うように軽減されない場合，仕事や夢を捨てられなかった母親は自責の念に駆られて苦しむことになる。

　一方，障がい児をかかえる父親は養育コストや親亡き後の子どもの生活保障のために，経済を支える役割をより特化することで責任を果たそうとする。母親からの子育てや家事援助などの期待が大きくなった場合には役割葛藤が生じることになる。

　こうした両親の過度の情熱や頑張り，失望や苦悩はなぜ生じてくるのであろう。

　1つには健康至上主義が考えられる。「這えば立て，立てば歩めの親心」といわれるように，親にとっては子どもの成長に勝る喜びはない。障がい児の両親も障がいのない子どもと同じように育ってくれることを切実に願っているのである。

　2つには両親に内在する障がいへのスティグマが考えられる。子どもの障がいを少しでも克服しようと頑張っていても，社会のなかに潜む差別を思い知らされることがある。そんなとき自分自身のスティグマが刺激され，混乱し，深く傷つくことになる。

　図10-2にあるように，障がいのある人がない人と同じように生活していると思っている人は国によって相当違っている。同じように生活していると思っている人が多い社会は，障がいへのスティグマが少なく，当事者やその家族の障がい受容を促進させる力をもつと考えられる。社会が障がい児をかかえる家族に及ぼす影響について，筆者のカナダ・バンクーバーでの体験を紹介しよう。

【ノーマライゼーションの町，バンクーバー】

　ある日，バスに乗り込んできた視覚障がい者が運転手に行き先を告げた。運

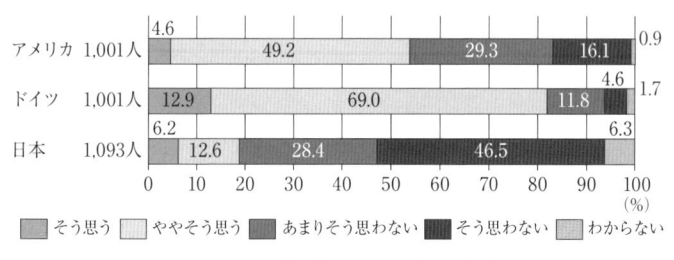

	そう思う	ややそう思う	あまりそう思わない	そう思わない	わからない
アメリカ 1,001人	4.6	49.2	29.3	16.1	0.9
ドイツ 1,001人	12.9	69.0	4.6	11.8	1.7
日本 1,093人	6.2	12.6	28.4	46.5	6.3

図10-2　障がいのある人の生活

調査対象：20歳以上の男女。
質問：「障がいのある人は，障がいのない人と同じような生活を送っていると思いますか。それともそうは思いませんか。次のうち，あてはまるものを1つだけ選び，番号に○をつけてください。（○はひとつだけ）」
出所）内閣府「障害者の社会参加の促進などに関する国際比較調査」平成19年2～3月調査
http://www8.cao.go.jp/shougai/suishin/tyosa/hikaku.html

転手は「OK」を繰り返し，停留所に着くとバスを降りて一緒にビルの中に消えてしまった。初めての光景に驚いた筆者はバスのなかを見回したが，乗客たちは何事もないように悠然と座って待っている。

　不便な人への手助けは，なにも手を引いてあげることだけではない。運行中にもかかわらずバスを止め，障がい者の手助けしている運転手。運転手が戻るまで自然に待っている乗客たち。その後も，障がい者や高齢者をさりげなく手助けする町の人びととの姿を度々目にして，筆者の感動も薄れ，美談ではなく当たり前の出来事になっていった。

　困っている人がいて，その人が望むなら，自分ができることをする。自然に助け合いながら暮らして人びととふれあい，障がい児をかかえた筆者たちは町の人びとから応援されているような気持ちになった。と同時に，皮肉にも，日本で障がい児を育てるしんどさに突然気づかされることにもなった。このような体験をとおして，私たちは娘の障がいを個性としてありのままに受け入れていきたいと思えるようになっていった。帰国後，娘の障がいや体験を多くの人に伝えたいと考え積極的に話すようになったのである。

　3つには，制度の問題がある。わが国の福祉施策や教育施策は「障がい」に

着目して進められてきたといえる。障がい児は幼少のころから近所の子どもたちとともに遊ぶことより，機能回復や発達を促すための訓練を奨励される。訓練よりも地域でふつうに育てたいと願う母親が，障がい受容ができていないと責められることにもなる。その結果，母子ともに地域からは疎外されるかたちで幼少期を過ごすことになる。就学期を迎えると，地域から遠く離れた特別支援学校[22]（養護学校）や校区外の特別支援教室（特殊学級）へ通うことになり，母親は子どもの送り迎えという新たな負担を背負うことになる。地域から離れて教育されることで，障がいをもつ子は地域社会の一員としてのアイデンティティを獲得しにくくなる。たとえ運良く校区内の学校に通うことになっても，他の子どもたちから分離された特別支援教室で教育される。障がいのない子たちは「支援教室の○○ちゃん」というように障がいをもつ子を区別するようになる。ほとんどの先進国で分離教育は障がい者差別を助長しているとみなされ，インクルーシブ教育が行われている所以である。

(6) 障害児教育の変容

1994年，スペイン・サラマンカにおいて開催された「特別なニーズ教育に関する世界会議」では，個人差もしくは個別の困難さを乗り越えるインクルーシブ教育（inclusive education）への転換を奨励し，「インクルーシブな普通学校とは，すべての人を包みこみ，学習を支援し，個別ニーズに対応する友好的なインクルージョン（inclusion）の原則の必要性がある」という新しい教育のあり方が提案された。

2006年，国連総会で採択された障害者権利条約は，「Nothing about us without us（わたしたち抜きに，わたしたちのことを一方的に決めないで）」というスローガンを掲げている。これは障がいのある人の人権を，障がいのある人自身の視点からとらえていこうとする決意表明の言葉である。この条約は「障害は個人ではなく社会の側にある」と明確に示し，障がいのある人が完全に参加する社会（inclusion in society）を形成することを目標とすべきであると提案して

いる点で画期的である。

　たとえば教育場面において，障がいを理由に障がいのある子だけを特別に取り出したり，分離するのは人権侵害となる。障がいによる学習困難があれば，障がいのある子の人権を保障するために，社会（学校）が，その軽減や取り除くための環境整備や人的な支援を行わなければならない。これを，条約では合理的配慮（reasonable accommodation）という。条約を批准した国は，障がい者差別撤廃のためにあらゆる場面で合理的配慮を行うことを義務づけられる。

　日本は2007年9月に批准のための署名を行い，2012年に障害者総合支援法，2013年には障害者差別解消法を成立させるなど国内法の整備を経て，2014年1月に批准した。しかしわが国ではとくに，教育や雇用などで障がいをもつ人の社会参加が阻害されている現状がある。例えば労働者に占める身体障害者・知的障害者の割合が一定率以上になるよう義務づける法定雇用率に精神障害者は含まれないなど，制度の不備は現存している。

　「障害に基づくあらゆる差別」の禁止や障害者の権利・尊厳を守ることをうたう条約の締結国は，教育，雇用，公共施設等，物理的・社会的環境の整備など，さまざまな分野で当事者ニーズへの対応が求められる。今後，いかにインクルーシブ社会を実現していくのかが大きな課題となる。

　次に，障がいをもつ小学4年生の娘A子がバンクーバーの現地校で経験したインクルーシブ教育を紹介しよう。

【バンクーバーで体験したインクルーシブ教育】

　1995年9月，学校が始まっても娘にはなかなか編入の許可が届かない。「とても普通の学校には入れられない」という理由に違いないと考え，母親は日本へ帰ろうと思い詰めていた。ほどなく小学校からの呼び出しがあった。編入を断られる覚悟で出かけると，校長先生が開口一番，「私たちはどんな障がいをもった子でも受け入れています。」彼女は続けて言った。「A子には言葉のハンディがあります。英語だけで教育することはむずかしいと思うので，日本語の話せる補助教員を探しているところです。私たちには，A子が楽しい学校生活

を送れるように体制を整える責任があります。」

　両親は幸せなカルチャーショックを受けたのだが，カナダのインクルーシブ教育制度ではこのような配慮は当然のことであった。マンツーマンの補助教員がつき，障がいのない子どもたちと同じ教室で学んでいる障がい児がA子のほかにも5名いた。学習内容については教員，両親，本人が参加して，個別ニーズにあわせた個別教育プラン（Individual Education Plan）を作成する。同じクラスの子どもたちは先生から支援のしかたを学び，A子を尊重し仲間になることを奨励される。登下校に介助を要する重度の子どもには，補助教員が付き添ってスクールバスで送迎する。障がいのない子どもの場合は親が送迎していたが，親の負担が大きい子どもには社会が支援を用意していた。バンクーバーで経験したインクルーシブ教育とは，障がい児に対する教育の機会均等と可能性の保障を目指す制度であった。

2．自殺と家族関係

　わが国の自殺死亡数は，厚生労働省の人口動態統計によると，1997年の2万3,494人から1998年は3万1,755人と急増した。自殺死亡数はその後，わずかに減少したが，2003年には再び増加して3万2,109人となり，3万人を超えたが，その後は低下傾向で2012年は26,433人である。学生・生徒は平成20年から900人台であり，平成23年は1,029人と最高を記録した。先進諸国に共通する傾向として高齢者の自殺率の高さがあるが，わが国でも同様の傾向がみられる。また，1998年の自殺者数急増の背景には，男性自殺者の増加，なかでも50〜59歳の中高年男性の自殺増加がいちじるしい。このような状況は，自殺で家族を亡くし遺族となった人びとの急増や経済的な支柱を失った遺族が増加している可能性を示すものと考えられる。早急に自殺対策が求められている。

　こうした現状にかんがみ2006年10月，自殺の防止と自殺者の親族等に対する支援の充実を目的とした「自殺対策基本法」が施行された。その基本理念には，自殺を個人的な問題としてとらえるのではなく，さまざまな社会的背景や要因

を踏まえて自殺対策に取り組まなければならないと謳われている。どのような事情であっても，家族を亡くすことは残された者に強い心理的影響を与える。たとえば，家族が患った病気を受け入れ，看病するなかで徐々にその死への覚悟ができるようになったとしても，実際には家族の死という現実を受け入れるまでにはかなりの時間を要するものである。とりわけ，その死が自殺などの予期せぬものであった場合には残された家族に深刻な心理的影響を及ぼすことになる。

　自殺の場合，遺された人びとには複雑な感情が交錯する（表10-1）。当然，遺族が受ける影響はより大きなものとなる。深刻な反応は自殺が起きた直後に生じる場合もあれば，直後にはあまり大きな問題が現れなくても，後になって難しい問題が生じる場合もある。自殺が起きた直後に出てくる種々の感情を率直に表す機会が得られなかった場合，かなりの年月が経ったあとに深刻な問題として現れることがある。

　自殺予防には大きく分けて次の3つの枠組みがある。第1次予防として自殺そのものの予防をプリベンション（prevention），第2次予防として危機への介入をインターベンション（intervention），第3次予防として自殺の事後，遺された人たちへのケアをポストベンション（postvention）という。これまでわが国では，自殺が起きても遺された人をそっとしておくという態度がとられてきた。そのためポストベンションはあまり顧みられることはなく，ごく限られた範囲で行われているのが現状であり，家族に対する社会的支援の活動が不十分

表10-1　遺された人びとの心理的反応

1．茫然自失，驚愕，疑問	6．周囲からの非難	11．記憶の加工
2．否認，歪曲	7．他　　　罰	12．不　　安
3．離人感	8．正当化，合理化	13．二次的トラウマ
4．怒　　　り	9．原因の追究	
5．自責，抑うつ	10．救済感	

出所）高橋祥友『医療者が知っておきたい　自殺のリスクマネジメント（第2版）』医学書院，2006年，p.126

な状況である。この社会状況を ABC-X モデル（1節参照）に当てはめて考えると，家族資源（B）としては，「家族員以外に頼れる社会的支援」が乏しく，家族が危機に直面する可能性が高いと考えられる。

　自殺の場合，遺された家族はそれぞれに複雑な感情を抱えている。たとえば，嘆き悲しむ家族の様子をみて，自分がしっかりしなくては遺された家族が崩壊するといった危機感から気丈にふるまうことがある。長男としての責任を果たさなくては，と気持ちを奮い立たせている場合もある。夫を亡くした場合，核家族で近くに頼れる親族がいないという状況であれば，母親として子どもに心配をかけたくないという一心で頑張るかもしれない。しかしこれらの家族危機に対する対処行動が影響して，家族の新たな危機的状況を生み出す可能性もある。

　自殺で家族を亡くした遺族の問題として，社会からの孤立があげられる。自殺で子どもを亡くした親には死亡原因ばかりでなく，「子どもの死」そのものを他人に言っていない人がいるという。親の胸に納めて暮らしているため，周囲の人との関係性でさらに悲しみが複雑化する傾向があるという指摘もある。また，自責の念から遺された家族間でもそのことを話すことができない場合がある。

　体験を語ることによって悲しみを整理する取り組みとしてナラティヴ・セラピーに関心が寄せられている。遺族のグリーフ（悲嘆）ケアに自死遺族の会が活動しており，このような会にはセルフヘルプグループ（自助グループ）タイプや世話役がいるようなサポートグループタイプなどがある。

　家族のライフサイクルでは，段階移行それ自体が危機的移行である。また，発達課題の特性として，達成された場合は次の課題の達成が容易になるが，達成されない場合は次の課題の達成も困難になる。たとえば，第1子が小学生，第2子が幼稚園とその両親という4人家族が父親（夫）を自殺で亡くした場合，母親（妻）は家族の経済的，精神的な支柱役を担うとともに，まだ手のかかる第2子の世話もしなければならない。このような母親のストレスを感じ取って，

第2子の面倒をみたり，母親の気持ちを思いやったりするタイプの子どもがいる。父親との思い出に悲しみやつらさを感じても，子どもは言葉よりも行動で表現するといわれている。大人を安心させるタイプの子どもの場合，このような言動が長く続くと発達課題を達成することができない危険性があり，後に他者との人間関係に悩むことがあると指摘されている。

第4節　ドメスティック・バイオレンスと家族関係

1．ドメスティック・バイオレンスの概念

ドメスティック・バイオレンス（domestic Violence）は「家庭内暴力」と直訳される。しかし日本社会では他に「家族間暴力」「夫婦間暴力」の意味を含んだ概念として使用されている。「家庭内暴力」の概念が一般的に「家族において思春期の子供が親に対して言語的，肉体的暴力を行使する」概念として定着してきた経緯を踏まえて，「家庭内暴力」の意味内容と異なる概念であることから「ドメスティック・バイオレンス」の用語がカタカナとして使用された。2001年4月6日，国会で成立（2004年，2007年，2013年改正）した「配偶者からの暴力の防止及び被害者の保護（2013年改正で「保護等」）に関する法律」（以下，DV法と略す）第1章の定義によれば，「配偶者からの暴力」とは，配偶者からの身体に対する不法な攻撃であって生命又は身体に危害を及ぼす，または心身に有害な影響を及ぼす言動をいう。この法律の特徴は前面に男女平等の実現を図るために配偶者からの暴力防止を提案している点にある。従来，家庭で起こる「夫婦喧嘩」や「男女間のもつれ」のなかで男性が女性に対して行う私的な行為を「暴力」として明確に扱い犯罪的行為としたことである。なお，この法律の対象は1条1項で対象範囲を「事実婚・内縁を含む配偶者，関係解消後の配偶者であった者」に限定している。女性（妻）が男性（夫）に対して行使される暴力も含まれる。1条2項の被害者についての規定は一定の場合に離婚し

た元配偶者も含まれるとした。内縁関係や事実婚のカップルについては「届出は出していないが事実上の婚姻関係と同様の事情にある者を含む」と注記している。配偶者からの暴力は婚姻関係にあることで暴力から逃げ出せない事情が加味されたが，恋人や婚約者等は配偶者と異なり一般的暴力と区別がつかないことから，この種の行為はストーカー法の適用を考慮している。

2．ドメスティック・バイオレンスのあゆみ

　夫による妻への暴力を歴史的観点からみると，ヨーロッパでは古代社会から存在していた問題であった。古代ローマ法では夫の妻に対する身体的暴力，殺害も正当化していた。キリスト教では信仰の名のもとに妻が夫に服従することを要求できた。イギリスでは慣習法をもとにつくられたコモン・ローにおいて既婚女性は夫の所有物とみなされ，妻に身体的制裁を加える権利が認められていた。このイギリスの法律は，イギリスの植民地であったアメリカにも多大な影響を与え，イギリスから独立後も同様な権利が認められていた。その後，19世紀後半，妻に対する暴力を振るった夫への処罰を規定した法律や暴力を離婚理由として認める法律の制定に対する取り組みがなされた。とくに，アメリカにおいて女性運動が進展したのは，産業化の進行により女性の雇用が拡大するなかで経済的自立が可能となった1970年以降のことであった。当時，殴られた女性たちの運動（The Battered Women's Movement）とよばれた活動は，夫や恋人からの暴力の体験を語り始めた女性たちとそれを支援する女性の運動から20年の歳月をかけて活動が継続した。この運動によってシェルターの設置などの援助プログラムが全米各地で作られ，夫や恋人の暴力が個人的問題ではなく，社会問題として認識される原動力となっていった。今日のアメリカにおいて，ドメスティック・バイオレンスという言葉は，「夫，内縁の夫，別居中の夫，前夫，付き合っている（あるいは以前付き合っていた）男性からの暴力」として日常的に活用されている言葉となった。

　鎌倉時代は，夫婦間のトラブルから妻が最後に逃げ込むお寺を「駆け込み

寺」とよんでいた。現代ではDV法により，被害者の安全の確保の手段として一時保護委託先として「シェルター制度」が法律的に規定された。DV法第3条では，都道府県の設置する婦人相談所などの配偶者暴力相談支援センターによる自立支援機能が，明確に位置づけられるようになった。これは婦人相談所が緊急保護の受け皿となっている実績から盛り込まれたものである。アメリカにおいて1970年から始まった「殴られた女性たちの運動」に遅れること20年，1990年は子どもの虐待，従軍慰安婦の問題，夫や恋人からの暴力，障害をもつ女性への暴力，セクシャルハラスメント問題など，女性への暴力が顕在化した年であった。1992年，日本で初めて女性固有の経験や事象を明らかにしてその問題解決を図る目的で「夫（恋人）からの暴力「ドメスティック・バイオレンスの調査」が開始された。1995年7月には名古屋地方裁判所において，「夫から長い間暴力を受けた女性が夫を刺殺した事件」で「刑免除」の判決が出た。女性の暴力を考える上でこの判決は画期的なものであった。1997年には東京都が「日常生活における女性の人権に関する調査」においてドメスティック・バイオレンスに関する実態調査を行った。その前年の1996年12月，北京女性会議において日本政府は女性に対するあらゆる暴力の根絶を含む「男女共同参画2000年プラン」を発表した。

前述したDV法第25条では，「国及び地方公共団体は配偶者からの暴力の防止及び被害者の保護に資するための調査研究の推進に努めること」を規定している。この目的を達成するために1999年から内閣府男女共同参画局が無作為調査による実態調査「男女における暴力に関する調査」を実施した。2011年の調査対象は全国の20歳以上の男女5,000人，回収数は3,293人であった。

3．現代社会におけるドメスティック・バイオレンスの特徴

現代社会で生じるドメスティック・バイオレンスの「暴力」の内容を吟味すると，身体的暴力と非身体的暴力に大別することができる。ミネソタ州ドゥルース市ドメスティック・バイオレンス介入プロジェクトが作成した「パワー

第10章 家族危機への対処とパートナーシップ 191

とコントロールの車輪」の図式は，この身体的暴力と非身体的暴力についてうまく図式化している（図10-3）。

車輪の外輪に当たる部分が「身体的暴力」を示している。身体的暴力のなかでみられる夫婦間の暴力は殴る，蹴る，打ちのめすなどの直接的暴力を含んでいる。前出の2011年調査によれば，これまで結婚したことのある人に以下の3つの行為について質問した。この結果，これまでに「A　なぐったり，けったり，物を投げつけたり，突き飛ばしたり」するなど身体に対する暴行を受けたことがあった（「何度もあった」，「1，2度あった」を含む）人は女性が25.9％，男性が13.3％であった（図10-4）。

車輪の内輪の部分は「非身体的暴力」の内容を示している。第1は，経済的暴力である。行為の内容は妻が仕事をしたり，働くことを継続することを妨害

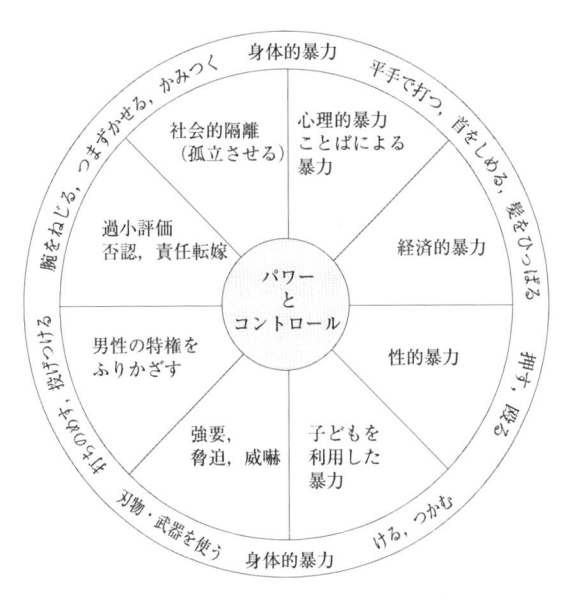

図10-3　パワーとコントロールの車輪

出所）ミネソタ州ドゥルース市のドメスティック・バイオレンス介入プロジェクト作成の図をもとに加筆修正（夫（恋人）からの暴力調査研究会編『新版　ドメスティック・バイオレンス』有斐閣選書，2002年，p.15）

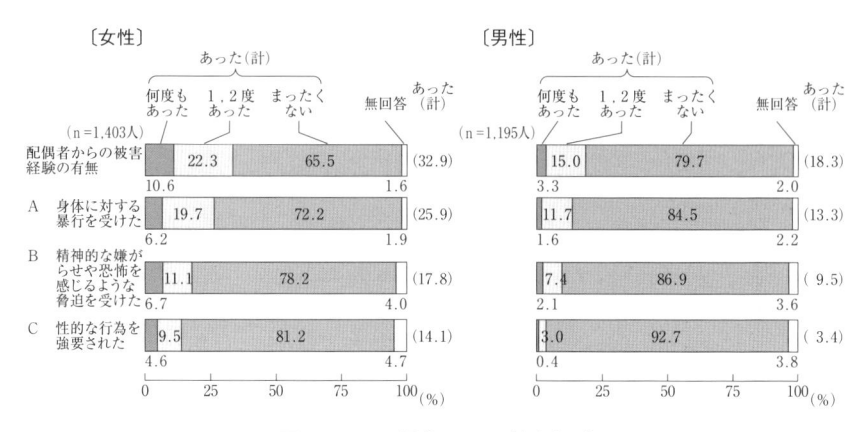

図10-4　配偶者からの被害経験

出所）内閣府男女共同参画局「男女間における暴力に関する調査」（平成23年度調査）

したり，制限・禁止したりする。夫が家計管理権を独占し，妻に必要な経費を渡さない。収入や財産について妻に相談しないなどの内容を含んでいる。第2は，心理的暴力，ことばによる暴力である。妻の人格を否定するような悪口や欠点をあげ，妻がおかしくなったと思わせる言動を繰り返し，妻が罪悪感に耐えられなくなるような行動をとる行為を示している。前述した調査結果では「B　人格を否定するような暴言や交友関係を細かく監視するなどの精神的嫌がらせを受けた，あるいは家族に危害が加えられるのではないかと恐怖を感じるような脅迫を受けた」ことのある女性は17.9%，男性は9.5%であった（図10-4）。第3は，男性の特権をふりかざす行為である。一方的に妻を使用人として扱うことを強要することである。第4は，強要，脅迫，威嚇；壁やテーブルをたたいたり，食器を壊したり，物の破壊を通じて威嚇を与えたり，妻が大事にしているものを破壊することで精神的ダメージを与える暴力行為である。第5は，社会的隔離（孤立化）である。妻を孤立させる行動である。たとえば，妻の人間関係や社会的活動を監視・禁止したりする行為を指している。仕事・学業等の社会活動を制限し，それを妻への愛情・嫉妬心として正当化する。第6は子どもを利用した暴力である。子どもを通じて非難，妻と子どもの関係を

〔女性〕

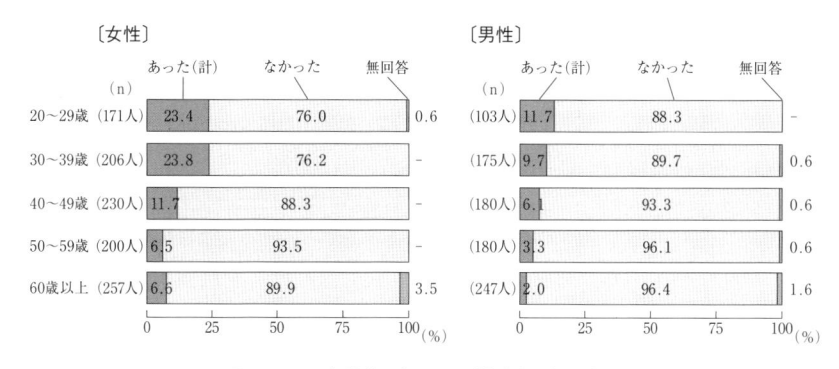

年齢 (n)	あった(計)	なかった	無回答
20〜29歳 (171人)	23.4	76.0	0.6
30〜39歳 (206人)	23.8	76.2	-
40〜49歳 (230人)	11.7	88.3	-
50〜59歳 (200人)	6.5	93.5	-
60歳以上 (257人)	6.6	89.9	3.5

〔男性〕

年齢 (n)	あった(計)	なかった	無回答
20〜29歳 (103人)	11.7	88.3	-
30〜39歳 (175人)	9.7	89.7	0.6
40〜49歳 (180人)	6.1	93.3	0.6
50〜59歳 (180人)	3.3	96.1	0.6
60歳以上 (247人)	2.0	96.4	1.6

図10-5　交際相手からの被害経験の有無

出所）内閣府男女共同参画局「男女における暴力に関する調査」(2011年)

悪化させ，子どもの前で妻を非難・中傷する暴力を指している。

　なお，この「パワーとコントロール」の内輪の車輪で示されている「性的暴力」は非身体的暴力の概念に含まれている。だが，妻が望まない夫からの性的行為の強要，避妊の拒否，中絶の強要などは身体的暴力と考えられる。そのため「性的暴力」は身体的及び非身体的暴力の両者の意味を含む概念として考える必要がある。前述した調査結果では，「C　嫌がっているのに性的行為を強要された」ことがあった人は女性14.1％，男性3.4％であった（図10-4）。

　交際相手からの被害経験（図10-5）をみると20〜30代は被害経験があった23％台もある。男性は女性の半数が被害経験ありと答えている。

4．ドメスティック・バイオレンスと家族関係

　家族関係の視点からドメスティック・バイオレンスを生み出す第1の要因は「性的分業の役割」を基盤とする結婚制度にあることが指摘される。「親密な関係＝性的関係」を制度的に認められた結婚の制度は基本的に両者の愛情，親密度を育成する場所である。しかし，産業化社会以前の結婚制度における妻の地位は夫の所有物の意味合いが強く，およそ親密な関係とは言い難い。この社会構造のなかで形成されてきた支配関係がドメスティック・バイオレンス現象を

生み出す背景となっている。男性は決断力，積極性，論理性，攻撃性などを含む男らしさが求められている。親密さの中で女性に最も求められているものはやさしさ・慈愛を含む女らしさである。この男性と女性の性別役割を固定したのが「性的分業の家族」であった。結婚という枠組みのなかで制度的保障の引き換えとして家事・育児・子育て，高齢者の介護などが女性に押し付けられてきた。最近は娘や配偶者が親の介護担当者として分担する傾向がみられるが，これまで介護担当者の80％は嫁であった。この構造は，男性優位と女性の従属という伝統的「性別役割規定の規範」の図式から生まれたものである。この性別役割と男性優位の社会構造がドメスティック・バイオレンス現象を生み出す源泉となっている。性別役割の観点からみて，家事労働を分担する「愛情の証」である妻に踏みにじられ，妻が表出的役割分業に順でないことが夫の暴力を正当化する役目を果たすことになる。

　アメリカの心理学者ウォーカー（Walker, L. E.）は，ドメスティック・バイオレンスには3つの周期（サイクル）があると述べている。第1段階は，緊張が蓄積する段階である。じわじわと夫の緊張度が増大し，些細なことが気になるピリピリしてくる状態を指している。第2段階は，暴力の爆発期である。こうした緊張する段階が蓄積されると男性は暴力を振るう形で高まった緊張を解く。第3段階は，ハネムーン期である。暴力を振るった後の男性は時には大げさに謝罪をしたり，二度と暴力を振るわないと宣言したりして配偶者に許しを請い，打って変わってやさしくなったり，プレゼント攻撃をかけたりする。しかし，このハネムーン期が終わり，再度，第1段階の緊張の蓄積段階が始まる。男性や夫の逮捕や起訴などの外部の介入がない限り，このサイクルは止まらない。この3つの周期（サイクル）理論はDV現象を説明する上で広く用いられている。

　家族関係からみてドメスティック・バイオレンスを生み出す第2の特徴は，夫婦間のセックスの問題を個人的問題としてとらえており，女性の人権侵害の問題としてとらえる社会的意識に乏しい現実がある。たとえば，夫婦間の性的

強制(Marital rape)は夫婦間において強姦罪が成立するか,という点である。これまで妻は自分のもの,自分の支配下にあるものとする考え方がみられた。結婚制度は男女間の性の独占を制度化したものであるが,妻は夫の要求を拒否できないのか。妻に対する強姦が犯罪として成立しないとすれば,自分の支配下にある妻に対する言葉での虐待や殴る蹴るの暴力は強姦よりも軽い行為であり,処罰の対象にはならないという論理的帰結が成立する。裁判所は結婚が破綻していない限り,夫による暴力的性行為は強姦ではないという判断を下している。だが,夫婦という「親密な関係」にあっても意志に反したセックスの強要はレイプであるという考え方が次第に拡大している。

【注】
1) 望月嵩・木村汎編『現代家族の危機』有斐閣,1980年,p.16
2) 那須宗一・上子武次『家族病理の社会学』培風館,1980年,p.3
3) 望月嵩・木村汎編,前掲書,p.17
4) 加藤正明・藤縄昭・小此木啓吾編『講座・家族精神医学4 家族の診断と治療・家族危機』弘文堂,1982年,pp.337-342
5) 清水新二「序章 なぜいま家族危機論なのか?」清水新二編『家族問題 危機と存続』ミネルヴァ書房,2000年,p.3
6) 森岡清美・望月嵩『新しい家族社会学』培風館,1983年,pp.80-84
7) 神原文子「第8章 家族社会学から見た家族危機」清水新二編,前掲書,pp.196-197
8) 神原文子,同上,p.195
9) 神原文子,同上,pp.204-205
10) 高木侃『三くだり半と縁切寺』講談社現代新書,1992年
11) 杉浦日向子『お江戸でござる』新潮文庫,2006年
12) 落合恵美子『近代家族の曲がり角』角川叢書,2000年
13) 関口裕子・早川紀代『家族と結婚の歴史』森話社,1998年
14) 最高裁判所事務総局編『司法統計年報』2005年
15) 最高裁判所事務総局編『司法統計年報』2006年
16) 亀山早苗『男が「離婚」を語るとき』ポプラ社,2003年
17) 花村春樹訳・著『「ノーマリゼーションの父」N・E・バンク-ミケルセン』ミネルヴァ書房,1994年,p.147
18) 同上書,p.157

19) 自立には身辺的自立，経済的自立，人格的自立の３つの概念がある。人格的自立とは，重度の障がいがあり介護を受けていても自分で社会資源を選択し活用している状態を指す。身辺的自立と経済的自立は依存的な状態からの独立を意味し，人格的自立は依存と独立の共存を認める自立観によっている。
20) 「スティグマ」＝社会的烙印。個人に非常な不名誉や屈辱を引き起こすもの。アメリカの社会学者ゴフマンが用いた。
21) 三浦博光『障害者ときょうだい』学苑社，2000年，pp.14-15
22) わが国の障がい児教育は，学校教育法が改正された2007年４月以降，特殊教育から特別支援教育へと転換した。文部科学省は「特別支援教育とは，『支援を必要としている子』が，どう年齢とともに成長，発達していくか，そのすべてにわたり，本人の主体性を尊重しつつ，できる援助のかたちとは何か考えていこうとする取り組みである」と定義している。

　2013年９月から，学校教育法施行令を改正した。今回の改正は，平成24年７月に公表された中央教育審議会初等中等教育分科会報告「共生社会の形成に向けたインクルーシブ教育システム構築のための特別支援教育の推進」において，「就学基準に該当する障害のある子どもは特別支援学校に原則就学するという従来の就学先決定の仕組みを改め，障害の状態，本人の教育的ニーズ，本人・保護者の意見，教育学，医学，心理学等専門的見地からの意見，学校や地域の状況等を踏まえた総合的な観点から就学先を決定する仕組みとすることが適当である」との提言がなされたこと等を踏まえての改正である。

【参考文献】
土屋葉『障害者家族を生きる』勁草書房，2002年
要田洋江『障害者差別の社会学』岩波書店，1999年
野々山久也編『家族福祉の視点』ミネルヴァ書房，1992年
川上憲人「わが国における自殺の現状と課題」『保健医療科学』52(4)，2003年
高橋祥友『中高年自殺―その実態と予防のために』ちくま新書，2003年
内閣府共生社会政策統括官「自殺対策」http://www8.cao.go.jp/jisatsutaisaku/
高橋祥友『医療者が知っておきたい　自殺のリスクマネジメント（第２版）』医学書院，2006年
日下忠文・斎藤友紀雄編「自殺と未遂，そして遺された人たち」『現代のエスプリ』No.455，至文堂，2005年
森岡清美・望月嵩『新しい家族社会学（４訂版）』培風館，2004年
島村忠義，岡元行雄，豊田加奈子，板橋真木子『新版　教養の社会学』川島書店，2007年
増子勝義編著『新版　新世紀の家族さがし―おもしろ家族論』学文社，2007年
夫（恋人）からの暴力調査研究会編『新版　ドメスティック・バイオレンス―実

態・DV法解説・ビジョン』有斐閣選書，2002年2月
ウォーカー，L. E.（斉藤学監訳，穂積由利子訳）『バタードウーマン—虐待される妻たち』金剛出版，1997年
東京都「女性に対する暴力　調査報告書」1998年3月
東京都生活文化局「家庭等における暴力　調査報告書」2002年3月

第11章

情報化社会の家族とパートナーシップ

第1節　情報化社会と家族関係の変化

1．情報化社会から高度情報化社会へ

　情報社会は，1963年に梅棹忠夫が座談会のなかで最初に使用した言葉といわれている。梅棹は，人類の産業の歴史が「農業の時代」，「工業の時代」，「情報産業の時代」と3つの段階を経て進化してきたとした。そして「情報産業の時代」には，「精神の産業化」が進むものとした[1]。1960年代後半から1970年代にかけて「情報社会論」がもてはやされるようになった。産業革命以降の社会の変化は，産業社会の内容が工業社会から情報社会へ移行するものとしてとらえられ，「工業化」に替わる「情報化」が使われ「情報化社会」が近未来の社会の姿として考えられるようになってきた。情報化社会は，ベル（Bell, D.）が主張する「脱工業化社会（工業化社会の後に到来する社会）」であり，ドラッカー（Drucker, P. F.）は「今日の知識は成果に焦点を合わせた情報であり，その成果を生む目的で高度に専門化され，問題解決を求められる知識体系を基盤とする社会」を知識社会と定義した。この社会の特徴は，技術革新の中核として，記憶・演算・制御を担うコンピュータがあり，知的労働の代替と増幅が行われる。情報生産力は，最適行動選択能力の増大として効率的に実効されている。工業社会における人間が直接的に機械的に制御されるアナログ的社会とは

一線を画すデジタル型社会である。

　社会・経済構造の変動の観点からみると，情報・技術・知識の大量生産により，情報ネットワークが構築され，大量のデータが蓄積される情報ユーティリティが特徴である。人びとは地理的空間に依存するのではなく仮想の情報空間で知的フロンティアを開拓し，機会は著しく増大していった。情報産業や機会産業などの情報関連産業は，国家や行政機関，民間企業のみならず，家族を含む個人の領域まで拡大していった。人びとが依拠したものは，20世紀前半では印刷による書籍や新聞であり，20世紀後半にラジオ，テレビなどのマスコミュニケーションであったが，21世紀を迎えるころからパソコンやスマートフォン（スマホ）などに代表される携帯端末などの巨大な情報ネットワーク社会（＝情報化社会）に移行している。

　農業社会から工業化社会に移行するのに100年間の歳月を要したが，工業化社会から脱工業化社会，そして情報化社会に移行する期間はわずか20年であった。情報化社会が早期に進行したアメリカでは1956年の産業構造をみると，技術や管理，事務職に従事しているホワイトカラーの人数が，生産部門で働く一般労働者（ブルーカラー）の人数を超えた。1970年代で新しく仕事に従事した1,900万人のうち製造部門の関係者はわずか5％であり，商品生産部門全体では11％に過ぎなかった。新しい勤労者1,900万人のうち1,700万人（90％）は製造部門に携わらず，頭脳労働に変化してきた。

　日本における情報化社会の推移をみると，1960年代後半から1970年代は，同一企業内における製造現場の生産過程にコンピュータを導入する時代で，製造現場における生産過程の自動化（オートメーション化）が進行して生産性の向上が求められた。現場での生産様式の変化は，ブルーカラー労働者を中心に進められた。1980年代に入ると，事務部門にも生産性の向上，効率化が求められるようになり，ホワイトカラーを中心にオフィス・オートメーションに取り組む「OAブーム」という現象が生まれた。会社内の組織システムを対象として，情報ネットワークも大企業・大都市間に限定されていた。日本語ワード・プロ

セッサの普及，コンピュータ・ゲームの流行が，やがては個人使用のパソコンが急速に普及する素地となった。この時代は，ニューメディアを活用したトータルネットワークに情報システムを通して多様な情報サービスが全国的に及んだ。大型コンピュータに多数のパソコンが結びつき，他のシステムとつながり，インターネットに象徴されるコンピュータ・ネットワークの時代が到来した。

2．情報化社会と生活の変化

　1990年代には，アメリカで「情報ハイウェー構想」があり，光ファイバーによる高速インターネット網が形成された。日本では，2000年にIT基本法（高度情報通信ネットワーク社会形成基本法）が制定された。インターネットの普及と電話だけでなくメール機能をもつ携帯端末として携帯電話の普及は，やがて携帯のパソコンに相当する機能をもつスマホや複合的なメディア端末としてのiPhoneなどに特化してきた。家庭における衣食住がすべての消費社会の末端としてオンラインで結ばれ，プリペイドカードによる決済，買い物における支払い，交通機関利用時の決済への電子カードの利用，旅行情報や予約もネットワークで処理されてきた。スマホや携帯電話からすべてのネットワークを通して，インターネットにアクセスすることが可能となった。

　現在，パソコン，携帯電話などの情報機器の普及率は急速に拡大してきた。グーテンベルクの印刷術からが，大衆向けの新聞を発行するまでに400年間の歳月を必要であり，ベルが電信技術を発明してから日本での電話の世帯普及が10％になるまでに76年間の歳月がかかった。今日，情報化のスピードは，1995年Windows95が発売されパソコンが普及し，携帯・スマホが普及することによりさらに加速された。『平成25年版　情報通信白書』によれば，平成24（2012）年末の情報通信機器の普及状況をみると，「携帯電話・PHS」及び「パソコン」の世帯普及率は，それぞれ94.5％，75.8％となっている[2]。また，「携帯電話・PHS」の内数である「スマホ」は，49.5％（前年比20.2ポイント増）と急速に普及が進んでいる。2012年の世帯における情報通信機器の保有状

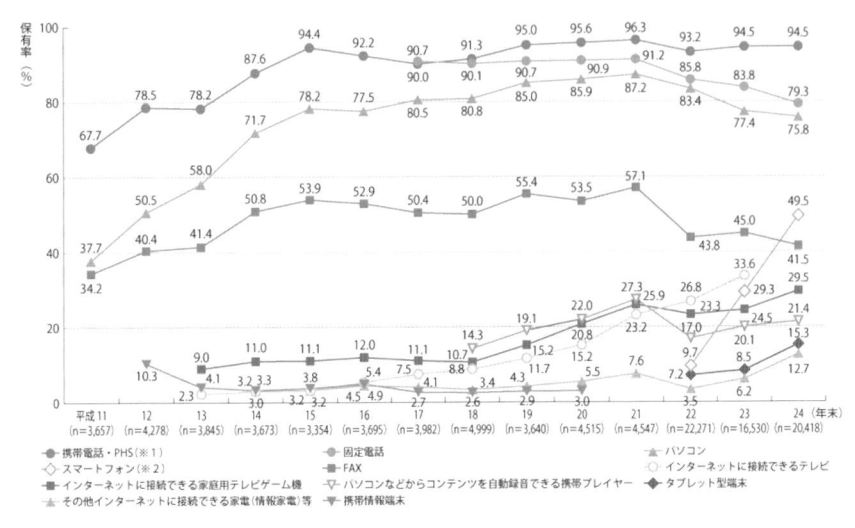

図11-1　インターネットの利用動向　インターネットの普及状況
　　　主な情報通信機器の普及状況（世帯）

出所）『平成25年版　情報通信白書』

況をみると，携帯電話は91.1％，パソコンは77.5％，ファクシミリは52.9％，カー・ナビゲーション・システムは33.5％，インターネットに接続できる家電は4.5％であった。平成24年末における個人の世代別インターネット利用率は，13歳〜49歳までは9割を超えているのに対し，60歳以上は大きく下落している。また，所属世帯年収別の利用率は，400万円以上で8割を超えており，年収の低い世帯区分との利用格差が存在している。このように年齢や所得によるによる情報機器使用率の格差が存在しているが，家族員の個々が所有・利用する情報機器は多様化するとともに日常生活に大きな影響をあたえるようになってきた。情報化社会において多くの消費者は暮らしのなかでデジタルコンテンツやサービスを受ける際，多くの対価を支払ってきた。若者や高学歴者・高所得者が情報を多数専有して，有利な立場にたてる反面，年齢による情報機器への対応のしにくさや経済手的格差によって受ける情報量の差異は明白である。途上

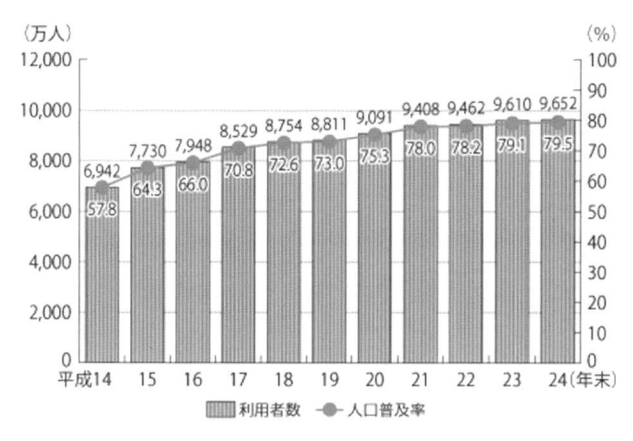

図11-2　インターネットの利用者数及び人口普及率の推移

出所)『平成25年版　情報通信白書』

国で資金難のために情報機器が入手しにくいのと同様に高齢者や経済的弱者で情報が入手出来ないために一層困難な状況になる可能性もみられる。これをデジタルデバイドという。第8章でも述べたが,『平成19年版　国民生活白書』でつながりが築くゆたかな国民生活の副題をつけ日本では生活の満足度が低下しているが,心の豊かさを求める傾向にあるとしている。特に家族・地域・職場で人生の継続的な関係が求められているとしている。家族が基礎的集団であり,生活行動を共にして,家族との触れ合いのなかで愛情や社会規範を身につけてゆく。このような家族のつながりのツールとしての情報機器の取り扱われかたが大きく変化している。

　工業化社会に適合した核家族世帯は減少し,1970年代においてアメリカの家族の93％がこの家族類型からはみ出してきた。家族と離れ単身生活を志向する人たちが増加している。情報化社会における雇用の拡大は明らかに女性の経済的自立を促し,女性の単身生活としてのライフスタイルを定着させる要因となっている。正式に結婚をしないで同棲する人の数が世界的に飛躍的に増加してきた。アメリカでは子どもをもたない家族が増加し,「子ども中心の家族」

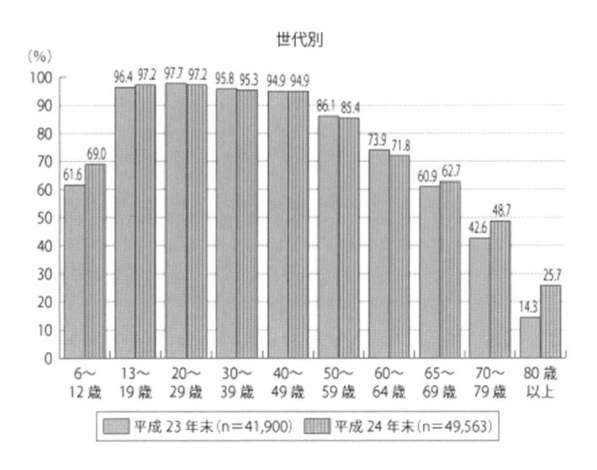

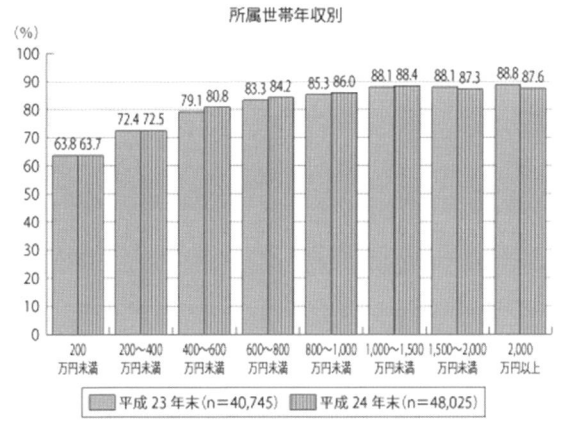

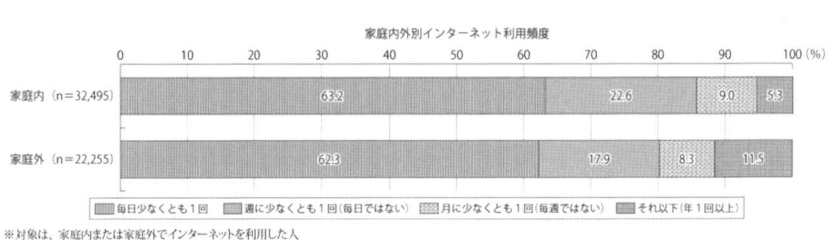

図11-3　家庭内インターネット利用　世代別・年収別・利用頻度

出所）『平成25年版　情報通信白書』

から「大人中心の家族」に変化している。1960年代に結婚歴のある30歳以下の女性で子どものいない人（DINKS）が20％であったものが，1975年代には32％に増加した。近年，アメリカの子どものいる家族に目を向けると，離婚による片親家族，家庭不和，別居などが増加し，7人に1人が片親家族で育てられている。これは先進諸国に共通した傾向といえる。さらに，情報化社会の生産システムの変化は契約結婚，事実婚，夫と妻が別々に暮らす別居家族，同性愛による結婚，生殖技術の進展による提供精子による出産家族など，多様な家族の形態を生み出している。工業化社会の過程で多くの労働者は工場やオフィスで勤務したが，情報化社会になると在宅勤務である「家庭」が労働の場に変化することで家族関係においても変化が生まれると，トフラーは述べている[3]。

3．情報化社会の到来と家族関係

佐藤彰男は，テレワークが「未来型労働」であるとしながら，在宅勤務という労働時間の延長を制度化する側面を指摘している[4]。かつての家庭内労働は，個人型経営の家族内労働や内職と呼ばれる下請け作業が中心であった。この流れでいえば，アウトソーシングとしての企業の外部での労働委譲ともいえなくはない。特に女性の家庭内労働としての側面が顕著である。

第1に，情報化社会が与える正機能としての側面から家族関係を考察してみる。働く場所が「オフィス」または「工場」から「在宅勤務（家庭）」に移行することにより，これまで1日のなかで限られた時間しか顔を合わせなかった夫婦が1日中一緒に過ごすことのメリットが考えられる。すなわち，夫婦間の関係は一層親密になるという（なかには煩わしいと思う夫婦も出てくる）。夫婦共通の共同作業の機会が増加し，結婚生活の救いになることをトフラーは主張する。家庭で仕事をすれば，妻は子育ての合間に夫の仕事を手伝うことができる。夫と妻は自分だけの世界を作り上げ，そこから相手を締め出すことが不可能になる。家庭内で仕事をし，夫婦で学びあう関係を作れば家族関係も当然，変化してくる。2人の間にこれまでとは異なる新しい愛情の形が生まれる可能性を

示唆している。このことは，オフィスに通う「サラリーマン家族」よりも在宅で共同作業中心に生計を営む「自営業者家族」に離婚が少ないことがこれを証明している。日本でも「同居をやめた当時の世帯の主な仕事別に見た同居期間別離婚件数及び百分率」(2005年) をみると，離婚総数26万1,917人のうち「農家世帯」5,666人,「自営業者世帯」3万7,872人であった。「常用勤労者世帯(1)」は9万4,703人,「常用勤労者世帯(2)」は6万4,673人であった[5]。「農家世帯」「自営業世帯」に離婚率が低いことが明らかである。家族全員で共同作業を行う農業社会を代表する拡大家族ではこれまで相互依存しながら多くの生活機能を家族の中でその役割を果たし，結果的には離婚率の低下に寄与してきた側面がある。工業化社会になると家族の機能は分化し，教育は学校に，病人の看護は病院や福祉施設にその機能を分化した。家族の機能はパーソンズが指摘するように「パーソナリティーの安定機能」「子どもの社会化機能」が重視されてくる。農業社会の配偶者選択は働き者で，家族の面倒をみて，夫に尽す女性が理想とされたが，工業化社会では配偶者選択の条件として人生の伴侶としてのやさしさ，誠実さ，愛情，助け合い等が求められるようになった。日本においてこれまで「見合い結婚」が多数を占めていたが，1965～70年には「恋愛結婚」の割合が多数を占め，逆転した年 (1967) でもある。今日，社会的地位，収入といった社会・経済的要素が無視されたわけではないが，結婚する大多数の夫婦は相互の愛情を重視した恋愛結婚の形態を選択している。

　情報化社会の象徴であるメール機能をもった携帯電話の普及は，夫婦・親子関係をつなぐコミュニケーションの道具としての可能性を示している。特に携帯電話が双方向的なコミュニケーションツールとして家族員相互に大きな通信機能を提供している。電話という通話ツール，メールという文書送信ツール，写メールというカメラ機能の持つ映像ツールから発展して，スマホではLINEという無料のアプリを介した通信ソフトでは，家族員のみならず，多くの人々を結びつける正機能がある。ただ，不特定多数とつながり得ることによる安全性への不信も生じてきている。NTTレゾナントと三菱総合研究所らが実施し

た2007年の調査によると，小学生全体で3人に1人が携帯電話を持ち，男の子（29％）よりも女の子（38％）に多いことがわかった。携帯電話を所有する動機をみると親の意向が強く反映されていた。その背景には塾通いをしている子どもを犯罪から防止する防犯意識が強く働き，携帯利用に関するルールを決めていない家庭は半数以上にも及んでいた[6]。

　子どもの防犯だけでなく，高齢者の福祉や医療の側面においても携帯電話の有効な活用方法が模索されている。親子関係の携帯電話の活用方法を事例的にみると，父親は職場の延長線上から「連絡用」として使用する頻度が高く，母親は親子間の「コミュニケーションの道具」として活用する違いがみられる。第2に情報化社会の逆機能側面では，コンピュータ・テクノロジーに健全な形で対処できないことから起こる適応症候群「別名テクノストレス」があげられる[7]。コンピュータに対処する時，初期症状として他者に対する思いやりの欠如，対話不足が指摘される。こうした特徴は夫婦関係にも大きく影響する。コンピュータを操作する過程において形成される合理的で，論理的に割り切る思考パターンの代償として「情緒的欠落症状」が生まれる。

　佐藤は，テレワークが一般的では「情報通信技術（IT）を活用した場所や時間にとらわれない柔軟な働き方」を広義の定義としながら，「柔軟な働き方」という表現に疑問を抱いている。前述したように家庭内で日常生活を送りながら稼働できるというメリットがある側面と家庭内において，従前と同様な性別役割分業の固定化としての家事育児という私生活のバランスが保たれることになるのではないかとの指摘である。社員の福利厚生を目的としてワーク・ライフ・バランスを向上させる場合に，男女の両性の社員が対象であるはずだが，現状は女性に対してのみ仕事と私生活のバランスの改善がせまられるのである。テレワークのなかで在宅ワークが，データ入力やウェブデザインなどのような電脳内職と呼ばれる稼働時間の明確化されないきわめて低報酬の労働として企業の景気調整弁とされている。男たちの家庭外での長時間労働の背景に，妻たちが家事・育児のほとんどを負担しているなかでの，在宅ワークは妻たちの家

庭内での労働をより過酷なものにしている。「女性の能力を活用する」テレワークが女性の家事労働への束縛を強めているという皮肉な現象もみられる。

1960年代に使われた1つの人間関係において当事者が相互の距離と親密度を制御する言葉「パーソナル・スペース」に代わり，1980年代は人の思考や行動がコンピュータ・テクノロジーにより形成され，規制される時，自分はそのなかにいると意識する心理的場を表す「エレクトロニック・スペース」の概念が使用されるようになった。配偶者にとって感情移入や他者への思惑に気を遣うことが苦手になるからである。コンピュータと同様にデータの伝送手段として「効率性」と「法則性」が重要となり，夫婦の会話を親密にするための打ち解けた話題に必要性を感じなくなり，多弁は無用となる。夫婦関係においてこの感情移入の能力が不足すると夫婦の対話が成立しなくなる。トフラーが想定した新概念「エレクトロニック・コテージ」のなかで展開していたように，情報化社会における「オフィス」から「在宅勤務」として家庭で働く場所が移行することにより，夫婦関係の親密度が増幅されるというばら色の家族像がみられないのである。

しかも，IT革命によって携帯・ネット時代という情報環境の変化による影響は子どもの感性や考える力の発達を阻害する負の遺産をもたらしている。1999年アメリカ小児学会は，子どもがテレビを見る時間を1日に1～2時間に制限すべきと勧告した。その理由はテレビによる暴力シーン，性的シーンによる性格形成のゆがみ，親との接触を奪い，電気的映像が脳に与える刺激は大きい。たとえば，テレビゲームに熱中することによる正常な人格形成が阻害されるゲーム脳の問題は重要である。柳田邦男はバーチャルリアリティ（仮想現実）の世界に脳がなじみ，そこに携帯電話とインターネットが追い打ちをかけ，仮想的現実の世界が優位を占めることを指摘する。1998年に尾木直樹が東京，京都，福島，長野の保育士456人から回答を得た調査結果では，「最近の子供たちに共通する性格傾向」について，①夜型生活，②自己中心的，③パニックに陥りやすい，④粗暴，⑤基本的しつけの欠落等があげられていた[8]。以上

のことから，情報環境が大きく少年の性格形成に影響していると考えられる。情報環境の影響だけでなく，親の子どもへの接し方，育て方において，この仮想現実の世界と現実の逆転現象を修正する家族関係の関わり方が強く求められている。

　スマートフォンの普及は，個人の日程管理のみならず，子育てツールとしての無料アプリ（応用ソフト）の利用者の増大もみられる。子どもへの予防接種の日程管理や胎動や陣痛間隔を計測するアプリなど，子育て支援ツールとしての利用も普及してきている。個人の健康管理ツールとしてのアプリは，生理周期や妊娠可能時期の計測など専門医に任せがちであった個人情報を自己管理できるようにもなってきた。ただ，この延長にある子育てアプリには，言うことを聞かない子どもに鬼から怖い電話がくるものが評判となり，さらに乳幼児にスマホを渡してゲームや動画で遊ばせることが発達に影響を与えるなど，親が工夫をせずに子どもとの関わりを疎かにしかねない。乳幼児が経験すべき親や家族との関わりを重視しなければならないであろう。

　最後に，「育児期の親のIT利用と家族関係」を調査研究した石井クンツ昌子の成果を紹介する[9]。父親の子育てに関しては，IT利用が夫婦のコミュニケーション時間を増大させ，夫婦関係良好度や子育て参加の促進に有効に作用している。日米の比較では，米国での活用法は，情報収集，コミュニケーション，ネットワーキング，子どもとの遊びに4分類される。それに対して日本では，父親と母親の双方にLINEなどのアプリなどでの家族内コミュニケーションが有効に果たされており，メールも使用頻度が高まったという。IT機器は，父親と子どもの遊びツールとなり父親が家事・育児参加を促すきっかけとなっている。また，母親では，LINE・FacebookなどのSNSが家族以外の友人や子どもの親たち（ママ友と呼ばれる）との交流のツールとなっているという。

第2節　家族のつながりの変化

1．家族員行動の個別化

　ひとは，生まれた時から両親・祖父母・きょうだいなどの家族や親戚に支えられ成長している。成長とともに友人や地域のひとびと・職場のひとびととの触れあいは増加してゆき，多くの人びととの交流を図りコミュニケーションを持つことによって，社会のネットワークを形成してゆく。その中で最初に持つつながりが家族であり，自分が結婚し配偶者を持つことにより，パートナーシップを形成してゆく。家族は，個人が生まれてから死亡するまで関わりを持ち続ける集団と思われてきた。しかし日本では，社会が個人を「家族」単位で捉える考えが1980年代後半から大きく変化してきている。このように家族を個人単位で考えることを家族の個人化と呼び，家族のきずなは変化し弱まってきた。

　日本社会は戦前からの流れである家族関連法や戸籍制度の基本が家族単位であった。離婚についての有責主義も家族という集団優先の考え方であり，社会保障制度も税制度も家族単位で，贈与税や相続税も家族優遇政策をとっていた。専業主婦の優遇税制や，勤務先も家族単位の優遇制度が設けられていた。さらに，家族をもつことが当然であり，幸せという考えが根強かった。ところが戦後の家族政策の改正や産業化による就業構造の変化，都市居住者の増加により給与所得者家族を支援する社会保障制度の発達により，1960年代から70年代にかけて自分のパートナーと子どもを中心とする家族において以前とは異なる意識を持つ家族が形成されていった。一方で離婚，非婚・未婚の増加，少子高齢化などに伴う単身者世帯や小家族化の進行など多様な家族のライフスタイルのモデルを一様に説明することが困難となっていった。集団としての家族に力点をおくよりは，個人の構成するネットワークとしての家族関係の実現可能性を

みることに関心が移行している。家族の「個人化」とはそのような視点のもとで展開されている。

『平成19年版 国民生活白書』では，個人の家族とのつながりの変化について以下のように述べている[10]。「家族に期待される役割は時代とともに変化しているが，人びとにとって大切な存在であることには変わりがない。家族が個人単位で個別に行動する時間が多くなっている。また，家族が離れて暮らすことが多くなったなど，家族のつながりの弱まりがみられる。」他方で個人にとって一番大切なものとして「家族」をあげる人の割合は，一貫して増加しており2003年には約5割になっており，家族を何よりも大事という思いが増加していることをあげている。また「同居している家族」と「別居している家族」で，家族が一緒に過ごす時間，家族が共に何らかの行動を行う頻度を「交流量」ととらえ，その変化から家族のつながりの変化を検証している。「同居している家族」では，家族と過ごす時間は8割がとれているとしながら，男女の性差や年齢差が指摘され労働時間が家族での生活時間に影響を及ぼしている。さらに家で過ごす時間の減少と子どもが塾や習い事で忙しくなり，家にいても家族と過ごさず，ひとりで勉強，テレビや携帯電話やインターネットの利用時間が10代，20代の若者では長いことが明らかになっている。小中の男子では，3割以上が1日に2時間くらい以上のテレビゲームをしていて，家族の行動の個別化を推進している可能性を指摘している。

ここで引用されているベネッセの調査では，メディアへの接触は中学生になると拡大し，中学2年ではゲームが1日に80.3分というデータがあり，「オタク文化」の拡大が指摘される。中高生でパソコンがツールとして利用され，3人にひとりがネットサーフィンを楽しんでいるという[11]。また「ケイタイ文化」として，携帯電話の利用が問題視されるようになる。特に女子では中学生での所有率が男子を上回り，都市的ライフスタイルとの連関もあり，ケイタイ依存やインターネットメールを介して日常生活が家族よりも友人を中心として人間関係へ傾斜している様子もうかがえる。

「別居している家族」では，親世代と子世代が別居する割合が増加している。『国民生活基礎調査』によれば，65歳以上の親と既婚の子どもの同居の割合は80年代に52.5%であったが，その後は低下傾向が続き，2005年には23.3%までなっている[12]。子どもの世代との生活習慣の相違や人間関係の気遣いなどから，子ども世代に気兼ねなく老後の生活を送ろうとする親世代の意識の変化が大きくなっている。親世代は，子世代と「ときどき会って食事や会話をする」「たまに会話をする程度」が好まれるようになり，べったり型の接触より適度な距離をおいた生活を好むようになっている。離れて暮らすことによって，つながりの変化は1985年と2005年を比べると「電話で世間話」や「家を訪ねる」の比率が5割前後みられるが，減少傾向であるのに対して，「困ったことを相談」「家事の手伝い・身の回りの世話」「孫や子の世話」など意図が明確な付き合いになってきている。家族内で個別の家族員の行動が尊重される一方で，離れて暮らす家族で何かするべき事柄や相談することなど明確な事象があれば，具体的な行動をとっている。精神的自立と経済的自立がみられる根底には，国民皆年金による経済制度の進展と介護保険制度などの介護の外部化や社会的サポート体制の確立が，パートナーシップにより支えられた親世代の生活の自立を保障してきたといえる。

2．家族の個人化がもたらすもの

家族の研究対象としてネットワークとしての家族関係の実現可能性の基本的な論点は，「個人化」である。長津は，家族変化を考える視点として「私事化」「個別化」「個人化」をあげ，個人と他者が取り結ぶ親密で援助的な紐帯としての総体としてパーソナルネットワークを基盤として夫婦関係を考えている[13]。ところで，「個人化」は個人主義の流れのあるヨーロッパ諸国の「家族の個人化」と同列には考えにくい。家族主義の強いドイツのベックの「個人化」論は，近代社会の制度に組み込まれた制度化された個人主義であり，ヨーロッパや東アジアなどの価値観が揺らいでいる国々での「社会における脱伝統化という流

れ」の中でグローバル化がもたらすものとされる[14]。日本における「個人化」は，「家」から「近代家族」へ家族が変化する過程において個人主義が家族の中に浸透するなかで進行した。日本での「家族の個人化」は，家族員がそれぞれの生き方を選択できるための手だてと考えられる。これは，家族のライフスタイル化とも呼ばれる。その中で前節に述べたような「家族のつながり」が弱くなるという変化が見られる一方で，「家族が何よりも大事」とされるという思いが増加している。1995年1月17日に発生した阪神淡路大震災や2011年3月11日に発生した東日本大震災などの大規模自然災害の被災者の家族への思いは，家族員との「きずな」が重視され，あらためて「家族の結びつき」の重要性が確認されている。

　1985年に施行された男女雇用機会均等法によって女性の職場での平等化は一定の前進がみられた。ただ，日常生活では家族の負担を前提とする日本型福祉に依存が続き，主婦の年金優遇処置が維持された。そこでは個人化が充分に進展したのではなかった。少子高齢化が進展するなかで，安全弁としての家族にたいして，働くひとの仕事と家庭の両立を支援する政策がとられるようになった。自分の生き方を選択する過程で，個人を犠牲にするのではなく，いくつもの調整をしながら，色々な制度を利用するようになってきている。パラサイトシングルといわれる親の家族で未婚で暮らし続ける子どもたち，単親家族と呼ばれるシングルマザーやシングルファザーのように離婚をしてからもひとりで子育てをする親たち，結婚しないで子育てをする親たち，介護保険を利用することで子どもの世話にならず一人で暮らす高齢者家族，増加する再婚家族，子育てに地域の子育て支援を利用する家族，このように個人の多様な生き方，多様な家族のあり方を認めることにより，個人の家族生活を営める社会がみられるようになってきた。その意味では日本の「家族の個人化」は，「社会における脱伝統化の流れ」ととらえられるのではないだろうか。

【注】
1）梅棹忠夫『情報の文明学』中公文庫，1999年
2）『平成25年版　情報通信白書』総務省，2013年
　　http://www.soumu.go.jp/johotsusintokei/whITepaper/ja/h25/pdf/index.html
3）トフラー,A.（鈴木健二他訳）『第三の波』日本放送協会出版会，1981年
4）佐藤彰男『テレワーク』岩波新書，2008年
5）厚生労働省「平成17年度　人口動態統計」2005年
6）三菱総合研究所・NTTレゾナント「「子どもの携帯電話利用」に関する調査」『三菱総研倶楽部』Vol.5，No.3，2008年，pp.32-33
7）ブロード,C.（高見浩他訳）『テクノストレス』新潮社，1984年
8）尾木直樹「『学級崩壊』の背景を読み解く―456人の保母アンケートにみる幼児期の子どもと親の変化（「学級崩壊」現象を考える）」『住民と自治』433号，1999年，pp.25-27
9）石井クンツ昌子「情報社会における育児期の親のIT利用と家族関係：日米比較から」（科学研究費補助金基盤研究　成果報告書）2014年
10）内閣府『平成19年版　国民生活白書』2007年
11）ベネッセコーポレーション「第2回子ども生活実態調査」2010年
12）厚生労働省『国民生活基礎調査』2005年
13）長津美代子「変わりゆく夫婦関係」変わりゆく夫婦関係，袖井孝子編『少子化社会の家族と福祉』2004年
14）Urlich Beck & Elisabeth Beck-Gernsheeim, INDIVIDUALIZATION, Sage, 2001.

【参考文献】
柳田邦男『壊れる日本人―ケータイ・ネット依存症への告別―』新潮社，2007年
増子勝義編著『新世紀の家族さがし』学文社，2003年
ブロード,C.（高見浩他訳）『テクノストレス』新潮社，1984年
トフラー,A.（鈴木健二他訳）『第三の波』日本放送協会出版会，1981年
野田正彰『コンピュータ新人類の研究』文藝春秋，1987年
栗原孝「グローバル化のもとでの日本家族の変容」アジア研究シリーズ第62号『現代社会における家族の変東アジアを中心に（Ⅲ）』亜細亜大学，2007年
齋藤雅哉「個人化する家族の『共同性』」千葉大学大学院人文社会科学研究科研究プロジェクト報告書第210集『日本社会における「家」と「家族」の位相』米村千代編，2010年

PS スキルアップ・トレーニング

PSスキルアップ・トレーニング1

嫌いな異性のタイプは？

次の質問に答えながら，自分自身のことをしっかり理解しましょう。

《問1》 あなたが嫌いな異性のタイプ（姿，形，ファッションなど見かけにしぼる）を1つ書いてください。ただし，「不潔な人」というカテゴリーに入る姿や形は除外して考えてください。いくら探しても「嫌いな異性のタイプ」がみつからない，またはみつけたくない人は問5へ進んでください。

《問2》 なぜそのタイプが嫌いなのかを，友達に説明するつもりでわかりやすく書いてください。（80字以内）

《問3》 なぜ嫌いなのか，嫌いな理由を相手のせいにせず，自分自身のなかから探してください。下の「キーワード」を1つずつゆっくりと読んで，それをヒントに自分を深く分析してください。（100字以内）

> 自分の度量が小さい・大きい／偏見をもっている／常識／性格の特徴／自己評価／友達・周囲の目／押しつけ／他人の評価／社会規範／流行に乗る・乗れない／自分と違う／個性的／男らしさ／女らしさ／自分と似ている／表面的／個性的でない／没個性／自分の回りにいない／見慣れない／判断・評価する／うらやましい／あこがれ・願望／反発／悔しい／劣等感／優越感／気持ちが悪い／気になる／嫌悪する／見下す／自己管理／努力／だらしない／不安・恐怖／イライラする／威圧感・圧迫感／自己アピール／理解できない

《問4》 なぜそのような考え方，感じ方，価値観をもつようになったのでしょうか。下の「キーワード」を1つずつゆっくりと読んで，それをヒントに自己分析してください。（60字以内）

> 子どもの頃／中学・高校時代／家族の価値観／親もそうしている／母親がそのように教えた／父親の態度／しつけ／友人がそうだから／先生から教わった／学校の校風／雑誌テレビの情報から強く影響受けた

《問5》 嫌いな異性のタイプがみつからない，みつけたくないのはなぜでしょうか。その理由を自分自身のなかから探してください。問3の「キーワード」を1つずつゆっくりと読み，それをヒントに自己分析してください。（200字以内）

PSスキルアップ・トレーニング2

カナダの国際家族年の取り組みの特徴を発見しよう。

　英文はカナダの国際家族年のパンフレットの一部です。どのようなことをいっていますか。全体を流し読みして大まかな文意を理解してから，The Greig family is planning a summer vacation から始まる最後の節を，よくわかるように意訳しなさい。本文の後のヒントに頼らずにいけたら最高だけれど。

Family as Democracy
　Healthy Families have mutual respect and trust
　Healthy families have shared work, responsibilities and decision making.
　Building families as the smallest democracy at the heart of society. Sounds like the slogan for a new political party doesn't it? Actually, it's one of the sub-themes for the International Year of the Family. Great! Now we're applying political science to the family! How cold! Well it's not.
　The reality is that thinking of families as democracies is(注1) anything but cold! Democratic families have the greatest potential for being warm and caring places where the individuals within are valued and respected. Families as a democracy is a pretty big goal. Worldwide, few families even approach being democratic in the ways in which they interact with each, making decisions and prepare for the future.
　Developing a democratic style of family life means that, as appropriate, each family member has a say in making decisions. This means that men are not in authority over women, adults respect the input and needs of children, and

elders are valued.

　An example of putting this into practice is to hold family council meetings. Family council meetings provide a regular chance to sit down as a family to: talk about issues that face the family; plan for celebrations and vacations; discuss concerns; decide how chores and tasks will be divided up; determine children's allowances; or propose discipline. Read on for an example.

　The Greig family is planning a summer vacation. On Thursday evening, after they have dealt with the other business on their family council agenda they begin to discuss the vacation. Everybody has a chance to put their thoughts out on the table. Mrs. Greig would like to visit family and friends in the Peace River area where they used to live. Mr.Greig doesn't care where they go; as long as he can get in a few rounds of golf. Sylvia, the ten year old wants to have fun. She wants places where she can go swimming, and see things. She thinks driving vacations are boring, besides, her best friend is going to Disneyland. Thomas, age 14, wants to go caving, and hears that there are some excellent caves on Vancouver Island.

ヒント
　How cold!　なんておもしろみのない
　anything but　決して……ではない
　World wide,few families…　世界中で，……している家族はほとんどない
　as appropriate　適切な方法で
　the input　意見
　chores and tasks　雑用
　children's allowances　お小遣い
　deal with　論じる，話し合う
　other Business　他の用件
　council agenda　会議の議題
　put their thoughts out on the table　みんなの意見を出し合う

get in a few rounds of golf　ゴルフに行って何ラウンドかプレイができれば
see things　何か（いいものを）見に行く
A, besides, B　（B）親友は…の予定があるんだよ。自然と比べちゃうよね。
（A）休暇がドライブなんて…

PSスキルアップ・トレーニング3

自分たちのデート文化を見直そう

　フジテレビの『カノッサの屈辱』第3巻[1])の「デート資本主義の構造」を見て，以下の問に答えなさい。これは，1990年4月から91年の3月まで，フジテレビ地上波の深夜枠で放送された番組です。深夜帯の放送で驚異的な視聴率6.7％を記録しました。仲谷昇が教授に扮し，1960年頃から1990年までのデートの歴史を誇張して描いています。その視点にみられるセンスのよさに目をつけ教材にました。

　ビデオを入手できない場合は問8から始めて下さい。

《問1》　筆者は海辺ではおるパーカーでペアルックを楽しんでいた。あなたの親や祖父母がデートを楽しんでいた頃，彼らはペアルックを持っていたと思いますか。また，そのような記念写真などは残っていませんか。
　　　　　a．持っていた　　b．持っていなかった

《問2》　皆さんの世代ではペアルックを見かけることはほとんどありません。それはなぜですか。いろいろな説が考えられます。たとえば，「個性を主張する時代になったから，男女ペアでファッションが同じは無理がある」という説です。まだあると思います。あなた独自の説を考えてください。

《問3》　ビデオでは1975年ころからペアルックが登場と言っています。みなさんの時代には，ペアルックはほとんどみられません。だから，みなさんの目には，古めかしいもの，滑稽なものと映るかもしれません。で

もちょっと立ち止まって、あなたの周りの恋人たちの行動を見つめて下さい。ペアルックの考え方と似た発想を発見できませんか。ペアルック的発想で、恋人同士が身につける物、持ち物がると思います。それを指摘してください。ペアを強調する行動や態度も指摘して下さい。

　　　　a．身に着けるもの　　　　b．持ち物　　　c．行動や態度

《問4》 ビデオでは「1970年代の男性はギター、レコード、アルバムという3つの道具を用いて自分の住居にいざない、女性をもてなした」と言っていました。「その時の一度の生殖行為は長期の同棲・結婚へとつながり」、こうした男性の行動をビデオでは「下宿へ囲い込み運動」といっています。現代では一度の生殖行為だけでは「囲い込み運動」、すなわち「結婚」へとつながらないとしたら、それはなぜなのか。考えて下さい。

　　反論もあり得ます。「一度の生殖行為」から妊娠先行型婚姻（「できちゃった婚」になるという意見です。確かにそうです。この行動パターンを、突き放して外国の文化と比較してみたときとても興味深いと思います。

《問5》 現代においては、男性が女性を「囲い込む」（結婚に持ち込む）ためには、どのようなことが求められていますか。ルックスですか。性格ですか。生き方ですか。それともパーマネント・ジョブやお金ですか。

《問6》 1970年代の女性がデートで食せぬものとして、「口の周りを赤くしてしまうミートスパゲッティ、最後のひとさじが食べにくいピラフ、そしてきれいに食べることができないミルフィーユ」などがあげられていました。今の時代にも、女性がデートで食せぬ物があると思います。それをひとつあげてください。

　　男性も笑っておられません。筆者の体験です。初めてのデートで、高級な喫茶店で彼女はコーヒーのブラックを注文しました。私ははと

ても甘党です。いつものフルーツパフェを注文できませんでした。男性もデートで食せぬものがあると思います。それもあげてください。

《問7》 ビデオでは「1960年代までは，井の頭公園を散歩して，ボートに乗るというごく質素なもの，その頻度は1週間に一度程度であった」と言っています。現代のデート行動はどのような特徴があると思いますか。「たとえば，テーマ・パークでデート，宿泊付きのデートなど，いくつかのパターンがあると思います。現代的特徴をあげてください。都会と田舎では随分と違うかもしれません。アルバイトの一般化，生活の深夜化，家で簡単に映像や音楽を楽しめる機器の発達も影響していると思います。デート費用の高騰，デート回数も変化しているでしょう。

〔ここからは，『カノッサの屈辱』のビデオを見ていなくても取り組むことができるトレーニングになっています。〕

《問8》 現代の若者のデートとプレゼント交換について，次の3つの問に答えていくなかで，考察を深めて下さい。

東京ディズニー・リゾートのようなテーマ・パークは，若い恋人たちのデート・スポットとして人気があります。とても楽しくて，失敗しないデートができるから選ばれるのでしょう。でも料金は高いし，遠くからだと宿泊つきになるし，誰と行っても同じ，ワンパターンだという声も聞こえてきます。二人だけになれないし，なんといっても待ち時間の問題が最大の欠点かもしれません。筆者が妻と娘の3人で行ったとき，パレードが始まる少し前の出来事です。私がシンデレラ城の前の左側通路で，家族のために場所取りをしようとしていると，突然，目の前におしゃれな服装の係員が3人も現れました。彼らの仕事は，5メートルほどの通路をパレードの5分前に閉鎖して，お客さんを誘導することでした。なんとかうまく割り込んで前に陣取ってやろうと思っていた私は，成すすべがありません。係員はお客さんを誘

導するための事細かなルールを大声で説明しながら，にこやかに手際よく順々にお客さんを座らせていきます。パレード開始直前にお客さんの席がすべて決まりました。お客さん同士はコミュニケーションを取る必要は一切ありません。私たち家族は後方で立ち見になりました。なるほど，場所取りでの混乱を避け，皆が気持ちよく過ごせるよう配慮しているのだと気づきました。こうした配慮はメリットと考えることが出来ます。東京ディズニー・リゾートの満足度の高さはショーや乗り物だけでなく，そうした細やかな配慮も影響しているのでしょう。しかし，へそ曲がりの私は考えました。その満足度の高さによって，失われるものもあると。

　デートをしているふたりのパートナーシップを育てる上でマイナスとなることがあるとしたら，それはどんなことだと思いますか。あなたもへそ曲がりになって，考えて見てください。もちろん「席取りで点数を稼げない」「ふたりきりになれない」「時間待ち」等の答えは当然×です。設問をよく読むと答えが見えてきます。(400字程度)

《問9》　恋人同士の学生，20歳，仕送り8万円，アルバイト代5万円で生活しています。クリスマス・プレゼントは，男性から3万円のブランドのアクセサリー，女性から5千円の材料で作った手作りのセーター。あなたの身近で起こりそうなプレゼント交換。なぜこうしたパターンが出現するのでしょうか。手段的役割・道具的役割（Instrumental role）と表出的役割・情緒的役割（Expressive role）という社会学の用語を使って分かりやすく説明して下さい。「女性はブランド物が好きだから」というような答は，当然0点です。(240字程度)

《問10》　次の『割り勘考』は，イギリス人とグループで遊びに行ったとき金銭的負担についての話です。この『割り勘考』の金銭負担にみられる行為規範と比較しながら，日本の若者のデート行動について考えなさい。
　30代前半の男性と20代後半の女性は知り合って間がありません。こ

のふたりがデートするとき，一般的にみられる費用分担の行為規範を，①②の解答例に習ってあと2つ書いて下さい。『割り勘考』にみられるイギリスの行為規範との比較で浮かび上がってくる規範を示して下さい。

〈ヒント〉『「割り勘考』」でのルールを詳細にみてください。

================ HINT!『割り勘考』 ================

　今回の主題は飲み会での"割り勘"。あれ，それぞれの国ではどうなっているんでしょうね。
　以下は私がいたグラスゴーの研究所の例です。毎週のように花金にアフターファイブの例会が，研究所近くのパブでありました。"飲み屋"と言えば"勘定"とすぐ連想してしまう貧乏性の私ですが，グループで気軽に飲みに行く場合，英国では勘定をどうやって分担すると思います？　これが結構複雑なんですよ。
　なじみの仲間で飲みに行く時，一番一般的なのが"ラウンド"という勘定持ち回り制度ですが，これがまさに日本で言うところの"あうんの呼吸"を必要とするのです。その呼吸をあえて文章で表現すると，1人に偏らないように，一方である程度は長幼と収入の過多を考慮するが，その序列は日本ほど絶対的なものではなく。むしろおごりおごられが常に一方的にならないように配慮することが大事でした。上級の研究員も技師も大学院生も。支払いがほぼ平等だったのです。このラウンド制度の他に。kittyと呼ばれる預託金制度による割り勘もありました。みんなでテーブルの上に一定のお金を出し合って，そこから勘定を払うのです。沢山飲んだ人がそれだけ得な訳ですが，そこはうるさいことは言いません。この預託金制度は，あらかじめ日時と参加者が決まっているような集まりをパブでやるような時にのみ採用されました。ふだんの，"ちょっと一杯"の時はラウンドなのです。
　例えば，マッシーとデビーの研究員2人。研究助手としてなにがしかの給料をもらっている大学院生3人（スー，ブライアン，マーク）で飲みに行ったとしますよね。まず，はじめに1人が飲み物をまとめて5人分注文します。この時は例えば，デビーがパブの入り口で僕に聞くわけです。
　　"マッシー，あなたは何にする"
　　"デビー。きょうはまず，僕がおごるよ"
　　"いいのよ，さあ，いつものマーフイね"
　　"そうか，ありがとう"
とまあ，こんなやりとりがあります。はじめからただサンキューでもいいのですが，こうやって軽くやりとりする方が僕は好きでした。こんな風にしてデビーはめいめいに何がいいかと聞いて，カウンターに行って飲み物を注文して，その勘定を彼女が払うのです。そのあとジョッキを傾けながら談笑していると，当然中身がなくなってきます。そこで，スーが赤い顔をしながら（彼女はこちらでは珍しく顔に出やすい）

> "マッシーおかわりは"
> "そうだね。もう半パイント"
> "半パイントだけ？ いつもはもう1パイント平気でやるくせに。何か特別なことでもあるの"
> "特にそういうわけじゃないけど……"
> "だったら，1パイントやりなさいよ。あしたまた，グレン・コーにウォーキングに出かけるんでしょう。ガソリン入れとかなきゃ，ブライアン，あんたもおかわりでしょ，えっ，何。バカルデイ＆Cokeね"
>
> （このイングランド娘は，ふだんは料理好きな，おしとやかなお嬢さんなのだが，飲むと結構豪快になるんだよなあ。この勢いで自分のフラットまで20年前のローバーを運転して帰るのか。途中まで帰り道が同じだから乗せてもらおうと思ったけど，遠慮しといたほうが身のためだな）てな具合で，一次会が終わって，結局デビー，スー，ブライアンの3人が，3：1：1の割合で勘定を持ち，僕とマークがただ酒を飲んだとしますね。するとこの借りを2次会で返したり，あるいは2次会がない時は。その翌週の飲み会で，僕とマークが勘定を持つ，てな具合になるのです。
>
> 考えてみたら。年下の女性それも自分より収入の少ない人に酒をおごってもらうなんて。日本では考えられないことです。そういうことが自然にできる国が，僕は大好きでした。

出所：http://square.umin.u-tokyo.ac.jp/~massie-tmd/dutchaccnt.html

① （解答例）費用分担規範，その1「男が多く負担すべき」
② （解答例）費用分担規範，その2「年上が多く負担すべき」

【注】
1）「カノッサの屈辱」は，フジテレビからビデオになって販売されたので，中古品ならインターネット上で出品されていることがある。先生に入手してもらって図書館に寄贈していただけると理想である。大きなレンタルビデオショップなら発見できる可能性がある。

PS スキルアップ・トレーニング4

「男女が対等に交際する」とはどういうことなのかを考えよう

次のケースは，インターネット相談[1]の内容です。よく読んでポイントと思われるところにアンダーラインを引いてから，質問に答えてください。各自で答えを出してから，グループに分かれて考えるのもよいと思います。

金銭についての価値観　みずほ（仮名）24歳

　はじめまして。付き合って2年になる彼とのことについて皆さんのご意見を伺いたいと思って来ました。

　彼は私より1つ上ですが，彼は修士卒，私は一浪して大卒なので，今年同じ新入社員として就職しました。将来は結婚も考えていて，彼が何度か私の実家に泊まったこともあります。私たちは学生時代から付き合っていて，私自身「おごってもらう」ことがあまり好きではなく，お互いに対等でありたいと思ったので，デートにかかる費用は，すべて割り勘にしていて，今もそのようにしています。ホテル代も同様です。

　ある日，私は親友とお互いの恋愛について話したのですが，それを聞いた友人に，「食事代だけじゃなくそこまで出させるなんて信じられない」と憤慨されました。私も彼女の話を聞いて何だかそれがとても情けない気持ちがしたので，（人の意見に流されたようで恥ずかしいのですが）思い切って彼に，「全部おごってほしいとは言わないけど，ホテル代は出してもらいたい」と言ってみました。すると理詰めで物事を判断する彼に，「はっきりした理由がないなら納得できない」と逆に問いつめられる形になりました。また他の時に彼から「結婚したら生活費も折半に」と言われたこともあります。

　子どもの頃から友達のように何でも相談できる母親に，この割り勘・生活費の折半について話したところ，（さすがにホテル代のことは言えませんでしたが）割り勘についてもあまりいい顔はされず，「子どもが生まれたらどうするのか。価値観が違う。考え直した方がいい」とも言われました。母が昔の人間なのかもしれませんが……。

　ホテルに行く場合，ほとんどの場合，彼に求められて行くのですが，私が了承した時点で私もそれに同意したことになりますし，セックスによって得る快楽も平等なのではないかと思うので，「なぜホテル代を払いたくないのか」と言われても，到底彼が納得するような理由をあげることができません。彼に対して，「あなたが行きたいと言って来たのだから，あなたが払うのが

当然」という思いと,「私も同じ快楽を得ているのだから彼だけに金銭的負担をもたせることは不合理だ」という思いがあります。

　皆さんは恋愛中のデート・結婚後の生活費についてどのようにお考えですか？　実際にどのようにされていますか？

　私の考えていることは単なるエゴイズムに過ぎないのでしょうか。

《問1》　彼女をインターネット相談に駆り立てたのは何でしょうか。彼女の気持ち（感情）を的確に表現しているところを抜き出してください。（20字程度）

《問2》　彼女はその気持ちを彼に伝わるように言うことができませんでした。その理由を考えてください。（100字程度）

《問3》　彼女は彼と対等でいたいと言っています。対等な関係とはどんな関係ですか。（100字程度）

《問4》　日本の若い女性で，男性と心から対等な気持ちでつきあえている人はどれくらいいると思いますか。ひとつだけ○印をつけて下さい。

　　　　ア　ほぼ全員　　　　エ　2〜3割
　　　　イ　6〜7割　　　　オ　ほとんどいない
　　　　ウ　約半数　　　　　カ　その他（具体的に：　　　　）

《問5》　日本の若い男性で，心から対等な気持ちで女性とつきあえている人はどれくらいいると思いますか。

　　　　ア　ほぼ全員　　　　エ　2〜3割
　　　　イ　6〜7割　　　　オ　ほとんどいない
　　　　ウ　約半数と　　　　カ　その他（具体的に：　　　　）

《問6》　彼女は友達との会話を通して自分の気持ちを揺すぶられたのですが，自分の気持ちを彼にうまく伝えることができません。彼も，彼女の気持ちに気づきません。それはどうしてですか。（100字程度）

《ふたりの間に起こった問題の文化的・社会的背景を考察しよう》

《問7》　インターネットでこの種の相談をすることに賛成ですか。A，B，C

いずれかに◎印をつけてください。またその理由（ア，イ，ウ……）は，当てはまるものすべてに〇印をつけてください。

　A　賛　成
　　ア　男女を問わずみんなの意見が聞ける
　　イ　多くの意見が聞けるし，的確な情報も手に入る
　　ウ　他人の方が，物事を客観的にみられる
　　エ　相手の顔がわからないので正直な意見が聞ける
　　オ　気を使わずに相談できる
　　カ　自分を出さなくてもよいから，楽だ
　　キ　人と意見が対立しても，直接ぶつかったりしなくてすむから
　　ク　その他（　　　　　）

　B　反　対
　　ア　大切な問題なので，友人など自分を知っている人に話した方がよい
　　イ　プライベートなことを相談するのはおかしい。見ず知らずの人だから真剣に答えてくれないかもしれない
　　ウ　知らない人に自分のことを打ち明ける必要はない
　　エ　知らない人に意見を聞いても，的確な答えは返ってこない
　　オ　自分のことを詳しく話せないから，不十分な結果になる
　　カ　不確かな情報に振り回される
　　キ　その他（具体的に：　　　　　）

　C　どちらともいえない
　　ア　メリットもデメリットもあり，どう考えたらいいかむずかしい
　　イ　その他（具体的に：　　　　　）

《問8》　万一のお話。あなたが彼らの立場だったらホテル代を割り勘にしますか。〇印を1つつけてください。
　　ア　割り勘にする　　　　　　　　　　　　→問9，問11へ進む

　　　　イ　全額自分が出す　　　　　　　　　　　　　→問10へ進む
　　　　ウ　全額相手に出してもらう　　　　　　　　　→問10へ進む
　　　　エ　男7：女3とか男6：女4とかの負担にする　　→問10へ進む
　　　　オ　お金があるほうが多く出す　　　　　　　　→問11へ進む
　　　　カ　おごったりおごられたり，時には割り勘など自由な感じになる
　　　　　　　　　　　　　　　　　　　　　　　　　　→問11へ進む
　　　　キ　行きたい方がより多く負担すべきだ　　　　→問11へ進む
　　　　ク　その他（具体的に：　　　　　）　　　　　→問11へ進む

《問9》　割り勘にする人だけが答えてください。割り勘の理由に○印を1つつけてください。
　　　　ア　男と女は対等だし給与もそう変わらないのだから，割り勘がよい
　　　　イ　同じ快楽を得るのだから，割り勘がよい
　　　　ウ　愛し合っているのだから，割り勘がよい
　　　　エ　借りを作りたくないので，割り勘がよい
　　　　オ　その他（具体的に：　　　　　）
　　　　　　　　　　　　　　　　　　　　　　　　　　→問11へ進む

《問10》　割り勘にしない人だけ答えてください。割り勘にしない理由に○印を1つつけてください。
　　　　ア　男から割り勘にしてくれとはいえない
　　　　イ　男が出すのは当たり前だと思う
　　　　ウ　長い目で見ると男は給与が高いのだから，男が出すべきだと思う
　　　　エ　ホテル等でリードするのは男の役割だから男が負担すればよい
　　　　オ　女の方は妊娠というリスクがあるので，割り勘はおかしい
　　　　カ　たいてい言い出すのは男の方だから，男が多く出すべきだ
　　　　キ　女はおしゃれに金がかかる。男はホテル代を出せばよい

ク　その他（具体的に：　　　　　　）

→問11へ進む

《問11》　ふたりの間に起こった問題の文化的・社会的背景について，「人間関係の希薄化」「学校教育での男女平等化」「対等意識」「賃金格差」「デート費用高騰」「個人主義」「共同性」「親と子の性規範」などの用語を使って，1500字以内で分析してください。

【注】
1）出所：http://plaza25.mbn.or.jp/~joho/renai/log/076.html 一部改変

PSスキルアップ・トレーニング5

映画「スチューデント」を越える恋愛をめざす！

　ここでは楽しい恋愛映画をとおして，恋人同士や友人同士の人間関係について学んでいきます。これまでの学習であなたがどれだけパートナーシップを会得できたかを確認するための最終問題です。以下の問いに答えながら，理解や自己覚知を深めて下さい。教材はフランス映画「スチューデント」[1]です。

【あらすじ】　ソルボンヌ大学で古典文学を学んでいるバランティーヌ（ソフィー・マルソー）は，教員資格取得のために予備校の教師と小学校の補助教員もしながら受験勉強に励んでいる。5年前に母親を亡くした彼女は，難関の正教員の資格を取って自立しようとしている。作曲家を目指すボーイフレンドのエドゥアール（ヴァンサン・ランドン）はピアノ科卒で，ローマ賞を取ったほどの実力者。作曲家志望である彼は，映画音楽を作曲して売り込もうとしている。生活のためにロックバンドを結成し，その地方公演で忙しい。スキー場のゴンドラの中で，ふたりが出会ったことからこの映画が始まる。

映画の前半はどこにでもありそうな恋愛話である。彼女は古典文学に興味があり気が強い性格。彼は現代音楽が好きで温厚な性格。彼は彼女の言動に戸惑いながらも，惹かれていく。興味も性格も大きく異なるふたりが激しくぶつかり

がいながらも，互いに相手（パートナー）を理解し受け入れ合っていくプロセスを描いている。またバランティーヌの親友・セリーヌ（エリザベス・ヴァタリ）はバランティーヌとは対称的に描かれ，自分の気持ちを恋人にストレートにぶつけられない。教員資格試験の口頭試問でも力を出し切れずに終わる。しかし最後にはふたりの愛に感動し，自分の失敗を乗り越えようと歩き出す。

《問１》　個人主義的な生き方をしているふたりの大きな目標は何ですか。上のあらすじを読んで，そこから漢字２文字を抜き出してください。

【あらすじ】　愛し合うようになったふたりは，生活時間が違っていてなかなか会えない。バランティーヌは土砂降りの雨の中，ツアーから帰って来るエドゥアールを自分の家の前で胸が詰まる思いで待っていた。ふたりだけで会えると思ったのに，そこに現れた彼は親友を送っていく途中であった。やむなく彼女は親友と同乗する。しかも親友は「僕にとって女とやるのは何でもない」なんてことを言うので，彼女は我慢できず「不愉快だわ」と怒鳴る。そこからふたりの気持ちのすれ違いはさらに大きくなり，親友を降ろした後，大喧嘩になってしまう。

　またバランティーヌが筆記試験に合格しエドゥアールが出演するパーティに出たとき。彼の前妻が来ていたことから誤解が始まり，ふたりは激しくぶつかり合う。

《問２》　ふたりのぶつかり合いのなかで，十分に出来ていることは何ですか。それは個人主義的な生き方をする上で大切な要素です。

《問３》　そうした個人主義的関係を結ぶ上で，ふたりが十分に出来てないことは何ですか

《問４》　この２度のぶつかり合いを通して，それぞれが自分自身の(イ)と，相手の(イ)に気づいて，少しずつ分かり合うようになっていきます。(イ)の中に入る言葉を，思いつくままにいくつでも書いてください。

《問５》　(イ)の気づきから，自分自身やふたりの間に生じてくるものがあるとすれば，それは何でしょうか。次のヒントを読んで考えてください。

> **HINT!**
>
> 　NHK/BSのアクターズ・スタジオ・インタビュー（2003/6）でハリソン・フォードは，演劇学校の生徒から「人前に出るのが嫌いと聞いているが…」と言われて，以下のような演劇論を語っていた。
> 　「ものの善悪や，醜さ，弱さ，強さ，争い，恐怖を見せる。僕が俳優になってよかったと思うのは，そういう感情の訓練ができる点だ。訓練することで，ほんのもの感情が生まれる。それは，自分の気持ちというより，人とのかかわりの中で生まれた人間の気持ちだ。人間らしさを分かち合い，人の道を知る。僕にとっては，最も大切な瞬間だ。だから人前に出るのは，僕の本望だ。その瞬間にかけているんだ」

【あらすじ】　エドゥアールは親友からの電話で，バランティーヌについての悩みを話し出す。「彼女と別れる。（親友から浮気で？と聞かれて）もっと深刻なんだ。美人で頭が切れていい子だけど，生活時間も仕事もまるで違う。性格がキツくて困る。退屈こそしないが閉口するよ」という。親友のシャルリーは考えがあるようで「うまくやれ」という。エドゥアール「何をだ？」と聞き返す。シャルリーは「<u>友達として忠告してるんだ。早まるのはよせ，バランティーヌに話すのか？</u>」と言うが，エドゥアールは「長引かせたくない。」といって電話を切る。そしてエドゥアールはカフェに向かい，なぜかプロポーズして一緒に住むことになる。エドゥアールはシャルリーの忠告をどのように受け止め，どのように考えて，バランティーヌに「一緒に住もう」と言ったか。大変興味深い。

（留守番電話の録音機能が働いており，後にバランティーヌがこの会話を聞くことになる。彼女は彼が出演しているテレビ局に怒鳴り込み，部屋のカギを叩き返す。）

《問6－1》　バランティーヌやエドゥアールのような自分をしっかり全面に出す自己表現や思考パターンについて，あなたはどう思いましたか。あなたに最も近いものひとつに○印をつけて下さい。

　　　1．彼らのようなパターンは自分としてはありえないし，違和感を持った

2．彼らのようなパターンは自分としてはありえないが，あこがれる部分もある

3．彼らのようなパターンは今の自分にはありえないが，一度は試みてみたい

4．彼らのようなパターンは自分が実践しているパターンと同じであり，違和感はない

《問6－2》 あなたの自己表現の仕方や思考パターンが，上記のようになっているのはなぜでしょうか。自分自身の特性，親子関係，育ち方，教育，環境や経験などと繋げながら深く掘り下げて分析して下さい。

《問7》 口頭試問の途中で，バランティーヌはエドゥアールに向かって言っています。「わたしをあるがままに愛して」，そして字幕ではすぐに「私も今のあなたを受け入れる」と続きます。映画ではその2つの言葉の間にとても重要な台詞「パスク・ジュ・ヌ・シャンジュ・パ」と言っています。教科書のヒントを参考にして，5文字のひらがなまたは漢字混じりで埋めてください。

私は ☐☐☐☐☐ から。私も今のあなたを受け入れる。

── HINT! ──
　第4章でセリメーヌはアルセストに言う，『あなたの愛は勝手ね』彼女との愛の違いに対し彼は答える。『天があなたに地位も，身分も，財産も与えなければよかった。そうすれば僕の手で与えられたのに。』利己的な愛情にしばられ，彼は彼女を自分の理想像にはめこむ。だが彼女にも人格や財産自由意志がある。当時には珍しい。つまりモリエールは，今日の問題 "女性の自立" を喚起する。共に確立した世界を持ち，ふたりのどちらも譲ることはできないのだ。アルセストの一方的な愛情は……時として深く感動させる。頑固で純真なアルセストは嘘を憎みつつ，彼女嘘を求める。第4幕3場，『誠実になってくれたら，僕もあなたを信じよう』誰かを変えようなどというのは愚かな幻想だ。そんな権利はない。17世紀の慎ましい言葉でセリメーヌはアルセストに訴える。

《問8》 口頭試問の最後のほうで，「真実の愛の認識とは，自分を苦しめる人こそ愛する人と気づく事だ。それが愛なのだ」とモリエールの言葉を引用してバランティーヌが語っています。この言葉の意味を下のヒン

トを参考にして，あなた自身の言葉で，しっかりと，順を追って説明しなさい。高校1年生に説明つもりで平易な文章で分かりやすく書いて下さい。（200字程度）

=== HINT! ===
共依存的関係性は，「だれか愛する人を得たいという思いに取りつかれ」，「性急に満足感を求め」，「相手にセックスや献身を強いていく」のに対し，親密な関係性は，「自己の発達が最優先され」「長続きする満足感を求めて関係を一歩一歩築いていき」，「個人の選択の自由を大切にする」。また，共依存関係は，「自分の欲求を満たすため相手を変えようとする」のに対し，親密な関係性は，「互いに相手の個性を受け入れていく」。そして，共依存関係は「自分や相手を非難し」，「苦悩と絶望を繰り返す」のに対し，親密な関係性では「一緒に問題解決し」，「心地よい感覚と満足を繰り返す」。（大村英明・野口裕二『臨床社会学のすすめ』有斐閣，2000年，p.26）

《問9》 映画の感想や，質問に答えながら考えたことなどを自由に書いてください。

映画の感想や，質問に答えながら考えたこと等を自由に書きなさい。（150字程度）

【注】
1）DVDは販売されている。大きなレンタルビデオショップで探す手もあるが，大学の図書館で購入してもらうのが理想である。「スチューデント」原題：L'étudiante，1988年フランス映画，1989年日本公開1時間44分，製作：アラン・ポワレ，監督：クロード・ピノトー，脚本：ダニエル・トンプソン，撮影：イヴ・ロダレク，音楽：ウラジミール・コスマ，TSDS-75204，定価￥3990（税込み）

PSスキルアップ・トレーニング6

あなたのパートナーシップ力を問う応用問題にチャレンジしよう

これまでで学んだことを応用する実践演習である。題材はテレビドラマ「熟年離婚」[1]の第1話である。

【あらすじ①】 主人公の豊原幸太郎は60歳（渡哲也）。建設会社の社員で，今

日は定年退職の日である。彼は技術屋で大変な仕事人間だった。妻の洋子（松坂慶子）は57歳。夫とは見合結婚である。料理が上手で奇麗好き，家事をしっかりこなす有能な専業主婦である。家庭を顧みず仕事一筋に邁進する夫に不満を持っている。郊外の一戸建てに住み，家のローンも完済している。ふたりの間には子どもが3人いる。長女の律子（高島礼子）は結婚して，小学生の娘がひとり。近くに住んでおり，実家にはちょくちょく顔を出している。長男の俊介（徳重聡）は，親の援助を受けながら司法試験の受験中。今は筆記試験に合格し，あとは口述試験を残すだけとなっている。次女のみどり（片瀬那奈）は会社勤めで，ミュージシャンの彼がいる。成人子のふたりは親と同居している。二人とも個室を持っており，家事は母親任せである。

《問1》 母親の洋子がみんなの朝食を作っている。息子の俊介は「朝一番の講習がある」からと，ご飯を食べずに出て行く。なぜか妹も「大事な営業」とか言って，これも朝食を取らずに出かけて行ってしまう。この場面から親子関係の特徴を考えてください。

《問2》 幸太郎は60歳の定年退職の日の朝，ベッドの横に妻からのカードがあった。「35年間ご苦労さまでした」と書かれているが，納得がいかない様子。妻・洋子のいる食堂に来て「これ，間違っていないか，何度も計算したが，入社してから38年だろう」と念を押す。洋子は「結婚したのが，昭和45年だから，私には35年です。」と答えている。幸太郎と洋子が数えた定年までの年数の違いの意味を，それぞれの立場に立って考えてください。

《問3》 夫が退職する前日の午後，洋子はパーティの準備のため長女の律子と買い物に出かけた。その帰り道，離婚の決意を律子に話し始める。「洗濯物の香りも，お花を飾って家族の帰りを待つのも，昔は幸せなことだったのに。夫婦って，なんだろうねえ。もし，お父さんと結婚してなかったら，今とは全然違った人生だったかもしれないなあって。お父さんと別れようと思うの」。

翌朝（退職の日），律子から話を聞いた俊介もみどりも信じられない様子。俊介は「理由がないだろう」。みどりは「男？」と聞き，姉から「お母さんはみどりとは違うのよ」と言われてしまう。男と女の離婚観の違いを分析してください。

【あらすじ②】　定年退職の日，幸太郎は部下の前で次のような挨拶をしている。「思えば，上司としては煙たい存在だったかもしれません。つい，カッとして部下をどなりつけたり，また何日も泊まり込みの仕事を，命じたこともありました。しかし，そういった皆さんの努力が実って，吸収合併の危機を乗り越え，瀬戸内大橋の建設事業を成功させ，手と手を取り合って喜び合った，あの時の感動は決して忘れるものではございません。今日の空のように，今は晴れやかな気分です。微力ながら職務を全うできた企業人としての自分が，恥ずかしながら，誇らしく思います。皆さん，長い間，本当にありがとう。（拍手）ありがとう」。

洋子はそれまでの趣味を生かして35年ぶりに働こうと思っている。夫の退職の日に，同級生だった佐竹一郎（渡邉邦門）の会社「＋A.STYLE」に採用され，接客業務と商品管理を担当することになった。佐竹から「来月の海外研修旅行にも行くように」と言われている。

《問４》　部下達から贈られた花束を抱え，拍手に送られて会社を退出した幸太郎は，洋子へのプレゼントを買うためにデパートに立ち寄る。そこで子連れの女性・聡美と仲むつまじく幸太郎へのお祝いの時計を買っている俊介を，偶然見かける。俊介がプレゼントの時計代４万２千円を払おうとすると，聡美が「お小遣い，苦しんでしょう。この間，父親参観日に来てくれたお礼よ」と言って，お金を出している。俊介も聡美の幼稚園児の息子を可愛がり，子どもは「パパ」と呼んでいる。幸太郎は非常に驚き，家に帰ったら妻に問いただそうと思った。この「妻に問いただそう」とする心の動きから，夫婦の性別分業に対する幸太郎の考え方を述べてください。

《問5》 娘の律子は母親の離婚を断念させようと必死である。パーティの準備がほぼ終わり，一休みしようとしている洋子に「ねえ，お母さん。この写真見て」とアルバムを差し出す。洋子は「懐かしいわねぇ。お父さんも私も若いねぇ」と写真を眺める。律子はすかさず言う。「なんだかんだ言って，お母さん，幸せなんじゃない」。洋子は，微笑みながら言い返す。「うふふ。アルバムに残っているのは，全部，幸せな時間だからねぇ。でもね，人生の大部分は，写真に写らない時間なのよねぇ。」

洋子の言葉から，彼女の人生への思いについて，分析してください。

=============== HINT! ===============
フリーダン（Friedan, Betty）の『新しい女性の創造』からの一節。「大勢の主婦が，『とっても無意味に感じるのです。まるで自分が生きていないみたいに』，『私がただ何もせずに座っている間に，世の中は私をおいてけぼりにして，どんどん進んでいくように思えるのです』と悩んでいる。主婦達が感じている空虚さ，また家の外の世界から孤立しているという不安，こうした得体のしれない悩みをまぎらそうと，彼女たちは余計夢中になって家事に精出す。そして彼女たちはなおさらワナの深みにはまり，変化のない家事にいっそう励むようになる。」[2]

《問6》 定年を迎えた日，幸太郎は日の高いうちに会社を出た。目指すは英会話教室。定年後は夫婦で海外旅行をしようと計画しており，旅行に備えて英会話教室の入会手続きを済ませるという周到さである。妻には何の相談もせず，勝手に進めている。突然，旅行をプレゼントして喜ばせようというつもりである。

早い時間に家に帰る気がしなくて，会社の同僚・児玉と屋台で飲む約束をしており，彼が来るのを待っている。児玉は定年前である。彼は幸太郎に再就職を世話してもよいと考えている。しかし定年後の妻との生活に期待を寄せている幸太郎は断る。児玉は引退した途端，女房から愛想つかされ逃げられた中村専務の話を引き合いに出しながら，妻の気持ちに気づかないと大変なことになるとアドバイスをしている。児玉の忠告もあって，幸太郎は指輪や海外旅行のプレゼントに余念が

ない。しかし児玉は「お前さん，女房にお茶，煎れてやったこと，あるか」と聞いてくる。さらに「子どもの運動会や学芸会にいってやったことあるか」などと，これまでの夫婦関係についても反省するように迫る。それに対して幸太郎は「運動会っていったって，仕事があれば，男はそっちが優先だろう」と言い返す。

　幸太郎は退職を機に自分を変えようとしている。彼が変わることができた部分を指摘してください。

　その変化は彼の人生や家族関係を考えてとき重要な意味を持っています。それは何でしょうか。夫の定年退職と夫婦関係の変化について，つぎのヒントにある用語「クロスオーバー」と，「道具的役割」，「表出的役割」を使って社会学的に分析しなさい。

=========== HINT! ===========
「親の役割を終えた後に性別役割のクロスオーバーが起こるということは，多くの研究者が言及してきた。デビット・ガットマンは，さまざまな文化に次のようなクロスオーバーを裏づける現象を発見した。人生の後半に，男性は受け身的，養育的で，静観的な『女らしい』性質を発達させ，女性は自分を主張し，堂々とした冒険心に富む『男らしい』性質を発達させる。」[3]

「最近，女性が『男らしい』活動や，競争の世界に性急に入り込んでいくことはとりもなおさず，親として生きた後にますます長くなる人生に対する反応であるとみなすこともできる。現代の技術社会では，種の保存のために，なおも男性は内なる『女性的』側面を抑制し，女性は内なる『男性的』側面を抑制するよう求められているかどうかはさておき，そうした抑制されていた側面の解放と統合が生き生きとした老いへの手がかりとなるようである。」[4]

《問7》　幸太郎の気持の変化や退職後の計画はとても大切ですが，夫婦関係で見た場合変わることができていない部分があります。それを指摘しなさい。次のクライマックスでそれが火を噴きます。

《問8》　第一話のクライマックスは家族のパーティの席。幸太郎は，洋子へのプレゼントの海外旅行と英会話教室の話を持ち出す。洋子は「私にも予定があります」とそっけない。子どもたちや律子の夫は，離婚話を出させないようにと必死である。俊介と聡美の結婚話でもうひと波乱

幸太郎は聡美の離婚歴にこだわり，自分と洋子が失敗のない理想的な夫婦だと俊介を論す。その言葉を聞いていた洋子は，我慢しきれず「失敗がそんなにいけないことですか？」「私，ずっと考えていたことがあるんです。お父さんの退職を機に，私も主婦を退職したいのです。ひとりで人生，やり直したいのです。離婚させてください」と離婚話を切り出す。幸太郎には，まさに晴天の霹靂だ。幸太郎は「やましいことなどしていない。家族のために頑張ってきた。再就職も断って二人での老後も計画している」という。洋子は「私が一度だってそんなこと，あんたに頼みましたか。あなたはいつもそうやって，私になんの相談もしないで，自分の価値観を押しつけてくるのです。私，もう解放されたいのです。この先は自由に生きていきたいのです」と泣きながら訴える。幸太郎は家族の中で自分だけが，妻の離婚の決意を知らなかったことに気づき，テーブルクロスを引っ張って，ご馳走の載ったテーブルを滅茶苦茶にしてしまう。

　　再度，幸太郎の問題点を明らかにしてください

《問9》 喧嘩両成敗で，妻・洋子の問題点も指摘してください。王敏の『日本と中国―相互誤解の構造』（中公新書）[5]のなかに次の一節がある。「このドラマを見ていた外国人がほぼ一様にわからないというのは，睦まじいと見られていた夫婦が突然定年後に離婚，という亀裂を生じたいきさつである」と述べて，その疑問について触れている。日本の文化や人間関係の持ち方の特徴への疑問です。果たしてそれはどのような疑問でしょうか。それが洋子の問題点，いや夫婦の問題点であるともいえます。

〈応用問題〉「クロスオーバー」という用語で分析したが，オルソンの「円環図式」を使って分析することもできる。立木茂雄『家族システムの理論的・実証的研究オルソンの円環モデル妥当性の検討』[6]を使って分析しなさい。

《問10》 親子関係の特徴は、これまでに出てきた用語でいうと何か。第2章第2節の議論を思い起こしていただきたい。親子関係の特徴と、道具的役割、表出的役割、クロスオーバーやオルソン図式とをつないで議論をするとどうなるであろうか。洋子が家事に縛られてきたのは夫だけの責任であろうか。つぎの図1と、図2、『デンマークの子育て・人育ち』からの引用文を見て考えよう。

「掃除、洗濯、料理と文字通り一人でやらなくてはならない学生寮での生活は、……、特に料理は、腕のみならずレパートリーも増えたようです。学生寮の部屋には、故意にキッチンがついていません。12部屋（12人）にひとつのキッチンが備わっていて、お腹が空いたら部

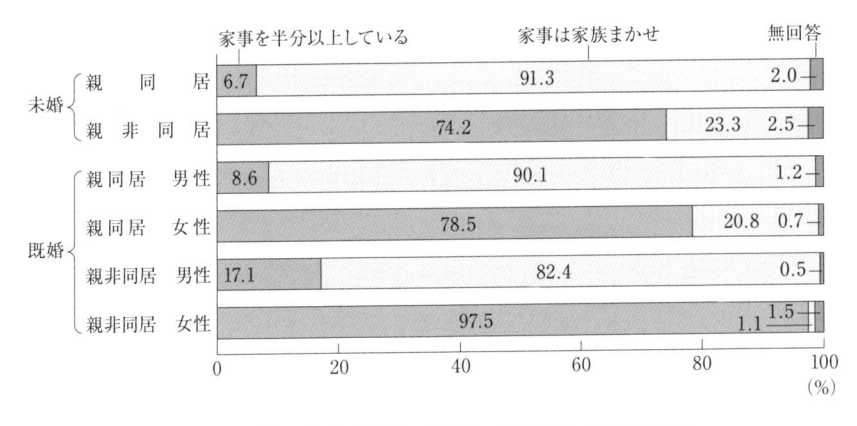

	家事を半分以上している	家事は家族まかせ	無回答
未婚　親　同　居	6.7	91.3	2.0
未婚　親　非同居	74.2	23.3	2.5
既婚　親同居　男性	8.6	90.1	1.2
既婚　親同居　女性	78.5	20.8	0.7
既婚　親非同居　男性	17.1	82.4	0.5
既婚　親非同居　女性	97.5	1.1	1.5

図1　若者の家事（炊事，洗濯，掃除等）の実施状況

備考）1．内閣府「若年層の意識実態調査」（2003年）より作成。
2．「家事（炊事，洗濯，掃除等）の実施状況について，あなたの現在の生活はどれに近いですか。結婚していらっしゃる場合は配偶者の親を含めてお答えください。」という問いに対する回答者の割合。
3．「家事を半分以上している」は「すべて自分がしている」，「かなりの家事を自分でしている」，「半分程度の家事を自分でしている」と回答した人の割合の合計。「家事は家族まかせ」は「一部の家事または自分の身の回りのことくらいをしている」，「ほとんど家族まかせである」と回答した人の割合の合計。
4．未婚・既婚不詳，親同居・非同居不詳を除く。
5．回答者は全国20～34歳の学生を除く男女1,649人。

出所）『平成15年国民生活白書』

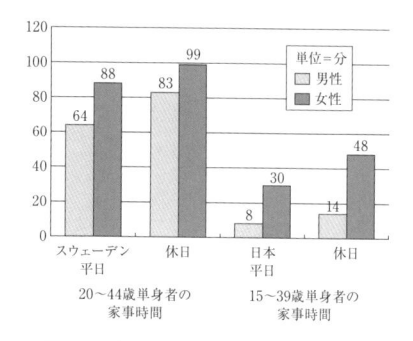

図2　単身者の家事時間，日本とスウェーデンの比較

（単位＝分，男性／女性）
- スウェーデン平日：64／88
- スウェーデン休日：83／99
- 日本平日：8／30
- 日本休日：14／48

20〜44歳単身者の家事時間／15〜39歳単身者の家事時間

出所）内閣府経済社会総合研究所編「スウェーデン家庭生活調査」, 2006年。総務省統計局, 社会生活基本調査, 2001年
http://www.esri.go.jp/jp/archive/hou/hou020/hou11c.pdf

写真1

平日の夕方，アメリカ・ワイオミング州の友人宅を私たち夫婦が日本から訪問した。「中庭でティタイム」（右奥）と言われ，広い庭でお茶を楽しんだあと，友人夫婦が台所で食事の用意をしている。私の妻と友人の息子さん（中学生）は食卓の準備をしている。私はシャッター・チャンスとパチリ。アメリカで「家事をよく手伝う中学生」というのはよくみる光景です。

屋を出てキッチンに行かなければ煮炊きができません。……。多くの学生寮では「キッチン仲間」というサークルができ，当番制で食事を代わる代わる作るというシステムを作っています。当番になると12人分の食事を作らなくてはなりません。デンマークでは幼い頃から，男の子も女の子も，家庭で夕食やケーキを作る体験をしています。」[7]

〈応用問題〉　権威主義的パーソナリティという視点も加えながら分析しても面白い。ミルグラム（Milgram, Stanley）の『服従の心理　アイヒマン実験』[8]に出てくる用語である。また，父親の権威主義的性格と家族関係を主題にした映画，ロングウェイ・ホーム（原題：Doing Time On Maple Drive, 出演：ジム・キャリー，ウイリアム・マクナマラ，監督：ケン・オーリン，1992年制作）も大変参考になる。（インターネットで検索するときは，「ジム・キャリーのロングウェイ・ホーム」と入力すること）

【注】

1）2005年秋にテレビ朝日系列が放映した。2005年秋期ドラマ部門で視聴率第1位。最終回は35％を超える視聴率となった。テレビ局に問い合わせたところ，今のところDVD化も再放送の予定もない。視聴者の要望があれば担当者に伝えるとのこと。皆さんもテレビ局に要望を出してほしい。このドラマは家族社会学教材として大変有用である。脚本：橋本裕志，監督：若松節朗，都築淳一，村谷嘉則，音楽：住友紀人，チーフプロデューサー：五十嵐文郎，プロデューサー：西川喜美子，大川武宏，船津浩一

2）フリーダン（Friedan, Betty）『新しい女性の創造』大和書房，2004年，p.8

3）フリーダン（Friedan, Betty）『老いの泉・上』西村書店，1995年，p.171

4）同上書，p.171

5）王敏『中国と日本―相互誤解の構造』中公新書，2008年，p.104

6）立木茂雄『家族システムの理論的・実証的研究 オルソンの円環モデル妥当性の検討』川島書店，1999年（本は入手不可だが，ネット上で公開されている）

7）澤渡夏代ブラント『デンマークの子育て・人育ち』大月書店，2005年，pp.166-167

8）ミルグラム（Milgram, Stanley）『服従の心理 アイヒマン実験』（改訂新版）河出書房新社，1995年

索 引

ABC-X モデル　165,187
DINKS　205
ILO156号条約　13

OECD　35
PACS（連帯市民協約）　61,84

あ 行

アヴェロンの野生児　177
足入れ婚　82
「あるべき」規範　124
家　31,62,171
家制度　62,172
五十嵐太郎　68,71
育児期　77
育児休業法　12
育児の社会化　115
石井クンツ昌子　209
石井研士　67
異性交際　41
イタール　177
インクルーシブ教育　183
インセスト・タブー　4
インビジブル・ファミリー　147
上野千鶴子　5
ウォーカー　194
氏　61
梅棹忠夫　201
エンゼルプラン　111
遠藤典子　145
オグバーン　36
落合恵美子　7
おめでた婚　19

か 行

介護保険　133,154
介護保険制度　138,141
介護力　138,141,146
改正育児・介護休業法　13
改正育児休業法　13
核家族　5
核家族化　37
核家族縮小説　76
格差社会　44
拡大家族　5

学童保育　107
家計経済研究所　29
駆け込み寺　189
家事関連時間　79
家事参加　79
家族意識　1
家族危機　163
家族機能安定仮説　37
家族機能純化説　37
家族機能の縮小　36
家族周期論　31,34
家族主義的婚姻　75
家族手帳　63
家族内扶養　133
家族の個人化　14,168
家族の戦後体制　7
家族病理　163
家族を定義　4
加藤彰彦　6
加藤正明　164
家父長的家族機能　36
神谷哲司　118
感化　97
感情的融合　4
完全な物語　46
神田直子　118,121
神原文子　166
北村安樹子　29
規範拘束性　15
規範志向の家族　6
協議離婚　170
共同化　116
共同体主義的婚姻　75
共同の育児観　121
居住関係に関する規則　5
キリスト教結婚式　68,70
近親者　4
近代家族　14,213
クーバード症候群　92

燻化　97
結婚家族　6
結婚式　66
結婚適齢期　20
結婚の歴史　75
ケリー, J.　91
合意制家族　7, 14, 17
後期高齢者　128, 134, 139
公共化　116
合計特殊出生率　9, 109
構造 - 機能主義　166, 168
幸福（well-being）追求の集団　4
合理的配慮　184
高齢化　102
高齢化社会　127
高齢化率　128
高齢社会　127
高齢者虐待防止法　134, 151
高齢者人口　127
高齢者暴力防止法　13
子育て支援　107
国際家族年　15
国連婦人の10年　10
個人化　212
個人主義的婚姻　75
戸籍　61
子育ての社会化　115
子育てパパ　99
孤独死　143, 145
「子どもが主役」（チルドレン・ファースト）　113
子ども家庭福祉　115
子ども・子育て応援プラン　112
子ども・子育てビジョン　113
子どもの権利条約　16
子どもの社会化　37, 76
個別化　210
コーホート　9
コミュータ　81
小山隆　31
婚姻届　62, 63, 81
婚外子　19, 95
コンキュビナージュ（同棲）　61, 85

――――― さ　行 ―――――

再生産平等主義　8
斉藤真緒　148

裁判離婚　170
授かり婚　19, 95
佐竹洋人　32
里帰り出産　96
佐藤彰男　205, 207
佐藤文明　66
サムボ　61, 83
3歳児神話　118
3歳児未満　120
三世代家族　7
三世代世帯　9
シェルター制度　190
ジェンダー　173
ジェンダーフリー　98
自己覚知　1, 45, 49
自殺対策基本法　185
自殺予防　186
事実婚　81, 83, 87
システム論　164
次世代育成　98
次世代育成支援推進対策法　112
自尊感情　93
しつけ　97, 100
清水新二　164
社会教育　115
社会的入院　138
社会的ネグレクト　149
シャドウ・ワーク　170
シュー, F. L. K.　77
修正直系制仮説　6
集団拘束性　15
集団志向的家族　7
主機能　36
熟年離婚　169
手段的役割　75, 87
恤救規則　178
出産の場　92
出産前教育　92
出自　62
出生動向基本調査　20, 28, 34, 37, 50, 55, 56
主婦役割　8
障害者権利条約　183
障害者自立支援法　178
生涯未婚率　20
少産少死世代　8
少子化　94, 102
少子化社会対策基本法　112

少子化対策プラスワン　112
女子差別撤廃条約　10,12,64
女性の高学歴化　38
女性の労働力率　138
白波瀬佐和子　80
新エンゼルプラン　111
シングル介護　144,149
シングル志向　22
シングルファザー　213
シングルペアレント　96
シングルマザー　213
人口置換水準　102
親性（ペアレントフッド）　98
人生80年時代　170
神前結婚式　67,70
身体的発達　42
新民法　62
鈴木栄太郎　31
スティグマ　179,181
ストーカー法　189
姓　61
性意識　41
生活選好　14
生活の質　155
生産年齢人口　127
生殖家族　5,95
成人のパーソナリティの安定化　76
性的結合　75
性的分業の核家族　75
成年後見制度　134,138
性別役割分業　109,170
性別役割分業意識　77,118
性別役割分業観　98,173
セカンドライフ　136
セクシャルハラスメント　137
世帯　9
積極的改善措置　11
節度の家族　37
前期高齢者　139
選択的夫婦別氏制度　64
双系化　8
相馬直子　115
祖父母世代　103
ソローキン　31

た 行

第一次貧困線　30

待機児童解消　102
高橋真理　93
武石恵美子　28,29
立澤芳男　147
谷本菜穂　45,47
団塊世代　99
団塊の世代　129
男女共同参画社会基本法　11,13,77
男女雇用機会均等法　10
単身者世帯　135
単独世帯　9
地域子育て支援センター　99,107
父親の育児時間　79
父親力検定　99
嫡出　87
嫡出子　95
超高齢化社会　127
長寿化　133
調停離婚　170
直系家族制　5,31
出生動向調査　22
定位家族　5,94
デート　42
テレワーク　205
道具的リーダー　7
同棲　19,60
同類婚　55
独身者調査　20
戸田貞三　36
戸田有一　121
トフラー,A.　205
ドメスティック・バイオレンス　173,188
共稼ぎ家族　76
共働き世帯　78
ドラッカー,P.F.　201

な 行

永島藤次郎　67
長津美代子　212
殴られた女性たちの運動　189
ナラティヴ・セラピー　187
西文彦　24
二世帯住宅　147
ニート　100
二宮周平　82
日本型福祉社会　141
入籍　61

妊娠先行型結婚	19
認定こども園	99
年金分割制度	169
野々山久也	6,14
ノーマライゼーション	178,181

は 行

バージェス,E.W.	37,80
配偶者からの暴力坊及び被害者の保護等に関する法律（配偶者暴力防止法）	13
パーソナリティの安定化	37
パーソンズ,T.	7,37,38,76,87,206
破綻主義	170
発達アプローチ	33,38
発達課題	38
パートタイム労働法	13
ハネムーン期	194
母親学級	92
母親規範	118
母親規範意識	121,122
パーフェクトチャイルド	100
パラサイト・シングル	24,26,28,101,213
パワーとコントロールの車輪	190
パワーとコントロールの内輪	193
バンクーミケルセン	178
晩婚化	19,101
ひきこもり	100
非婚化	19
非婚カップル	81
久武綾子	62
非嫡出子	87
一人っ子政策	101
姫岡勤	75
表出的役割	75,87
標準世帯	109
ヒル,R.	33,165
広田照幸	100
ファミリーフレンドリー企業	112
ファミリー・フレンドリーな制度	35
フィーアカント	36
夫婦家族制	5
夫婦同姓	61
夫婦別姓	62
副機能	36
複婚家族	5
父系制	8
父性原理	98
プライベート化	44
フルタイム労働	34
平均初婚年齢の推移	19
平均余命	143
ベル,D.	201
ベルスキー	91
保育園	119
保育所	99,107
保育ニーズ	108
保育不適格者	109
訪問介護	133
法律婚	81
法律婚夫婦	75
母性原理	98

ま 行

孫育て	103
増田光吉	80
街コン	58
松田茂樹	79
マードック,R.	5
ママ友	209
見合い結婚	56,206
三行半	171
未婚化	19
未婚子	101
未婚率	19
3つの周期	194
ミード,M.	76
宮本みち子	25
苗字	62
名字	62
宗田哲夫	93
明治民法	61,66,72
目黒依子	14
望月嵩	163,166
模倣	97
モラトリアム	28
森岡清美	4,31,37

や 行

柳田邦男	208
山田昌弘	24,26
有責主義	170
要介護高齢者	141
幼少年人口	127
幼稚園	119

善積京子　87

ら行

ライフコース　33, 34, 101, 134
ライフサイクル　187
ライフスタイル　88, 95, 203, 210
両親学級　93

恋愛結婚　56, 206
老老介護　141, 143, 146, 153
ロウントリー, J. W.　30
ロマンティック・ラブ・イデオロギー　46

わ行

ワーク・ライフ・バランス　94, 99

編者紹介

岡元　行雄（おかもとゆきお）
1947年　兵庫県に生まれる
1977年　東京都立大学大学院社会科学研究科博士課程（社会学専攻）中退
現　職　兵庫県立大学名誉教授
主　著　『新版 教養の社会学』（共著）川島書店 2007年，『社会福祉学原論』（共著）黎明書房 1997年，『ケアリング・ワールド─福祉世界への挑戦─』（共訳）黎明書房 2001年

川﨑　澄雄（かわさきすみお）
1946年　京都府に生まれる
1971年　甲南大学大学院文学研究科応用社会学専攻修了
現　職　金城学院大学名誉教授
主　著　『南のくにのまちづくり』（共著）高城書房出版 1991年，『住みごこちの社会学─地方都市と生活様式─』（共著）法律文化社 1994年，『家族の崩壊』（共著）ミネルヴァ書房 1998年，『教育期の子育てと親子関係』（共著）ミネルヴァ書房 2000年

新パートナーシップの家族社会学

2014年3月31日　第1版第1刷発行
2016年9月1日　第1版第2刷発行

編著者　岡元　行雄
　　　　川﨑　澄雄

発行所　株式会社　学文社
発行者　田中　千津子

〒153-0064　東京都目黒区下目黒3-6-1
電話(03)3715-1501(代)
http://www.gakubunsha.com

印刷　東光整版印刷㈱
〈検印省略〉

落丁，乱丁の場合は，本社でお取り替えします。
定価はカバー，売上カード表示
©2014 OKAMOTO Yukio & KAWASAKI Sumio　Printed in Japan

ISBN 978-4-7620-2444-3